L'Ouvroir

La Mèche
160, rue Saint-Viateur Est, bureau 404
Montréal (Québec) H2T 1A8
www.editionslameche.com

Sylvain,

Voici mes LETTRES CRUES et celles de mon complice.

Toutefois, ces lettres ont été préméditées, pesées et assumées.

Basta la littérature et l'art consensuels !
Laissez-les
Laissez-nous
Vivre !

Avec mes réelle amitié

le 8 novembre 2012

BERTRAND LAVERDURE
PIERRE SAMSON

Lettres crues

Théâtre épistolaire de la littérature à l'époque des médias sociaux

—

Correspondance
(Avril-novembre 2011)

LA MÈCHE

La Mèche remercie le Conseil des arts du Canada
et la Société de développement des entreprises culturelles du Québec
(SODEC) pour leur soutien financier.

La Mèche reconnaît l'aide financière du gouvernement du Canada
par l'entremise du Fonds du livre du Canada pour ses activités d'édition.

Gouvernement du Québec — Programme d'édition de crédit d'impôt
pour l'édition de livres — Gestion SODEC

La Mèche est une division des éditions de la courte échelle
animée par Geneviève Thibault.

**Catalogage avant publication de Bibliothèque et Archives nationales du Québec
et Bibliothèque et Archives Canada**
Laverdure, Bertrand
Lettres crues : théâtre épistolaire de la littérature à l'époque des médias sociaux
I. Samson, Pierre. II. Titre.
PS8573.A815L47 2012   C843'.54   C2012-941326-7
PS9573.A815L47 2012

Spiderman (titre après coup)

Cher Pierre,

Un peu abruptement, sans autre forme de commentaire (je pige ici dans la correspondance préparatoire au projet, dans laquelle tu parlais de ton zona et évoquais ton départ pour le Japon en résidence), je colle ce paragraphe qui en dira long sur toi à ceux qui ne t'ont jamais lu :

« Sur mon testament, la clause "dispositions funéraires" inclut une "fiesta mexicaine", avec un budget de 10 000 $, si disponibles, à prendre avant la distribution des nanans aux héritiers en délire. J'avais demandé "un gros sac orange" en guise de mise au tombeau — mais c'est illégal — en espérant lever les pattes un mardi ou un vendredi avant quinze heures. Alors, t'sais, mon zona... Je vois ça comme une épreuve pré-zen japonaise et, qui sait, peut-être qu'une légère irradiation réglera mon problème pour de bon : zona, sac et jour de départ. »

J'ai copié un paragraphe de ton dernier courriel *backstage*, véritable première étincelle dans les coulisses de ce projet, dans lequel j'ai entrevu cette vitalité, ce festif latin, cette liberté de ton et, surtout, cette audace personnelle qui m'ont tant séduit dans *Le Messie de Belém*[1] et *Alibi* (j'ai évoqué *Alibi* dans mon roman *Gomme de*

---

1. La liste complète des œuvres de Pierre Samson et de Bertrand Laverdure peut être consultée à la section « Bibliographie », en fin d'ouvrage.

xanthane et dans l'extrait de ma correspondance avec l'auteur Martin Gagnon, publiée dans la revue *Mœbius n° 95*). Mais je ne te mentirai pas, je n'ai pas lu ton œuvre en entier. Je vais toutefois m'y mettre. Cette semaine, d'ailleurs, j'ai commencé à me plonger dans *Il était une fois une ville*, et je continuerai avec *Un garçon de compagnie* pour éventuellement poursuivre avec *Catastrophes* et *Arabesques*.

Cette lettre n'est qu'une amorce, une allumette à frotter, une espèce de carte de visite ; je ne sais trop ce que tu en feras, mais je te fais confiance.

Nous voilà donc correspondants.

Salutations,

Bertrand

Prurit disciplinaire

Bertrand,

D'emblée, je crois qu'il serait sage de me présenter en trois coups de cuiller à pot, ou plutôt d'exposer l'idée que je me suis faite de nous deux.

Tu te rendras compte, comme je l'ai fait en lisant ta lettre, que nous formons un tandem disparate, en admettant qu'un duo puisse l'être. Bref, tu me donnes l'impression d'être éruptif ; je suis constricteur.

En effet, je peux te pondre trois pages sur un point de détail aussi futile que mon usage des crochets [ ] au lieu des parenthèses classiques ( ) quand un réviseur me fiche la sainte paix. [Cette correspondance devrait comprendre un volet complémentaire composé de nos digressions, des hyperliens si La Mèche la publiait sur Internet, comme *Arabesques* — mon dernier roman *cyborg* trop compliqué pour les Fanfreluche Duras de notre intelligentsia à rabais — l'a également été. Si c'était le cas, j'expliquerais ce choix. Pour te titiller, disons qu'à mes yeux les crochets sont le Timor oriental, les parenthèses, la nation québécoise dans un Canada uni.]

Ces premières lignes traduisent l'étourdissement que tu me causes, et l'écrivain sphinctérien que je suis doit jeter une lumière crue sur notre nouveau territoire et poser quelques règles ou exprimer ses souhaits dès le départ.

Je devrai me faire violence pour ne pas céder à la faiblesse de réagir systématiquement à tes propos, car je suis vain, potentiellement fat, et je pourrais m'imaginer que je t'accorde une audience, ce qui est faux. Nous sommes deux écrivains qui creusent à mains nues. Je ne me contenterai pas de répondre à tes invitations, je veux construire un temple ou un bordel, te pousser dans l'arrière-train, tirer sur ton anneau nasal, etc. Je m'attends à la réciproque.

Je promets solennellement de ne pas classer numériquement mes « répliques » à tes amorces, comme si je réglais le sort des items d'un questionnaire.

Je nous demande d'éviter le piège de l'*indéfinitude*, zona de la prose québécoise, notamment chez nos tortionnaires en pantoufles, les chroniqueurs : Mort au « on » ! Je n'en peux plus de ces fadaises indéterminées, de cette présence floue, de ce « nous » de bigleux, de ce « je » outremontais, c'est-à-dire un « nous » monarchique non assumé, et avec raison.

Ceci étant réglé, à l'attaque. [J'ai le point d'exclamation en horreur.]

Réglons le cas de mon zona, puisque tu le mentionnes dans ta lettre. Admettons que c'est un problème somme toute mineur, un sain exercice de zénitude avant mon départ pour le Japon. Le pire avec ce virus, c'est la douleur constante, pulsative, quoique modérée, qui a meublé mes jours comme mes nuits. Et, franchement, encaisser un zona, c'est comme lire un roman de Victor-Lévy Beaulieu : vous savez que vous êtes confronté à quelque chose de plus fort que vous, c'est une marée puissante faite d'élancements dans un cas, polluée par d'innombrables débris littéraires [et coupants] dans l'autre, dont Ferron, Aquin, Ducharme et, bouée de sauvetage, Joyce. Peu importe de laquelle de ces épreuves il s'agit ici, l'évocation d'un dix-huit roues lancé à tombeau ouvert sur une autoroute du 450 et vous imprimant pour de bon sur l'asphalte prend alors des airs de libération. Malheureusement, on ne peut pas refermer un zona avant d'en avoir terminé avec lui pour aussitôt l'écrabouiller entre *Les Paradis artificiels* de Baudelaire et l'essai de Claude Beausoleil sur Oscar Wilde. Si j'étais prudent, je m'en tiendrais à ce que je viens d'écrire, c'est-à-dire une vacherie somme toute innocente. Eh non!

Ce qui m'agace par-dessus tout chez notre Assurancetourix, c'est sa vision «rustique» du nationalisme et d'une certaine littérature québécouéze, ce que je me plais à appeler le *véhelbisme*. Je ne lui reconnais aucunement le droit de me donner des leçons de patriotisme. Or, notre barde ne se gêne pas pour les distribuer fort généreusement, pour ne pas dire mosaïquement, à ses contemporains. Je suis né à Montréal, comme ma mère, d'ailleurs, ce qui ne me fait pas moins Québécois que lui ou que n'importe quel autre pistolero. Son culte du terroir et de la langue persillée de régionalismes nécessairement goûteux le rapproche dangereusement des félibres, qui ne sont pas plus Français que les Parisiens ou les Normands. J'ai parfois l'impression qu'il s'installe devant le roman d'un compatriote armé d'un stylo à encre rouge, d'une calculatrice à québécismes et d'une liste de thèmes foncièrement de notre cru, à commencer par notre sempiternelle, notre couillante, notre sénile recherche d'identité. Celui qui ne pète pas un score honorable aux yeux du gardien de l'Involution tranquille est anathémisé. De mon côté, je ne crois pas qu'un auteur enrichisse sa culture en la louisianisant, même pour la beauté du geste. Ma patrie d'écrivain, c'est la littérature. Le jour où je me prendrai pour un spirite nationaleux, j'espère qu'un ami me traînera de force devant le pharmacien et lui criera : vite, un violent purgatif contre le véhelbisme, point d'exclamation.

Je considère que Beaulieu fait partie des mammouths de notre littérature nationale, et il ne souffre pas de solitude : il est l'alpha du troupeau, le plus doué. Nos pachydermes graphomanes broutent la même herbe — l'exception québécoise ; l'autisme salutaire ; la consanguinité édénique, chute incluse — depuis des lustres. Ils sont convaincus de voir juste depuis le premier jour, couverts d'une toison imperméable au doute. Ils patrouillent sans se lasser le pré carré qu'ils ont défriché de leurs grosses pattes, là où profitent — grâce à leur génie, croient-ils — trèfle et pousses tendres. Ils y barrissent une rengaine soporifique depuis l'aube des temps, nimbés d'un nuage de méthane fixe et somme toute rassurant, et ils contemplent la comète qui déchire le ciel en se disant que ça va barder du côté des dinosaures. Les pisse-copie et pousse-micro, parasites qui gravitent autour d'eux, les traitent avec une déférence propre aux écrivains manqués et aux autres artistes ratés. Ils sont incapables de débusquer le gibier et de tirer à vue sur ces éléphants laineux, de dénoncer leur suffisance aussi tranquille qu'une révolution québécoise, de jeter une lumière impitoyable sur leur paresse mercurielle, de se moquer de leur rabâchage assommant, de pointer du doigt leur immobilisme, de qualifier d'intégral, de parfait et d'exemplaire l'inintérêt de leur production littéraire des trente dernières années. Nos mammifères fossiles écrivent exactement comme ils le faisaient en 1970. Quelqu'un devrait avoir la bonté de leur apprendre que nous avons changé de siècle. Ils sont d'une constance lyophilisante : s'il n'en tenait qu'à eux, une œuvre québécoise naîtrait momifiée pour l'éternité. Ils sont le cauchemar des chercheurs en littérature de demain, surtout si des inédits posthumes et non datés sont découverts dans un grenier. Force est de constater que leur écriture, vachement habile, serait brillante, n'était l'épaisse couche de poussière qui en voile l'éclat. En effet, plusieurs d'entre eux excellent à torcher en un tournemain de ces phrases riches et fertiles, mais attendues, et ils vous les aligneraient jusqu'à l'infini si un éditeur ou le simple désir de plaire dans

les délais les plus brefs ne les convainquaient de mettre fin à cette montée au Calvaire. Moins talentueux, ils seraient des phacochères, mais ici, ils sont des prophètes radoteux armés de défenses disproportionnées. Et on baptisera des bibliothèques publiques, des écoles secondaires, un pompon littéraire en leur honneur.

Puisque j'évoque la ponte littéraire, ne te flagelle pas pour ta lecture partielle de mes livres : de ta bibliographie impressionnante, je n'ai lu que *Lectodôme*. Tu trouveras consolation dans le fait que, sauf exception, je ne visite que les romanciers morts.

Le scénario funèbre que je t'ai présenté est fidèle à la réalité : si mon testament reste tel quel, il y aura fiesta mexicaine avec mariachis dès que j'aurai lâché les maracas pour de bon. Et il est illégal de jeter un cadavre certifié et approuvé à la ruelle, même dans un sac orange. [Je ne crois pas que la couleur du sac soit un facteur déterminant.] Avec la réification galopante de l'humain en cours, ça viendra, nul doute, après l'euthanasie obligatoire. Tu imagines le nombre de débranchements le mardi et le vendredi? Quoi? Tu veux une stèle? Sur la verdure?

Spiderman se déshabille

Cher Pierre,

Il semblerait qu'il faille classer nos thèmes, ajuster notre propos, établir une ligne directrice. Cette correspondance suivra un programme, viendra épouser nos questionnements les plus viscéraux. À chaque lettre nous relancerons le colloque. Nous jouerons un duo afin de lire, écrire, transmettre, dans l'instant, à la volée, sans chapiteau ni filet, notre expérience d'écrivain en 2011.

Notre éditrice, brave parmi les braves de nous avoir réunis, souhaite que l'on déblaie le plancher et que l'on se concentre sur ce qui nous malaxe les boyaux. Les gens ne vont rien comprendre si on ne leur révèle pas que nous écrivons à découvert, que la lettre que je t'envoie est lue simultanément par madame notre lectrice-superviseure (ménage à trois). De toute manière, correspondre avec quelqu'un, c'est toujours imaginer la troisième personne qui va nous lire, sans que celle-ci soit jamais nommée. On appelle ça l'espérance de la durée, le fantasme du destinataire.

Ainsi donc, après avoir pris conscience du fouillis dans lequel nous allions plonger, j'ai décidé d'abandonner dès maintenant, comme une guenille sale, mes obsessions au sujet de la fin de la littérature 1.0. Mais ce ne sera que pour mieux y revenir plus tard.

Cette première lettre mérite un titre, je suis d'accord avec ta bienveillante intention, Pierre, de «baptiser» nos écrits, d'allonger une perche au lecteur (qui sera sans doute une lectrice), question d'établir un jeu littéraire s'apparentant à l'annonce d'un menu. Alors je l'appellerai : «Spiderman se déshabille».

Spiderman quitte la salle de spectacle, son propre show littéraire, et dépose son steak de fesse sur la chaise Ikea, dans la salle à manger, là où il écrit depuis qu'il a déménagé dans Lanaudière.

Nous nous adresserons moins l'un à l'autre que nous tenterons de défendre notre point de vue sur l'écriture, la vie littéraire et nos livres. L'écrivain est d'abord une unité de sens lâchée dans la société, avec ses croyances, ses habitudes, ses gênes et ses espoirs. En tant qu'entité scripturaire parmi d'autres entités scripturaires, il obéit à une espèce de hiérarchie fantôme qui détermine son importance comme acteur sur la scène littéraire.

Victor-Lévy Beaulieu est un auteur controversé (on peut penser à ses multiples interventions politiques, à son procès contre Lise Payette au sujet d'un plagiat de scénario télévisuel, à ses gestes promotionnels flamboyants, à sa présence continuelle dans les médias écrits et électroniques, à divers degrés, depuis les années soixante-dix). Il nourrit en permanence la controverse autour de lui et de ses œuvres. En somme, c'est un grand histrion talentueux qui dérange, agace et fatigue son entourage.

Un de mes éditeurs m'a déjà traité d'histrion. Un homme qui cherche à tout prix à figurer partout, à apparaître le plus souvent possible sur scène ou dans les revues lorsqu'il publie des livres. Au premier abord, je me suis offusqué ; il s'agissait selon moi d'une critique blessante qui ne tenait pas la route. Mais après y avoir pensé quelques instants, je me suis rendu à l'évidence: il avait raison. Spiderman peine à rester dans l'ombre, considère qu'il doit surgir le plus souvent possible sous son meilleur jour (il aime surnager dans le spectacle permanent de la vie littéraire), s'exprimer avec une fougue originale et laisser des traces coûte que coûte.

Je ne me compare pas à VLB, bien entendu, que je mets dans une catégorie à part, celle des géants. Je dois avouer que je l'ai même intégré dans un de mes romans comme une figurine glorieuse. (Dans *Gomme de xanthane*, il y a un personnage d'éditeur qui amasse quelques statuettes d'auteurs québécois, dont celle de VLB, un peu sous le mode fétichiste, un collectionneur à la Gaëtan Dostie, mais dans une perspective farfelue et fantaisiste.) VLB, si on met sa poésie de côté, a pondu des œuvres majeures, que ce soit dans le domaine de la biographie d'écrivain (Melville, Joyce, Voltaire), du roman-fleuve, du roman poétique, de l'étude sur l'édition au Québec, de l'essai en général et du téléroman à succès. Il est un monument de nos lettres ET un histrion éhonté de notre histoire littéraire. Je suis à peine un écrivain naissant. Mais je compte grandir. L'histrion est ambitieux et ne le cache pas : le parcours de Dany Laferrière est un modèle de carrière passive histrionique, qui l'a mené au Médicis. Certains jouent aux faux humbles, mais il ne faut jamais les croire. Quelqu'un qui souhaite si souvent être au devant de la scène a des ambitions de statue. En soi, ce n'est pas beau ni vaillant, ce n'est qu'une posture humaine, trop humaine, nourrie par des rêves fous ou un insatiable désir d'être respecté. J'assume cette faiblesse. D'autant plus que je respecte tout autant VLB que Laferrière.

En somme, si je mentionne le côté histrionique de ma personnalité littéraire tout en soulignant celui de VLB, ce n'est que pour mieux caractériser une conception binaire de la littérature que nous avons en commun. Je crois profondément qu'il y a deux types d'écrivains : les histrions et les reclus.

La frénésie serait aussi un terme approprié pour décrire ce rapport à la littérature qui relève d'une volonté d'attention maladive, mais également d'une vision spectaculaire ou d'un empressement angoissé Woody Allenien, qui pousse ces personnalités histrioniques à produire avant qu'il ne soit trop tard. Boris Vian pourrait figurer dans cette catégorie, lui qui se savait atteint d'un problème coronarien qui le condamnait à une vie plus courte que la moyenne.

L'écrivain histrionique est en sursis, toujours, sous inhalateur perpétuel ; il n'en a jamais assez, car il n'a jamais fini de proposer sa version de la vie à ceux qui ne s'en soucient pas ; moins qu'un public, c'est la présence, la vitalité de sa présence qu'il recherche, préoccupé par sa fin, miné par ses débuts, terrorisé par la cruauté de l'histoire littéraire et le peu d'importance de la littérature dans la société des hommes. L'histrion souffre profondément, il subit et diffuse un mal de vivre constant, une peur effrontée de la disparition, une maladie fondamentale qui consiste à vouloir cacher son désarroi formidable de vivre sous des couverts de jovialité agressive ou de participation intensive à la vie littéraire. «Je suis là, ici, présentement», dit l'histrion, tandis que le reclus lui rétorque : «Oubliez-moi et pensez à mes livres.»

Le reclus, catégorie dans laquelle je te rangerais, Pierre, dit non aux propositions (mais là, tu serais mal placé pour dire que tu as refusé cette offre de correspondre avec moi), s'éloigne des revues et de la turbulence de la vie littéraire pour se consacrer à l'écriture de ses livres, au peaufinage de son style et à la solidité de son œuvre. C'est un laconique, un retiré, un asocial. Avare de son temps, il n'accepte de sortir de sa caverne qu'au moment de la promotion de ses livres. Ducharme (zéro promotion dans son cas), Sylvain Trudel, Ying Chen, André Major font partie de cette race.

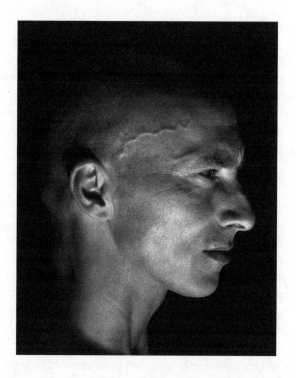

Ton corps, Pierre, monolithique, découpé par des années de musculature, je dirais même d'une teneur aussi métaphorique que celui de Mishima (je présume que tu as lu *Confessions d'un masque*, roman qui m'a particulièrement marqué), fait de toi une espèce de statue vivante qui impose sa longévité et sa prestance.

Toutefois, tu déroges aux diktats des reclus, si l'on pense à ta série télévisée *Cover Girl*, à ton amour des plaisirs, de la fête, à ta volonté de participer aux multiples débats que suscite la littérature, à ton implication à l'UNEQ et au P.E.N., entre autres. Ces engagements font de toi un reclus qui a notablement participé à la vie littéraire.

La génération des écrivains québécois nés après les années quatre-vingt (je m'inclus dans ce mouvement même si je suis né en 1967) a fait l'expérience du spectacle littéraire, des lectures publiques ; elle a intégré ces pratiques tout naturellement dans son cursus. J'ai tellement organisé de soirées littéraires et j'ai participé à tellement de lectures publiques (je dépose cette semaine encore une autre demande de bourse pour un futur projet avec Anonymus et les Productions Rhizome : P.O.M.M.E.) que pour moi, cette frénésie publique représente une méthode banale pour faire circuler livres et textes.

Mon histrionisme est ainsi quelque peu générationnel, et ta réclusion n'est pas aussi tranchée qu'on pourrait le croire.

Nous représentons tous les deux des parcours d'écrivain qui semblent s'opposer, bien que nous nous rencontrions, idéologiquement parlant. Nous partageons une poignée d'idées politiques et défendons à notre façon la valorisation du statut d'écrivain, en empruntant des sentiers divergents.

Ce n'est pas parce que je range mon costume de Spiderman que je renonce à mon côté guidoune de scène. (Avertissement.)

Bertrand

Les yeux vierges

Salut Bertrand,

Le problème avec les beaux titres, c'est qu'ils ne correspondent pas toujours aux propos qu'ils coiffent. Trois solutions se présentent alors à l'auteur : changer l'intitulé ; adapter le propos ; se dire que, de toute manière, les lecteurs finiront bien par tricoter un lien. Cette dernière solution me paraît gagnante : l'écrivain hérite d'un titre vendeur, il se débarrasse d'un possible mal de tête et, en prime, il semble doté d'un esprit plus pénétrant qu'il ne l'est en réalité.

Un échange épistolaire prémédité est, pour moi, une première et, en lisant ta lettre, j'ai l'impression de me retrouver dans la peau d'un chien déboulant dans un buffet chinois. J'ai envie de sauter sur tous les plats au risque de me taper une indigestion de *moo goo gai pan* et de poulet du Général Tao.

En guise de titille-papilles, VLB, mais sans la sauce. L'homme est plus que talentueux : il est phénoménal. J'envie sa prodigalité littéraire, la consistance viandeuse de sa prose, la sincérité de son discours, sauf que l'effort titanesque qu'il fournit pour faire de lui-même un monument [doté même d'un musée] le pousse à réécrire sans cesse le même livre, métaphoriquement parlant. Je n'irais pas jusqu'à dire qu'il est histrionique ; il y a quelque chose de vachement péjoratif dans le terme. Je crois qu'il a tout simplement besoin d'attention, surtout si nous nous rappelons qu'il a déjà occupé une part importante du territoire médiatique. Il veut être au Québec ce que Joyce est pour l'Irlande : un barde moderne. Or, le pays de la grande amnésie n'est pas la verte Érin.

Nous sommes, toi et moi, aux antipodes quand vient le temps de parler carburant littéraire. Tu sembles préoccupé par une réaction du public, j'y suis indifférent. Par contre, l'opinion des collègues que j'apprécie me tient à cœur. VLB, oui. Marie-Claire Blais, non. Dominique Robert, André Roy, François Charron, oui. Marie Laberge, Dany Laferrière, en fait 80 % des auteurs publiés chez Boréal, non. L'indifférence ou la désapprobation de certains chroniqueurs ne me heurtent pas, mais elles m'inquiètent et m'attristent : je me demande où s'en va notre Titanic intellectuel qui menace, si ça continue, de simplement couler par paresse dans une mer de nonchalance. Et la question « À quoi ça sert d'écrire ? » revient alors me hanter.

En fait, et je ne suis pas le seul dans mon cas, j'écris pour le meilleur lecteur qui soit : moi. Je suis le meilleur, car je suis sans merci ; et, comme je déteste m'emmerder en lisant, j'écris sur tout sauf ma petite personne. J'irais même jusqu'à dire que l'écriture est une forme d'escapade, un sacré déguisement. Le but est de confondre les lecteurs, de se cacher derrière le paravent de son imaginaire : toutes les clés sont étalées sur des pages et des pages, mais il n'y a pas de serrures. Il n'y a pas de portes. Un roman est une fausse piste. Sur le plan de sa vie romanesque qu'un écrivain imaginaire consulte, il est le point rouge accompagné de la légende : « Vous n'êtes PAS ici. »

Et puis, il y a, dans cette... rétention littéraire qui me caractérise, quelque chose de plus intime, de plus secret. Elle tient à la classe sociale dont je suis issu. Tu vois, je viens de la couche populaire, celle du joual «dérineché» de Hochelaga, celle pour qui la langue pérenne est hors de portée : ce monde-là ne publie pas. Mon amour du français, ma vanité, aussi, qui me convainc d'avoir quelque chose d'intéressant à dire, me poussent à résister à ce réflexe de mille-pattes enroulé sur lui-même dès qu'un importun s'en approche ou dès qu'une occasion de prendre la parole se présente.

Pour moi, écrire, c'est réagir à un angor. Il y a congestion, une sensation d'étouffement, l'impression qu'une implosion menace si la soupape n'est pas minimalement ouverte. C'est créer ou mourir. Incapable d'éliminer ce malaise, je peux toutefois le réguler. Il faut que ces idées et ces mots réprimés suppurent par petits jets contrôlés, irréguliers, certes, mais normaux, voire attendus, qui au contact de la page se métamorphosent en morceaux de bravoure, des *envolées* pour notre Fanfreluche Duras de la chronique littéraire. L'écriture, c'est l'épanchement d'un pus. Sinon, c'est de la littérature diarrhéique. Je le sais, c'est vraiment chic comme images. Remarque, cette approche ne vaut probablement que pour moi.

Si je refuse souvent les invitations, c'est que je suis économe. Je redoute une dilution de la parole. Cette ubiquité dont tu parles me terrorise, d'ailleurs ; j'ai l'impression qu'il pourrait s'agir d'un complot visant à neutraliser le discours des écrivains : à force de lire les moindres textes qu'ils publient, les lecteurs développent une résistance naturelle à la corruption possible qu'ils véhiculent. Et puis, j'ai une trop haute opinion de mon talent pour aller le noyer dans un océan de nouvelles léchant les rives d'un thème imposé. Je suis chiant, hein ? Sauf que la courtepointe cousue par «l'Amicale des auteurs qui se veulent du bien et qui ne se sont jamais serré la main», ce n'est pas pour moi. Il faudra qu'on parle de l'humilité obligatoire dont doivent faire preuve les écrivains — et autres intellectuels — québécois dès qu'ils ouvrent la bouche.

Mon implication dans l'UNEQ est d'un autre ordre. Les écrivains vivent dans l'isolement, ils forment la communauté d'artistes la plus méprisée par les institutions gouvernementales et le milieu des affaires. Nous devons nous battre contre cette indifférence. J'ai prêté main-forte à notre syndicat, point. Le P.E.N., c'est fini : qu'ils nous greffent des journalistes comme « auteurs » à défendre, c'est non. Ils écrivent souvent comme des pieds, ils ont Reporters sans frontières — qui se garde bien de dénoncer les pisse-copie complices des dictatures — pour les chouchouter, alors pourquoi pas les cordonniers alphabétisés ? Quant à *Cover Girl* et compagnie, un mot : bidous. Ça m'a évité l'épreuve de faire le clown sous les projecteurs.

En effet, un spectacle littéraire représente, pour moi, un épouvantable supplice : voir des confrères, des consœurs qui se ridiculisent en public, encouragés par un conseil des arts ou un autre, me cause des élans de nausée. J'ai alors envie de sauter sur scène, de leur arracher le microphone des mains, d'ordonner aux bruiteurs qui prétendent faire de la musique pour désennuyer le monde dans la salle de remballer leur quincaillerie, et de crier, *Wajdi Mouawad Style* : « Vous êtes des écrivains, bande de losers ! Écrivez ! On ne demande pas à Lorraine Pintal de pondre un roman de trois cents pages, Dieu nous en préserve, avant d'encaisser ses millions pour pondre son théâtre de bon goût, alors pourquoi devez-vous faire des steppettes pour gagner votre pitance ? » Non, mais !

Le truc qui m'emmerde, c'est que le Québec a une approche banlieusarde des arts. Si ça ne permet pas à une madame ou à un monsieur d'étrenner un kit ou de le rafraîchir avec de nouveaux accessoires, ce n'est pas de la culture, puisque nul n'est témoin de leur raffinement. Or, lire un roman ou un recueil se fait en doudoune, à l'abri des regards. Résultat : des millions à Lorraine, des *peanuts* pour les écrivains, et madame la ministre n'a pas fini de paonner, elle qui ne lit pas son livre par année. Ai-je tort?

D'ailleurs, tu ne trouves pas que les Québécois sont obsédés par l'obligation d'avoir raison avant même de s'ouvrir la trappe? Par exemple, mon approche de l'écriture résumée plus haut. Franchement, je m'en zingue les couilles d'être dans le vrai si ça donne une littérature qui se tient. Cette idée fixe, avoir raison, ne crois-tu pas que c'est une recette géniale que nos maîtres séculaires ont concoctée pour nous clouer le bec? Les Parisiens, eux, s'en zinguent de la tête aux pieds de se tromper et ils parlent, ils parlent à nous en étourdir. Pourtant, nos oumpapateux politiques et médiatiques se prosternent devant eux en un claquement de doigts. Alors? Ce qui m'amène au prix Médicis.

T'es drôle.

Je reprends ta phrase: «Le parcours de Dany Laferrière est un modèle de carrière histrionique, qui l'a mené jusqu'au Médicis.» Depuis quand un pompon français est-il une destination? Quand M. Laferrière a décroché ledit pompon, les mononcles et les matantes de Saint-Lambert et d'Outremont couraient pratiquement au beau milieu du boulevard Décarie avec des yeux exorbités de charismatiques qui ont vu Jésus en chair et en os au Linen Chest. Tu leur demandais qui avait remporté le prix l'année précédente, la mâchoire leur descendait jusqu'au plexus: ils n'en avaient aucune idée. [De mémoire: Robles Machin avec un titre zoologique; de Wikipédia: Jean-Marie Blas de Roblès pour *Là où les tigres sont chez eux*.] Pathétique. Il faut avoir fait partie de jurys littéraires pour savoir qu'il y a une fonction Loto-Québec [et Française des Jeux] dans le processus d'élection d'un lauréat, ce qui fait que, souvent, le livre qui l'emporte n'est le favori de personne. C'est le gratteux Consensus qui décide. Et ça, c'est le Queue-bec tout craché.

Bon, j'en ai assez dit. J'aimerais bien que tu me donnes ton opinion sur la question «À quoi ça sert d'écrire?», un de ces jours. Après m'avoir engueulé [qui sait?] parce que je suis conscient d'être suant, peut-être pompeux, injuste, méchant, limite fielleux. *Because* je suis un écrivain.

Une eau gazeuse payée
par la patronne

Salut Pierre,

Je repense à notre rencontre au café Olimpico, à cette mise à l'essai de notre chimie éditoriale, processus de rapprochement proposé par Geneviève qui avait peur que nous nous enfoncions dans nos soliloques d'écrivains en passant *Go* sans réclamer une certaine connivence.

Elle nous a fait remarquer que nous avions plusieurs points en commun : préoccupation pour l'érotisme, style parfois pamphlétaire, amateurs de satires du milieu, formalistes de par la construction de nos œuvres respectives. L'origine du projet, tu la connais autant que moi. À l'invitation de Geneviève, qui m'avait commandé un livre pour sa nouvelle collection à La Mèche, j'ai répondu par mon désir de correspondre avec toi. Question de plonger les deux pieds dans le risque, car Pierre Samson égale parole franche avec surplus de lucidité sardonique. Bref, je ne voulais pas m'ennuyer.

Je retourne à l'anecdote.

Ce fut une tablée agréable, on y échangea des propos décousus et nous avons bien ri. Puis, Geneviève nous a payé une substance liquide pour agrémenter nos palabres. Tu y es allé d'un espresso, et moi d'une eau gazéifiée.

Je dois t'avouer que j'aime bien les bulles.

Non pas les phylactères dans les bandes dessinées, si j'ose étirer ici la métaphore de Spiderman, mais plutôt tout ce qui fait que la vie pétille, éclate, bouge, évolue, déplace des molécules lourdes grâce à des gaz porteurs, anime l'inertie des liquides.

Je comprends tes réticences, tes peurs, ta honte de voir des écrivains tenter de porter la littérature sur scène ; j'ai entendu ce discours bien souvent. Il m'attriste et me gêne, tout autant que certaines performances d'auteurs ! Mon attachement pour les spectacles littéraires n'évacue pas mon sens critique, oh que non ! J'ai assisté à bon nombre de soirées de poésie et en ai organisé plus d'une dizaine, assez pour m'apercevoir que le mot « ennui » et le mot « bâillement » sont des dommages collatéraux qui surviennent malencontreusement à chacune de ces manifestations !

Mais tu dois me concéder une chose. La poésie est un art du « faire ». Le *poien*, l'étymologie du mot en grec qui veut dire « créer », signifie fondamentalement ce que j'entends par poésie : je la vois effectivement comme un art de création totale.

Apollinaire, un de mes maîtres à penser, esprit libre, créateur polymorphe, expérimentateur de génie, écrivait à sa Lou dans la lettre du 18 janvier 1915 : « Rien ne vient sur terre, n'apparaît aux yeux des hommes s'il n'a d'abord été imaginé par un poète[1]. »

---

1. Guillaume APOLLINAIRE. *Lettres à Lou,* Paris, coll. L'Imaginaire, Gallimard, 1990, p. 120.

Je prends cette boutade pour du sang frais. Si on passe par-dessus le chauvinisme paternaliste d'Apollinaire qui explique son art à sa Lou, son mot désigne pour moi une véritable attitude de poète contemporain.

Le poète d'aujourd'hui doit devenir un multi-instrumentiste, un homme de la renaissance. Nous vivons à une époque où les moyens de communication et les possibilités créatives surabondent. Ce n'est pas le temps, selon moi, de se recroqueviller sur des positions conservatrices en matière d'expression littéraire pour tenir le fort de la création.

Tomber dans le ridicule, se tromper, faillir, accumuler les échecs font partie de cette recherche effrénée qui m'habite.

Par exemple, dans le lot des spectacles littéraires que j'ai contribué à mettre sur pied, *VSUP* (*Veuillez signaler un poème*), qui réunit des compositeurs et des poètes contemporains, me rend très fier. Je t'en parle parce que nous serons en tournée dans les maisons de la culture à la fin du mois. Sept textes inédits de poètes québécois (Tania Langlais, Thierry Dimanche, Renée Gagnon, José Acquelin, Yannick Renaud, Kim Doré et moi) ont été mis en musique par quatre compositeurs de talent (Cléo Palacio-Quintin, Nicole Lizée, Maxime McKinley, Éric Champagne). Martin Tétreault, bidouilleur et platiniste inventif, a fait imprimer sur des disques en plexiglas toutes les compositions originales créées pour l'occasion, afin d'intervenir dans le spectacle, à tout moment, redoublant les effets de voix, ajoutant une teinte à une pièce, enrichissant la matière sonore de l'ensemble. Ce spectacle est une réussite au-delà de mes espérances. L'intégration de la matière littéraire a été si bien réalisée qu'une osmose entre la poésie et la musique est survenue. Expérience concluante à tous points de vue.

Je suis un *risk taker*, en cela j'aime participer à la vie éphémère des revues, manquer ou réussir ma sortie, mon entrée, me démarquer, me fondre dans le tas, sans jamais avoir l'impression de diluer ma substance, de me transformer en guignol de l'imprimé. Pourquoi croire en ces manifestations légères de la littérature? Parce qu'une revue est un laboratoire vivant, un tarmac à essai et erreur, rien de plus, rien de moins. J'ai publié dans pratiquement toutes les revues littéraires au Québec, à part *Le Sabord*, et je ne m'en porte pas plus mal, pour une simple et bonne raison: les gens oublient vite, et seuls les livres restent. Au bout du compte, publier en revue, c'est tenter un petit tour de magie: Bang! Paf! Plouc! Pschitt! Dès que le silence reprend sa place, que le numéro de ladite revue quitte les kiosques, on oublie tout, ou presque[1]. C'est également signifier que l'on croit aux revues, c'est en quelque sorte un plaidoyer tacite en faveur des revues culturelles qui survivent de peine et de misère dans un monde où l'inculture est cool.

Il y a une partie de moi, blasée, réticente, lucide, qui regarde avec effarement le chemin que certains écrivains bien connus empruntent pour finir, un jour ou l'autre, à l'Académie des lettres du Québec. Il leur faut maintenir la pose du grand fataliste profond, disposition dont les professeurs d'université ont le secret, posture d'écrivain sérieuse parmi les plus sérieuses. Sans oublier les cases à cocher sur le formulaire à remplir pour gagner l'assentiment des bonzes: la case «ironie conséquente», la case «grande culture», la case «vocabulaire riche», la case «maîtrise des genres» et cette case plus importante que toutes les autres, celle qui oblige à l'internationalisme plutôt qu'à une exploration de nos propres

---

1. Par ailleurs, je dois souligner l'existence du site erudit.org, sur lequel il est possible de retrouver facilement beaucoup d'articles publiés dans les revues culturelles. L'accessibilité aux articles ou aux textes diffusés dans ces revues s'améliore ainsi. (NDA)

travers triviaux. Bref, ce chemin que doivent parcourir tous ces désireux d'une place congratulatoire dans le panthéon fantôme de nos lettres me sidère et m'ennuie.

Puis il y a une autre partie de moi, profondément blessée, sans doute un peu prétentieuse, qui a souffert du fait que je n'aie pas été retenu dans l'anthologie de poésie de Nepveu et Mailhot lors de sa refonte en 2009. J'ai avalé cet affront de peine et de misère, voyant mes collègues poètes, en fait une mince frange de ceux-ci, nés à la fin des années soixante ou soixante-dix, figurer dans ce mémorandum du nouveau canon poétique de notre époque, sans aucune maigre page consacrée à mes huit livres de poésie. Peu l'admettront ouvertement comme je le fais, mais j'ai réellement souffert. C'est bête et fat, sans aucun doute, mais si je veux être franc avec toi, te parler de l'émotion véritable qui m'a tenaillé les tripes, je dois parler de souffrance. De souffrance narcissique, certes, mais de souffrance tout de même.

J'ai beau me considérer comme un écrivain chercheur, essuyer des échecs de temps en temps, si tout mon travail passe invariablement inaperçu, inapprécié, alors comment soutenir mon enthousiasme? Comment survivre à cette dure réalité de la non-reconnaissance institutionnelle de mon œuvre?

Je ne doute pas de mon talent. Voilà pourquoi je persévère. Je suis un persuadé agressif. J'écris tel un pèlerin qui sait qu'il arrivera quelque part, à une cathédrale splendide, au bord d'une mer tranquille, d'un turquoise glacé et cristallin, à un bâtiment inusité, hors du commun, conçu par un Frank Gehry excité.

J'écris comme je marche, en me promenant dans mes désirs d'œuvre.

Je sais, comme Robert Walser, que la promenade est une façon de distribuer nos rêves dans le décor du quotidien, une façon d'en créer de nouveaux pour nous donner envie de continuer ou non. Le plus beau des cercles vicieux.

Bien sûr, le terme «histrionique» est péjoratif. Mais cette maladie ridicule, ce désir d'attention maniaque, ne serait-elle pas une réponse maladroite quoique légitime aux stimuli de notre époque?

Je pose la question, ne suis-je pas plutôt un écrivain de mon temps plutôt qu'un malade à plaindre?

Sur ce, je reprends ma lecture de *Catastrophes*. Ta causticité m'émeut et ton intérêt pour la satire du milieu des lettres me touche, étant donné que je suis moi aussi passé par là, dans mon roman *Gomme de xanthane* et dans une très longue note en bas de page dans *Lectodôme*.

Chaleureusement,

Bertrand

Lithomorphie

Mon cher Bertrand,

C'est vrai que cette rencontre au Café Olimpico avait quelque chose de fabriqué, si j'ai bien décodé ta lettre. Au bout du compte, nous nous connaissions, quoique superficiellement, nous avions déjà lu au moins un livre écrit par l'autre, et puis cet échange épistolaire fait partie de ce lent strip-tease. J'ai eu l'occasion de rencontrer Geneviève, que tu surnommes « la patronne » et que je vois plutôt comme une arbitre [et je me doute que tu penses la même chose].

Si tu es porté sur les bulles, je préfère les espressos serrés, ce qui va de pair avec mon caractère constricteur et, je crois, sévère. Oh, je sais, j'aime bien placer un bon mot ici ou là pour faire rire — et rapter l'attention, oui, rapter —, mais sous le geyser parfois pétaradant gît une nappe austère et noire : mon réservoir littéraire.

J'ai l'impression d'avoir inséré mon gros index dans un de tes orifices sensibles en dénigrant les shows auxquels les écrivains participent et, comme d'habitude, je me demande si je dois laisser tomber le sujet au nom de la paix universelle ou en rajouter au risque que nous nous éternisions sur ce sujet. Qu'est-ce que tu penses ? Peux pas résister.

Ce que tu as répondu renforce ma conviction que les poètes et tout ce que tu voudras font fausse route en jouant le jeu du «pestacle» vaille que vaille. Ainsi, ton argument étymologique. Si *poièsis* désignait la *création*, ce n'est quand même pas un laissez-passer pour faire n'importe quoi et son contraire, c'est-à-dire tout ce qui est signifiant. Et tu n'es pas sans te douter qu'un bataillon d'artistes visuels, de chorégraphes, de designers, de coiffeuses, voire de macramistes illuminés souscrivent à ton credo d'«art de création totale». Moi, pas. J'écris, je me sers d'un matériau inépuisable pour faire sens. *Ponto final.*

Pourquoi un poète DOIT-il devenir multi-instrumentiste? La loi est passée quand, exactement? Tu ne trouves pas que nous cédons ainsi à la pression ambiante qui nous pousse à nous épivarder et à diluer nos propos? Est-ce qu'un poème de Danny Plourde est meilleur parce qu'il martyrise un harmonica sous les spots? De surcroît, je juge que le fait d'imposer UNE lecture est un acte antilittéraire, car le lecteur n'est plus qu'une éponge. La fonction créatrice de la lecture, de l'interprétation intime et nécessairement fautive, pour ne pas dire pervertie, d'un texte est annihilée. Il y a danger d'uniformisation, ce qui ferait l'affaire de bien des «décideurs démocratiquement élus», pour reprendre le leitmotiv de la propagande actuelle. Bref, un «spectacle littéraire» a un point en commun avec la «gastronomie britannique»: c'est un oxymore. Ça relève peut-être des arts de la scène, mais pas de la littérature; enfin beaucoup moins.

Je ne crois pas que ma posture soit conservatrice: je me considère comme un résistant. «Aller de l'avant» n'est pas une action réservée aux esprits progressistes, blitzkrieg de 1939 en tête. Et je peux remarquer que ce sont ces shows littéraires qui sont rétrogrades: ils ramènent la poésie à l'époque d'avant Gutenberg. Faut le faire! Et ne parlons même pas de nos amis les conteurs, qui parviennent à se glisser la ceinture fléchée dans ce cinéma des frères Lumière.

De plus, ces petits *get togethers* qui se propagent comme la peste bubonique ne brillent pas par leur originalité historique. Tu ne me feras pas croire que c'est nouveau, ça, les rencontres entre créateurs de différentes disciplines. La Tribu des Casoars vous a précédés de cent ans. Seules différences : la présence d'un public passif — sauf quand vient le temps d'applaudir en sifflant — propre aux spectacles d'aujourd'hui, ainsi que le détournement à leur profit d'une part importante des maigres subventions dévolues à la littérature. Les Casoars se réunissaient, présentaient leurs écrits, leurs idées et leurs œuvres picturales aux membres présents, les testaient auprès de collègues qui partageaient une approche artistique. Il ne s'agissait pas de faire des sparages devant un auditoire dans le but de combler sa soif de reconnaissance et d'appréciation par le plus grand nombre d'individus possible.

S'il s'agit d'initiatives de promotion [oh, la prose des technocrates illettrés], nous parlons alors d'autre chose, et l'échec est retentissant. Ces spectacles sont offerts à des lecteurs gagnés d'avance, et je crains que la seule promo réalisée ici soit celle de conseils des arts soucieux de valider leur existence auprès du bon peuple, qui voit d'un œil critique «les argents» donnés aux écrivains assis sur leur gros cul à écrire des livres «que juste des intellos de *Montrial* lisent».

Les potentiels créatifs nouveaux s'avèrent un mythe tiré d'un charabia médiatique contemporain bon pour Christiane Charette, et encore. Quelles possibilités qui n'existaient pas il y a, disons, cent ans sont à notre portée aujourd'hui? La télé? Internet? Mais rien ne se crée sur ces supports qui leur soit spécifique, sauf des efforts de promotion plus criards. J'ai déjà assisté à la performance d'un poète reconnu qui nous a livré sous forme de liste une cinquantaine de rubriques Internet glanées après avoir googlé son nom. [Ce qui n'est pas inédit : on aurait pu lire les adresses de tous les Pierre Samson listés dans l'annuaire du téléphone de 1978.] C'était d'une nullité affligeante, et je crois que la moitié de la salle a considéré le suicide comme issue au martyre. En passant, mettre son truc sur papier n'a en rien amélioré le résultat, ce qui n'empêche pas que je te donne raison : « Les livres seuls défendent la qualité de notre présence. » Eh bien, j'aurais dispensé ce poète googliste de ronéotyper son torchon. [C'est-y assez archaïque pour toi, ça ?] Alors, pourquoi l'encourager à se précipiter sur scène, avide de recueillir l'assentiment de collègues et d'amis lecteurs trop polis ou flagorneurs pour le huer ? Publier est drôlement plus risqué, en effet.

De plus, Apollinaire, franchement, je m'en tape. Comme Nabokov, Zola, Calvino, que j'affectionne particulièrement. Je me méfie des écrivains quand vient le temps de me trouver des maîtres à penser. Et puis, tiens, de maître, je n'ai pas. Je n'admire personne. J'essaie de respecter le plus de monde possible, même si certains me rendent parfois la chose difficile, raison pour laquelle je boude les salons du livre. Toutefois, j'aime bien ce bon vieux Deleuze — que je comprends une fois sur deux, ce qui est déjà pas mal — et Papa Bourdieu, parce qu'il savait être chiant en masse tout en étant juste. Ils n'étaient pas là à chercher des excuses aux gesticulations modernes ou à développer un baume philosophique aux maux psychiques contemporains : ils observaient et livraient le fruit de leur travail. Je n'en demande pas plus. Je n'attends pas des intellectuels [artistes inclus] qu'ils me donnent de l'espoir, mais le nécessaire pour le fabriquer.

Au bout du compte, je te suspecte d'être un formidable romantique. Je suis lithique. Une grosse roche qui laisse le temps et les modes glisser sur son dos lisse. Ce qui fait que, me semble-t-il, tu es plus vulnérable que moi au désintérêt des pondeurs d'anthologies. Qu'est-ce que

tu en as à cirer de Pierre Nepveu, de Laurent Mailhot et de leur catalogue pour myopes ? Tu m'as entendu brailler parce que je ne figure
pas dans *Histoire de la littérature québécoise* de Dumont, Nardout-
Lafarge et Biron chez, quoi d'autre, Boréal ? Ça fait un velours, j'en
suis convaincu, de lire son nom parmi les élus, mais d'être reconnu par
ces trois zigotos, ça mène où, littérairement parlant ? Bon, d'accord, les
étudiants du cégep, c'est-à-dire le public cible de l'éditeur — et captif
des pédagogues paresseux —, ne nous repéreront pas là-dedans. [Tu y
es peut-être ?] Donc, de fait, c'est un flétrissement de l'ego. Un autre. La
grosse roche encaisse. De toute manière, je vais crever un de ces jours.
Ça guérit de la grande majorité des maux, ai-je entendu quelque part.
Autant me déhancher pour écrire de bons livres et laisser ces pigeons-
là faire leurs parades et roucouler en paix.

D'ailleurs, tu ne crois pas être victime du système idéologique
dans lequel nous vivons, j'ai nommé le bon vieux système capitaliste
crasse ? Nous sommes soumis aux lois de l'offre et de la demande et,
à force d'être partout et de publier souvent, tu télégraphierais aux
sous-fifres des institutions le peu de valeur que toi-même prêterais à
ta production, puisque tu la distribuerais, selon eux, à tous les vents.
Je ne dis pas qu'ils ont raison, au contraire, mais c'est peut-être ça,
la lorgnette par laquelle ils contemplent notre paysage littéraire et
en évaluent le relief. Certains auteurs [Tremblay, Nothomb, Huston]
peuvent pondre un machin par année avec une moyenne d'un navet
sur deux sans grignoter leur capital de supposée pertinence, car il y
aura toujours une horde de fidèles pour acheter leur camelote. Mais
nous ? Je n'ai pas l'habitude de donner des conseils aux gens que
j'affectionne, ce serait vachement ridicule de ma part, mais je t'offre
cette explication comme possible consolation.

Tes livres sont bons, oui ou non ? Moi, j'ai identifié chez toi un imaginaire puissamment éjaculateur, pas d'autre mot qui me vient en

tête. Déjà mieux que 90 % de la production actuelle — et homologuée — incapable de sortir, comme le disait Deleuze, de sa «petite affaire à soi», sinon d'une mode soumise, en ce moment, au maître technologique et à son valet, le trash.

Je fais une prédiction? La littérature *spiritual* va revenir en force, ça pue tellement la facilité autour, ça ne peut pas rater. *Jesus is back and He's got a fucking big chip on His Holy Shoulder.* [Pour nos amis : Jésus est de retour et il en a câlicement gros sur la Sainte Patate.] Ce qui fait que, t'as peut-être raison, les poètes à spectacles auront encore une longueur d'avance sur moi. Ça tombe bien : je commençais à m'ennuyer des messes à gogo.

The Dragonfly of Poetry

Pierre,

Nous sommes tous les deux tombés dans le grand piège. Moi le premier. Ce piège de la récrimination contre cette mère symbolique que l'on nomme parfois la postérité ou, à d'autres occasions, «le milieu». Je ne voulais pas danser ce tango ridicule avec toi, mais l'escalade de notre cynisme déceptif a tôt fait de nous faire basculer, tel Bertillon[1] avec son cube de glace figé dans la gorge, par-dessus la balustrade du jugement.

Je conviens avec toi qu'il faut écrire, continuer à écrire, malgré les silences cruels, les mises en demeure, un ou deux papiers humiliants. Oui, voilà l'essentiel, il s'agit d'abord et avant tout de jouissance, d'éjaculat dans le sens le plus noble du terme. Une substance organique rare qui provient d'un organe destiné à la reproduction, livre-semence à mettre entre toutes les mains afin de rencontrer quelques ovules-lecteurs qui feront fructifier notre texte.

Je ne suis pas un esclave des exigences des autres. Certes, je suis aliéné à ma façon, en synergie (mot de fonctionnaire et d'attaché de

---

1. Personnage de critique littéraire dans le roman *Catastrophes* de Pierre Samson.

43

communication) avec la bourse symbolique de mon époque. Mais si je me sens écrasé ou qu'on tente de m'offrir une laisse, je déclare forfait.

Ce que tu énonces au sujet de mes changements d'éditeur, ce jugement au sujet de ma production, je l'ai entendu bien des fois. Mon problème, c'est que pour réclamer cette liberté, cette non-appartenance à des impresarios littéraires, les éditeurs n'existant que dans l'enclos de leur credo, petits producteurs de cinéma du pauvre ou potentats de basse-cour pour poules étêtées ou assoiffées de considération sociale, il me faut sauter de billot en billot, me transformer en draveur.

Être un artiste, être un écrivain, au Québec, demande de tenir compte du minuscule bassin des amateurs. Il ne faut pas les étourdir, les malmener avec nos changements de cap, les ennuyer ni les assommer. Mais alors, nous écrivons pour qui, pour quoi? Un écrivain digne de ce nom ne doit-il pas écrire pour lui-même, essentiellement? Sans vouloir être complaisant ni hermétique, si l'on décide d'écrire, c'est parce que l'on a la prétention de croire que nous saurons apporter quelque chose de différent au monde. Nous sommes un petit peuple francophone aux ambitions exaucées par la fée Clochette, alors il nous faudrait NOTRE Stephen King, NOTRE Camus, NOTRE J.K. Rowling, NOTRE Marc Levy, et ce, pour satisfaire à une certaine demande du marché? Je n'écoute personne et fonce là où l'on me veut, c'est tout. Je pratique une littérature à tête chercheuse, parfois chiante quand elle est ratée, parfois étincelante quand elle fait mouche. J'aurais aimé avoir posé des gestes aussi radicaux que mes croyances esthétiques le demandaient, aussi intransigeants que tous les livres qui m'ont inoculé ce goût indécent des lettres. Je crois que par l'entremise de cette correspondance à mains nues, cartes sur table, sans entracte ni discours congelé, j'ai pris le pari de ne pas fuir l'arène et de poser un acte franc.

Tu as raison de n'idolâtrer personne, c'est la meilleure façon de ne pas se tromper, de retirer ses billes de la roulette de la médiocrité, de refuser de participer à la *Cosa nostra* du milieu.

Je n'idolâtre jamais aucun individu, mais je tombe en amour avec plusieurs livres. Nous en revenons au livre. Toujours. Si Jacques Renaud s'est perdu dans l'ésotérisme, il a tout de même écrit *Le cassé*; si Mistral (écrivain à ne pas juger à l'aune du commun) s'est fait rare ces dernières années, il a tout de même écrit *Vautour* et sa série *Vortex violet*. Laferrière est pour moi un écrivain d'importance aussi, même s'il est devenu une bête médiatique servie à toutes les sauces. Contrairement à Fugère, j'ai bien aimé *Je suis un écrivain japonais* et plusieurs autres de ses romans.

J'aime des poètes de qui on parle peu (ceux du Quartanier, André Gervais, Renaud Longchamp, René Lapierre), des poètes mal perçus par une certaine intelligentsia (Danny Plourde est un bon poète); des talentueux qui dépassent le degré de lecture exigé pour figurer dans le peloton des écrivains de collège (Marc Vaillancourt, Huguette Gaulin, Annie Lafleur et bien d'autres). Je ne dis pas que je les saisis mieux que tout le monde, mais je m'attarde avec une fascination hypnotique devant leurs pages, ébloui par tant de travail sur la langue. Ce sont les noms qui me viennent à l'esprit, mais je pourrais t'énumérer une liste très longue d'auteurs français, québécois, américains qui ont fait que j'écris, qui m'ont fait aimer la littérature et que personne ne connaît.

Voilà les seuls éléments qui tiennent la route, l'unique caveau dans lequel nous rangeons les livres millésimés, les pierres blanches sur notre parcours de lecteur.

Tu me parles de la « nappe austère et noire » qui forme ton réservoir littéraire, je te confirme qu'en lisant tes livres on touche cette eau, ce lac de lucidité fataliste, cette agressivité notoire ciblant toutes les injustices, cette passion classique pour l'âme humaine et ses cruautés multiples (quasiment à La Rochefoucauld). Tu es toi-même un desperado, un hors-la-loi, un Robin des Bois de la vérité! En cela, ne sommes-nous pas romantiques tous deux?

Mais je m'emporte, c'est de bile noire dont tu me parles, cette humeur aristotélicienne qui indique la présence de la mélancolie. Ne sommes-nous pas tous deux habités par la mélancolie?

Nous savons que nous possédons ces réserves de pétrole sous notre croûte égotiste aigrie, blasée, ennuyée et fulminante. De loin nous nous sommes reconnus, frères dangereux, danseurs suaves, éjaculateurs méritoires, écrivains vivants, furieusement vivants.

À la limite, à quoi ressembleront ma notice nécrologique et la place qu'on daignera ne pas me donner dans des anthologies futures, je m'en fous.

Sincèrement.

Je suis peiné d'avance de ce que ce sera mais, en fin de compte, je m'en contrebalance.

Il s'agit seulement d'écrire en vivant, d'écrire le vivant en restant vivant, sans jamais oublier le but de toute pratique scripturaire : parler de tout et de son contraire.

En misant sur la vivacité et la fulgurance (j'ai déjà écrit un papier à ce sujet dans *Liberté*, en décrivant ce que, pour moi, «fulgurer» voulait dire), j'ai parié sur la transfiguration éclair. Feu de paille, comète, boutade sous forme de livre, étincelle qui sautille jusqu'à ce qu'elle consume quelque chose, j'ai volontairement suivi le chemin de l'éphémère.

En cela, j'ai pactisé avec les libellules, les *dragonflies*, et non les statues.

Je suis un écrivain vivant. Voilà tout. Bien vivant, truculent de vie, et c'est cette santé d'esthète, cet élevé VO$_2$max de mon muscle cardiaque littéraire, qui me propulse toujours vers le texte de demain, le prochain livre à écrire.

C'est parce que tu es un écrivain furieusement vivant, toi aussi, que j'ai choisi de t'écrire, Pierre.

« De qui on parle peu »

Pierre,

J'ai ressenti le besoin de te préciser ce que j'entendais par lecture d'auteurs « de qui on parle peu ».

J'ai lu tous ces auteurs, à différentes époques de ma vie. Marc Vaillancourt, chaussé de cothurnes, personnage péremptoire aux allures de dame, travesti qui s'habille au Village des Valeurs, m'a longtemps fasciné et me fascine encore. J'ai la plupart de ses livres. Il est pour moi un parangon de folie, trop rare dans nos lettres sages d'aspirants conférenciers universitaires. On peut penser tout ce qu'on veut de cet homme excessif et difficile d'accès, colérique et d'une brutalité élocutoire formidable, surtout quand il a trop bu. Mais il reste pour moi un vestige vivant d'une époque où un lettré lisait le *Littré*, s'adonnait à l'érudition et comprenait le grec et le latin. Tu parlais du mammouth Beaulieu, mais il y a aussi d'autres types d'animaux fantastiques de nos lettres, des barrisseurs de la marge, confinés aux cocardes de papier, incompréhensibles pour la majorité, fustigeant la bêtise en des livres que les bêtes et les non-bêtes ne comprennent pas, fatigants libres-penseurs qui n'aiment pas le discours ambiant.

Huguette Gaulin est une autre hurluberlue, la consumée de Plamondon, celle qui s'est immolée tout à côté de l'Hôtel de Ville de Montréal en 1972 en laissant comme message « Ne tuez pas la beauté du monde », à une époque où les moines se douchaient de kérosène avant de s'allumer, vacherie du Viêtnam célébrée par la négative. Diane Dufresne, après Renée Claude, a repris ce refrain, l'a ajouté à notre collection de chansons-thèmes, efflanquée de l'émotion qu'elle est, belle madame au nez retroussé, interprète de cette grande poète en cendres. La mémoire de la Gaulin, formaliste originelle aux livres encodés, bellement sinuants, perdure, anonymement, dans l'histoire de notre chanson, grâce à son refrain de grande brûlée.

Annie Lafleur est une jeune poète issue de la cuisse gauche de Gaulin ; savante poseuse de mots, elle sait pincer les cordes de la parole.

Je parle de souvenirs de lecture, surtout, de destins littéraires libres, étranges, guettés par la folie, saga vitale qui nous mène là où elle veut quand l'on suit notre instinct le plus dérogatoire.

Sur ma table de chevet, présentement, tu trouverais *Piano blanc* de Nicole Brossard, *Aimée soit la honte* de René Lapierre et *Mes prix littéraires* de Thomas Bernhard. Ce sont mes lectures de la semaine.

Et en attendant de lire ta prochaine lettre, je te laisse avec cette citation du livre de Bernhard :

« Ce que nous pensons l'a déjà été pour nous, ce que nous ressentons est chaotique, ce que nous sommes reste obscur[1]. »

Cordialement,

Bertrand

---

1. Thomas BERNHARD. *Mes prix littéraires*, Paris, Gallimard, 2010 (pour la traduction française), p. 143.

Écrire comme si

En effet, Bertrand,

Écrire comme si ça en valait la peine ; comme s'il y avait un lecteur qui ne s'en crissait pas ; comme si, surtout, en faisant avancer — même mal — l'art de la narration, je contribuais à garder la civilisation en mouvement. Sinon, elle irait s'écraser en tournoyant au bout de sa course comme un vieux pneu déjanté.

C'est un peu ça, ma raison de taper sur le clavier, roman en tête. Tu comprendras aussi pourquoi écrire pour la télé me suce toutes mes énergies, d'où le temps que je prends à te répondre : il s'agit, pour les médiacrates, de guérir le peuple de toute velléité de réflexion, car aux yeux des maîtres, la cogitation est une chose suspecte. Asseyez la plèbe devant la boîte à cons, bourrez-la d'émotions et de psychologie 101, et l'avenir vous appartient. Les résultats électoraux depuis une bonne vingtaine d'années illustrent le succès de la méthode. Maintenant, cette paresse intellectuelle déborde du côté d'Internet. Ça promet.

Quand, de surcroît, tu constates que le cachet remis à un auteur pour un seul épisode équivaut pratiquement à une bourse annuelle d'écriture du CALQ, les desseins de nos institutions, celles que nous avons créées, celles qui sont censées refléter notre identité et nos aspirations comme société apparaissent nettement : nous ne voulons pas d'un peuple d'écrivains potentiels, mais d'écriveux de tévé. Nous ne cherchons pas à former des lecteurs sagaces, mais des téléspectateurs bourrés de crottes de fromage et de pubs de Loto-Québec. Tout d'un coup?

Permets-moi de radoter. Naguère encore, nous pouvions compter sur les réseaux publics pour disposer d'émissions, de fiction ou non, qui, soit par leur forme, soit par leurs ambitions, assumaient une texture littéraire. Aujourd'hui, un scénariste qui présenterait une série avec un semblant de caractère littéraire ferait rire de lui par le diffuseur. La littérature est *causa non grata* sur les ondes, même à ARTV — quelle blague, ce réseau —, où ils préfèrent interviewer des «câmiques» plutôt que de parler sérieusement de livres.

Mais il y a plus triste encore. La majeure partie de la production littéraire contemporaine a adopté une texture... télévisuelle. C'est ce que j'appelle une «harlequinisation» du roman. Comme les séries télévisuelles ne peuvent viser plus haut dramatiquement parlant qu'un roman à l'eau de rose, les écrivains qui adoptent le discours télévisuel pondent, sans s'en rendre compte, des romans à deux sous, préférablement avec beaucoup de dialogues. Ou des témoignages plus ou moins déguisés. C'est tellement bouleversant, le vécu.

Contrairement à ce que la majorité d'entre nous pensent, un Harlequin n'est pas, avant toute chose, un roman d'amour, mais plutôt un roman qui offre ce qui est attendu. Au bout de cinq pages, une lectrice sait comment l'histoire va se conclure; après dix minutes de série drama-tique à succès et autres bonbons, le téléspectateur doté d'un minimum de synapses sensibles devine la suite: la lesbienne — malheureuse, bien sûr — aura une relation malsaine avec une désaxée; la cochonne qui embrasse la lesbienne et qui couche avec un confrère marié va manger sa volée; l'alcoolo va commettre gaffe sur gaffe jusqu'à l'impardon-nable; s'il y a un pédophile quelque part, il va y goûter; le policier à l'âme pure arrachée à sa campagne quasiment bavaroise va rester pure, etc. Justice immanente. Ville du péché. Musique moune pour scènes de véritable amour. Du Harlequin avec des images qui bougent.

Si je veux payer mon loyer, je dois reproduire ça en tentant de limiter les dégâts. Usant. Le seul réel plaisir que j'ai tiré de mes aventures scénaristiques est la concoction de certains dialogues réjouissants. Toutefois, le processus de dilution d'ambitions intellectuelles et artistiques est un chemin de croix cathodique, voire un interminable passage sous les fourches caudines.

Notre livre est mieux de vendre des tonnes, parce que je vais être barré à la télé, ça sera pas long.

Alors, de temps à autre, je ramasse mes énergies, comme on dit, et je ponds un livre comme *Arabesques*. Neuf ans de réflexion, de recherche, de construction, de prospection littéraire et, surtout, de confection d'un « objet » digne de mon prochain, ai-je osé penser sérieusement, étalées sur cinq cent cinq pages. Au bout de dix, douze mois de récupération, j'ai pu recommencer en me disant que quelque part se cache un nouveau lecteur qui veut mieux qu'une *harlequinade*. C'est arrivé avec Hans-Jürgen Greif, qui a publié un texte sur *Arabesques* dans *Mœbius*. Il était minuit moins une. Il m'a redonné espoir. Parce que pour moi, les lecteurs qui importent vraiment sont ceux qui fouillent sérieusement la littérature et ceux qui écrivent de bons livres — raison pour laquelle la petite bitcherie d'Hugues « Carbone 14 » Corriveau dans *Lettres québécoises*[1] m'a, intellectuellement parlant, laissé froid. Sa mesquinerie m'a importuné, mais ses humeurs de chroniqueur, je m'en tape comme ce n'est pas permis.

---

1. *Lettres québécoises*, n° 138, Été 2010, p. 22.
http://lettresquebecoises.qc.ca/wp-content/uploads/2011/04/LQ-138_Été-2010_LowRes.pdf

Pendant que j'écris, je ne lis pas de romans. J'entre en transe créatrice, je me sens, à tort ou à raison, pourvu d'une telle énergie de pénétration que je réécrirais les textes sur lesquels je tombe. Je me plonge alors dans les essais et dans les revues littéraires : un numéro de *Liberté*, *Money and the Early Greek Mind*, de Richard Seaford, des lettres de Clarice Lispector, *Parano dans le bunker*, de Hunter S. Thompson — je pardonnerai peut-être à Louis Hamelin de m'avoir convaincu d'acheter ce truc poussiéreux et chiamment traduit —, une bio de Bourdieu, limite hagiographie, le *Times Literary Supplement*, auquel je m'étais abonné, sans oublier un texte sur les langues en voie de disparition, puisque le français au Québec risque de s'y retrouver dans une réédition. Je confesse une tricherie : j'ai emprunté deux romans de Mishima à la bibliothèque explosive avant mon séjour imminent au Japon.

Tu sais, Bertrand, j'ai annoté ta dernière lettre, comme je fais toujours, je mets *Oui* quand je suis d'accord, *Non* autrement, et il y a beaucoup de ces derniers. Mon problème, c'est que tu sembles m'impliquer dans certaines affirmations, alors tu comprends que, par souci d'honnêteté envers moi-même, je me permets de répliquer brièvement :

Je ne suis pas cynique, mais alors pas du tout. Je suis doté d'un esprit parfois caustique, mais je suis convaincu que la bonté veille sur nous et Hugues Corriveau. Je suis très catholique, quelque part. Je ne crois pas que la stupidité existe vraiment : elle est simplement un avatar de la paresse intellectuelle. La méchanceté est un oubli des bonnes manières.

La postérité n'est pas ma mère symbolique : c'est la putain au coin de Sainte-Catherine et Darling qui, après avoir bien raclé le bitume avec ses talons aiguilles, me demande : « Sors-tu ? » Non. Plutôt me branler. Je ne veux pas qu'on se souvienne de moi, mais de mes livres, ce qui n'est pas du tout la même chose. Je veux simplement — oh, c'est tellement compliqué — ajouter mon petit caillou à l'énorme, la pachydermique, la colossale pyramide de la littérature. Consolider l'édifice, quoi. Je ne veux pas être Homère, mais l'*Iliade* et l'*Odyssée*, sinon ce qui se trouve autour pour en faire ressortir l'éclat. Je peux toujours rêver, non?

Mon éditeur est mon meilleur ennemi. Il est l'homme qui dit non. Nous sommes deux escrimeurs, parfaits gentlemen, qui feintent et bloquent. François Hébert, ou le prochain parce que je suis sur le point de l'étrangler, est celui qui ne veut pas que je publie. Il veut effacer tous les mots, parce que plus il y en a, plus le livre coûte cher, plus il doit travailler, et moi je me bats pour eux. Nous nous assoyons devant la montagne de phrases que j'ai raboudinées, et il remet tout en question. Je réplique, bang! Je gagne à tous les coups, mais je suis éreinté et j'ai les poumons encroûtés, parce que l'homme a un talent fou quand vient le temps de transmuer un paquet d'Export A en nuages oncogènes. Le drame — ou est-ce une comédie désopilante? — avec l'édition électronique, c'est que n'importe quelle merde peut être publiée pour trois sous. Bonjour, les blogueurs!

Ce qui m'amène à mes auteurs favoris. Je t'ai déjà dit que je ne lisais que rarement des vivants. C'est vrai. Nabokov, Calvino, Zola. J'ai besoin de batifoler dans une prairie circonscrite. Si je vais au Japon, je vais au Japon. Qu'on ne me parle pas de «quelque part en Orient», je m'y rends à reculons. *Idem* pour la littérature. Par contre, je ne compulse pas l'œuvre complète d'un auteur fétiche, car une fois que j'ai saisi la mécanique, il me déçoit. Ça m'est arrivé avec *Thérèse Raquin*. Plus touché à un Zozo après cela. Et moi, me pavaner dans un colloque avec mon catalogue de références pointues et prêtes à lâcher, ça m'emmerderait à mort.

Toutefois, en amont de l'Achéron, je suis capable d'apprécier jouissivement André Roy, Dominique Robert — quelle poésie et quel beau roman elle vient de publier avec *Chambre d'amis* — René Lapierre, François Charron, Élise Turcotte — ce qui prouve que je peux sortir des Herbes Rouges —, d'accord pour Mistral, démonstration éclatante qu'un auteur fantastiquement doué peut être un formidable vaporisateur de niaiseries dès qu'il s'ouvre la bouche. Gaulin a une place spéciale dans mon cœur de pierre, vu que j'ai eu une sœur schizophrène, elle aussi suicidée, et qu'elle lui ressemblait. Sans vouloir être pinailleur, je crois qu'elle a plutôt dit, avant de s'immoler : « Vous avez détruit la beauté du monde », ce qui a du sens, car selon moi un vrai poète affirme, il n'interdit pas. Plamondon est peut-être un barde aux yeux du fisc irlandais, ou suisse — un pouète helvète ? —, mais pas aux miens, quand même !

Surtout, je lis n'importe qui, n'importe quoi. Je vais dans une librairie, une vraie, et je me promène devant les tables et les rayons, comme la pute de tantôt, sauf que, à moi, le client dit toujours oui. Et que c'est la pute qui paie.

Nous n'avons pas les mêmes goûts tout le temps, toi et moi. Danny Plourde fait vieillot à mes oreilles, mais je t'accorde que la mode est au nombril et que je n'ai pas touché à ce qui est de sa main. Mais de son harmonica, oui : je l'ai vu en show. Je préfère Dany Boudreault, de loin. Dany Laferrière m'indiffère, et peut-être est-ce parce que je me contrecâlice franchement des témoignages et de la nostalgie à numéros, et son *Médicinal* roman pouétique m'a franchement endormi en trois pages, mais ça, personne ne veut l'admettre, même ceux et celles qui ont ronflé le plus fort. Si je veux me farcir du Pessoa ou du Whitman, j'irai directement à la source, pas au succédané, haïku, pas haïku. Quiconque a lu *Feu pâle* de Nabokov me comprend. Le fait que ce soit publié en France aux Éditions du Cimetière des éléphants renforce mon opinion. Et si Fanfreluche Duras a aimé ça, c'est signe qu'il y a quelque chose qui cloche dans le moteur.

———

ENCADRÉ BITCH NUMERO UNO

Devinez qui j'imite.

«Des taches. Des lettres. Qui forment des mots. Puis des phrases. Paragraphes. On voit des chapitres. Ça se lit. Sur des pages. Et des pages. On vibre. On aime. C'est un livre.»

[Suit un résumé exhaustif et incompréhensible, puis, hélas :]

«Oui, parfois on se perd. Mais c'est là. Ça touche vrai. On n'en demande pas plus. Ou juste un peu. On referme le livre, transformée.»

Oui infirmière, vous pouvez débrancher.

———

Encore une fois : t'es drôle. Mais nous les avons, nos Stephen King, Camus, Rowling et Levy! [Ça y est, j'ai commis un point d'exclamation.] Tu m'excuseras si je ne les nomme pas, je me suis assez fait d'ennemis en une seule lettre, tu ne trouves pas?

P.-S. — Au bout du compte, je ne dis pas grand-chose de nourrissant pour toi, pauvre Bertrand. Hum.

Éteindre son ordinateur
dans la clarté

Cher Pierre qui nourrit peu,

«Il y a toujours prise là où la pensée s'insinue.»

C'est une phrase qui m'est tombée du front. Espèce de condensation approximative, procédé fréquemment utilisé en poésie, elle dit l'impression qui m'est restée après la lecture de ta dernière lettre.

Je n'annote pas, je ne vérifie rien. Ce que je t'offre, c'est mon cerveau de tous les jours, avec à peine une recherche Google par-ci, par-là. Ce qui m'intéresse dans l'exercice de la correspondance, c'est la vitesse, De Kooning, Pollock, si tu veux. En fait, je mets à profit mon esprit de synthèse.

Tu parles de pauvreté intellectuelle. Du nouveau clergé des patrons de tévé, toi-même contraint au paradoxal usage de la manipulation des têtes assoupies pour espérer un salaire qui te permette de vivre une vie pas du tout consensuelle, ardente, extatique, tout ce que l'on doit interdire aux gens de désirer, en leur serinant des scénarios de «justice immanente», comme tu l'as si bien remarqué. En anglais, on parle parfois de *poetic justice*.

Au sujet de la télé. Je reviens à ton commentaire sur les séries mettant en scène des policiers. Pour ma part, j'ai bien aimé *19-2*. Certes, c'est une télésérie simpliste. Mais à travers les branches mortes des schémas actantiels dessinés à gros traits subsistent des silences, des moments d'arrêt, cette vérité sardonique du quotidien sans gloire qui nous demande à chaque jour de prendre en charge les lubies des autres, ceux qui briment notre liberté, ceux qui nous donnent le droit de vivre.

Ce que j'aime dans cette proposition télévisuelle, c'est le constat indirect, non prévu par les scénaristes, qui nous enseigne, en fin de compte, que personne n'est utile. Personne ne tient le rôle qu'on souhaite lui donner. Tout le monde improvise et fait passer ça pour de la maîtrise, de la morale, des excès de bonté ou de la cohérence.

Nous prenons des décisions, empruntons des chemins de fiction qui ne nous mènent nulle part, sinon à ce qui fera de nous un policier ou un écrivain.

C'est à se demander comment continuer à vivre dans ces habitacles à néant, ces postes à audimat terribles, ces vox pop larmoyants et ces textes sur le Net non édités.

Reconnaître que nous sommes tous une bande de furets qui courent sans but est un constat existentiel douloureux mais lucide.

Il m'est venu à l'esprit de conclure ici cette lettre en mentionnant que nous nous sommes vus avant-hier, au lancement de la revue *Mœbius n° 129*, à la librairie Le Port de tête. J'ai eu l'idée de mettre en scène la faune littéraire, de parler de Robert Giroux qui est monté sur une chaise, puis a oublié ton nom (j'aime bien Robert, un autre de mes pères putatifs), Lucie Bélanger venant à sa rescousse, de Jean-Simon

DesRochers, prolifique créateur, qui a évoqué rapidement mon texte paru dans son numéro sur le nu. Mais je ne m'en sens plus l'énergie.

Parlons de blogue quelques instants. J'en conviens avec toi, « n'importe quelle merde peut être publiée pour trois sous », mais conspuer les blogueurs en bloc relève d'une position paresseuse qui ne te ressemble pas.

Je tiens un blogue depuis quelques mois, moins journal de bord que recueil de chroniques, il me procure justement cette liberté aimable que les éditeurs me refusent, car, et tu l'as bien remarqué, leur rôle consiste à dire non.

C'est bien évident, je suis un écrivain à vif, qui porte l'entièreté de sa parole en textes télégraphiés. Coquilles, fautes et branches mortes ne sont pas absentes de mes billets. Il m'arrive souvent de publier un texte et d'y revenir la minute qui suit, pour ajuster une phrase, retrancher un mot, corriger un accord, changer une formulation. Je m'auto-édite à répétition. Je sauvegarde je ne sais plus combien de fois le texte que je publie sur le Net. Si je coupe parfois les cheveux en quatre (mon blogue a pour titre *Technicien coiffeur*), c'est que je tente de saisir, plus que des notions ou qu'une idée, le mouvement même de ma pensée.

Un peu comme l'entendait Artaud, ma pensée sort de ma bouche, sort de mes doigts. J'ai beau, à une certaine époque, avoir souhaité devenir philosophe, je me suis vite rendu compte que je ne possédais pas cet esprit analytique du découpeur qui aligne les pièces de viande de l'esprit, procède à la décortication d'un problème, déconstruit concept par concept les affabulations qui viennent encroûter nos réflexes de parole. Non. Si je suis écrivain, c'est que je pige dans le *templum*, comme dirait Fernand Ouellette, vieille référence au sujet de l'inspiration qui m'est restée. Concept que j'ai adopté après la lecture d'un essai du poète dans lequel il aborde la question de ce lieu, de ce temple, d'où la parole poétique surgit.

D'ailleurs, qu'est-ce que l'intuition sinon un peu de synthèse, de prospection vive et d'inférences justes ? Je ne sais trop, je m'avance, ici. Je tombe justement dans mon *templum*, je prends le pari que ces mots sauront dire ce que j'ai pensé au moment où je les ai écrits. Qui sait s'il y a tant de branches mortes que ça dans ce que je viens d'énoncer. Et puis, j'en ferai du feu plus tard si tout s'assèche. Rien ne se perd dans ce que l'on écrit. La littérature est la plus grande entreprise de recyclage jamais inventée. Les écrivains sont des trieurs. Chacun son tapis roulant de références, chacun ses gants de tri, chacun ses sacs.

Pour en revenir à mon blogue — c'est bien gentil que tu sois encore avec moi après cette digression —, cet exercice m'est salutaire comme la répétition du musicien, l'entraînement de l'athlète. Écrire est un exercice jubilatoire qui demande un public. L'écriture n'est-elle pas toujours le spectacle de nous-mêmes ? Je ne fais aucune allusion ici à l'autofiction, je pense plutôt à une vérité générale. Ce que je recherche chez un écrivain, c'est l'ultime vérité, la vérité qui vient après celle que l'on claironne en public. La vérité qui se cache dans le dernier vestiaire. Ce que j'aime explorer, c'est cette pièce où les gens se sentent mal, là où la gaine imposée sans résistance à la pensée par les réseaux d'hébétude, les littéraires de fonds de tiroirs et les comédiens porte-parole de rivières, flanche. Ce qui m'intéresse, c'est la placide vérité du désarroi secret de tout le monde.

La vérité, c'est mille gestes improvisés qui finissent par mener à la caverne d'Ali Baba.

Pardonne-moi de passer abruptement ici à la politique, mais je ne m'éloigne pas de notre propos, tu verras. Nous sommes le 6 mai 2011, quatre jours après l'élection majoritaire de notre Bush canadien,

Stephen Harper. Ce n'est pas banal. Nous écrivons maintenant sous un régime qui va nous faire suer.

Féru de morale, militariste, anti-écologiste, notre grand sbire national, bourreau des progressistes, va faire régner le mensonge pendant quatre ans. Selon moi, la morale est le plus grand mensonge, le plus violent. Cette «justice immanente» divine dont tu parlais, ces pensées droites et étroites de l'opinion, sont les meilleurs thuriféraires du mensonge.

Tous les bons chroniqueurs démagogues sont diplômés de cette école.

La vérité est ailleurs, bien entendu, dans l'inconséquence, la violence refoulée, les vieux désirs qui perdurent et engraissent les mauvaises herbes des médias autant que le terrain culturel.

Devenir un homme, c'est assumer ses désirs, accepter l'opprobre, j'imagine.

On n'en sait jamais assez pour être juste, de toute manière. La méchanceté est un minable réflexe de survie.

Je suis fatigué, il est cinq heures trente-quatre du matin, et parce que j'étais incapable de dormir, je me suis déplacé du lit conjugal à ma table de travail.

J'ai allumé mon ordi dans la noirceur, vers les trois heures du matin ; il fait maintenant jour.

Je l'éteindrai donc dans la clarté.

Bertrand

Comment simplifier ce qui devrait l'être [je veux dire « simple », mais c'est plus complexe que ça]

Bertrand, ça y est!

Je me suis dit, ce matin, je ponds du neuf. Table rase. Exit la lettre précédente de Bertrand L. Terminé le set de ping-pong, je veux une balle neuve. Alors, je me suis assis dans mon fauteuil ergonomique qui va célébrer ses vingt ans bientôt [ce qui veut dire qu'il n'est pas si ergonomique que ça], j'ai entrelacé mes gros doigts de laboureur urbain, j'ai sucé mes joues bronzées par mes premières lancées à roulettes sur la piste cyclable et j'ai « câllé » la Muse.

Rien.

Je n'ai rien à dire. Je suis un romancier.

Par contre, j'ai un « comment-dire ». Je suis un romancier.

Je n'ai pas de leçons à donner, pas de recettes à partager, pas de trucs à confier. *Nada.* Je ne fais pas de blogue, parce que mes tergiversations n'intéressent personne, à commencer par moi-même. Ce qui bouillonne entre mes oreilles, je le laisse mijoter jusqu'à évaporation du jus qui, autrement, finirait sur la Toile. Un roman, c'est le précipité né d'un bain chimique, c'est le résultat presque magique d'idées toxiques noyées dans un cocktail d'humeurs.

En réalité, si je reprends ce que tu as écrit, mon matériau privilégié quand vient le temps de meubler un roman, ce sont ces branches mortes dont tu sembles si prompt à te débarrasser. Ainsi, dans *Arabesques*, je m'emploie à dénoncer une lente crétinisation du peuple déguisée en une démocratisation bienveillante. Comment le fais-je? En piquant le texte de mots inusités, didactiques, compliqués à mort : ils nous appartiennent. Je ne veux pas d'un dictionnaire simplifié pour les «petites gens» qui contribuerait à limiter la palette de leur réflexion.

Un blogue, je n'en vois pas l'utilité : ça étale ce que la personne pense. M'en tape, sauf si je sens que le propos m'est spécifiquement destiné, *comme c'est le cas avec cette correspondance.* D'ailleurs :

———

ENCADRÉ ROMANTICO

Il y a une dizaine d'années, je ramène à la maison un joli minet portugais croisé par hasard sur Sainte-Catherine. Manoel, vingt-cinq, vingt-six ans. Son projet en voie de réalisation : devenir juif. Cool, j'adore les Juifs, ils embrassent la religion du savoir par excellence. Remarque, il m'aurait dit «béret blanc», je l'aurais remorqué quand même.

Après l'avoir plaint sur la délicate opération qu'il allait inévitablement subir pour rendre sa conversion plastiquement définitive, nous passons aux choses sérieuses. LA baise, mon pit. Jamais n'ai-je approché, n'ai-je léché une peau qui sente aussi bon, qui ait un tel goût.

J'en ai presque oublié mes subjonctifs. Lui aussi. De toute manière, mes temps de verbe ont failli prendre le bord rien qu'à revivre l'épisode. Des fois, mon cerveau et mes gonades entrent en conflit et, à deux contre un, les gonades remportent souvent le pompon.

Où en étais-je? Manoel. Je passe les détails, l'encadré ferait des pages. Il quitte incessamment le pays pour Israël avec l'intention de «finaliser son dossier» avant de faire son service militaire. Nous échangeons nos coordonnées Internet. Un dernier coup de langue, mon lieutenant. *Adeus*! *Shalom*. Snif. Snif.

Deux mois plus tard, je reçois un courriel de sa part. J'en salive comme le chien de Pavlov. Trois phrases pour me dire qu'il n'a pas cessé de penser à moi, ce qui doit être plutôt inopportun pendant qu'un adjudant vous explique l'usage d'un Uzi automatique ou l'art de dégoupiller une grenade à fragmentation sans se circoncire une deuxième fois. Et en pièce jointe de son billet doux, sa lettre générique envoyée à un groupe d'élus.

Ma réplique: si je ne vaux pas une lettre personnalisée, raie-moi de la liste. Ce qu'il a fait. M'a trouvé... grossier et vaniteux. Ah? Bon. Parce que s'imaginer qu'un troupeau de losers laissés derrière soi peut s'intéresser à sa petite affaire, c'est faire preuve de sophistication et d'altruisme?

———

J'ai la même opinion des blogues. C'est un peu comme ces compétitions de Monsieur Univers, avec leurs impayables Hulk épilés et hyperbronzés qui «voguent» à la Madonna devant un public de squelettes, qui se déhanchent et se déboîtent les articulations dans le seul but d'étaler leurs gros muscles anabolisés et leurs tendons à l'agonie. *That's it*? Ça sert à quoi, cet attirail de bi, tri et quadriceps pompés à mort? Vous avez passé des heures, les mecs, à vous bousiller les organes, vous vous préparez la collection complète des mélanomes juste pour venir parader huilés comme des sardines, faire la belle et repartir avec un possible nonosse? Je bâille. Je me dis que, franchement, c'est plus jouissif d'aller à la messe et d'assister au spectacle d'une vieille sacoche qui roucoule ses *r* en proférant «Le corps du Christ», avant d'ajuster sa robe multicolore pour passer à l'étape suivante.

Qu'est-ce que j'en ai à cirer du processus de pensée et de création de Monsieur X: je réclame le résultat, viarge! Surtout s'il s'agit d'un artiste reconnu. Cette obsession de vouloir être entendu, d'étirer répétitivement et au-delà de la décence les quinze minutes promises par Warhol, je ne la comprends pas. Il n'y a pas de communion. [Catho, je te dis!] « Là, je te donne ce que je pense. Je l'efface, Ducon. Tiens, je suis rendu là. Je recule. Tu suis toujours? Bang, je pense ça. Encaisse.» Il me manque le filtre, moi. Genre, un éditeur qui grille, tel un électrocuteur à maringouins, les facilités et les lâchetés. Celui de l'assomption, aussi. [Franchement, je ne m'en sors pas!] Je veux dire de l'endossement illimité. La garantie. À froid, pas de défaite: ceci est la somme de mes réflexions — un livre, une toile, une chorégraphie.

Je réclame le paquet avec son emballage, son ruban, sa boucle, fini: une pièce à conviction, littéralement. *Mano a mano, por favor.* Ze best. La liste d'intentions et la carte de souhaits, je ne veux même pas les voir. Pourquoi gaspillerais-je mon temps à prendre connaissance d'une pensée inachevée et capricieuse qui peut se défiler quand elle sent la soupe chaudasse?

J'ai l'impression que l'auteur y teste ses idées, ça passe-t-y, ça passe-t-y pas? Réactions? Commentaires? Suggestions? Je considère aussi qu'une dilution du discours s'opère à cause de ces publications de flashes, comme si le blogueur noyait dans une piscine de considérations souvent vaseuses l'esprit même de ses propos. Tant d'idées crues s'y trouvent emmêlées, fondues, nattées aux plus précieuses et travaillées, que le lecteur, complètement K.-O., ne distingue plus le bon grain de l'ivraie. Tout le monde perd.

Je ne lis pas le tien, de blogue, comme je n'ai pas lu celui de Jean-Simon DesRochers plus de trois fois. M'ennuie. Je sais que vous valez beaucoup plus que ça, pour parler bête. Et moi aussi. Peut-être que Manoel a vu juste, après tout?

Ce qui me donne l'occasion de revenir sur une question que j'ai déjà abordée : c'est quoi cette obsession québécoise d'être certain d'avoir parfaitement raison avant de s'ouvrir la trappe ou d'écrire un truc ? Tu sais, Bertrand, ce que je te confie, que ce soit sur les blogues ou les spectacles dits littéraires, sur VLB ou Danny & Dany, est-ce important que ce soit légitime si, au bout du compte, ça se solde par des romans solides ?

Qu'est-ce que j'en ai à faire que tout l'édifice littéraire que je m'emploie à construire repose sur un gros fond de sapience attestée par... par qui, au juste ? Non, je n'ai pas « fait » l'université parce que je suis le fruit de ma classe sociale. Je le regrette. J'aurais aimé connaître le privilège de traîner mon fond de culotte de chaise en chaise pour boire les paroles de distributeurs de savoirs et d'opinions décantées, mais j'étais destiné à être un honnête travailleur qui a appris à lire dans le seul but de bien déchiffrer les directives glissées sous son gros nez par un quelconque superviseur.

Quand je me suis décidé à braver l'interdit tacite — qui persiste aujourd'hui — de fréquenter l'université, il était trop tard : je n'avais plus la patience d'encaisser la suffisance de certains professeurs ; s'était évaporée de mon cœur — car il faut être généreux pour apprendre — la naïveté nécessaire à l'absorption optimale des pépites de savoir ballottées dans des cataractes, des Niagara de petitesse que certains pontes laissent débouler au fil de leurs années de certitude intellectuelle. Ils détiennent la vérité, croient-ils, et ils ont peut-être raison, mais ça ne les empêche pas d'être souvent sans intérêt tant ils sont imbus de leur petite personne.

J'assume ma pauvreté « académique », disons, pour être bien compris. Je suis autodidacte par faiblesse atavique, mais au moins je me soigne : je lis plus haut que moi à mes yeux. Je ne saisis pas toujours les propos, mais je me console en songeant que mon cerveau doit être doté d'une perméabilité naturelle qui permet aux idées miraculeusement rescapées de s'agripper à des neurones accueillants et de modifier favorablement le cours de mes réflexions.

Je suis un travailleur de la littérature et quand j'entends certains théoriciens prosateurs caqueter sur leurs conceptions originales, croient-ils, ésotériques dans les faits, de la narration, je ne peux m'empêcher de penser que ces énergumènes forgent des excuses d'avoir pondu des romans assommants et parfaitement idiots, pour ne pas dire stériles.

Ainsi, si je me trompe au fil de cette correspondance, si je suis injuste, laissez-moi l'être, si mes arguments flageolent, tant pis : au moins, j'écris de bons romans, et ça, je n'en doute pas. C'est mieux que le contraire.

ENCADRÉ DU CIRQUE DU SOLEIL

O.K. Je me lance. En faisant mon ménage, j'ai trouvé un biscuit chinois sur la table à café. Je l'éventre... Maintenant. Crunch. «Le succès est à votre porte.» Merde. Celle d'en avant ou celle d'en arrière? Ta-dam. Applaudissements.

C'est vraiment nul, ces improvisations.

———

Un autre truc qui me fait suer, c'est l'improvisation comme centrifugeuse d'idées. L'écriture automatique, les numéros thématiques de revues de nouvelles, le «fuckez le chien, il en sortira bien quelque chose», ça me pue au nez. J'étais abonné auparavant au Quat'Sous, le théâtre de poche avec ses pièces à risques... des fois. [Nous sommes au Québec, quand même.] Éric Jean est arrivé, et Dieu sait que j'ai un penchant coupable pour l'homme. Mais voilà, il s'est mis à nous tartiner des fruits d'impros à longueur d'année et, franchement, ça finissait sans rater dans un formidable salmigondis de poncifs [j'ai toujours aimé écrire ce mot: salmigondis]: le macho, la pute, le travelo, la toutoune. J'entends encore l'écho des séances de création, de comédiens qui commandent leurs rôles. «Moi, j'ai toujours voulu jouer la cochonne...»; «Oh là là, chanter *La Belle de Cadix* en bustier sur mon torse poilu!» Zzzzz.

Je viens de l'école *hard*, j'imagine: «Si t'as rien à dire, *farme ta yeule.*» Raison pour laquelle je n'écris pas de théâtre, mais des romans. Ce que j'ai à dire est dans le comment. C'est un luxe, une grande liberté que nous permet la littérature.

Le mort et le vivant

Bertrand,

Disons que cette lettre, écrite pratiquement d'un trait, est une annexe à la précédente.

Il s'agit d'un cauchemar, en vérité une succession de cauchemars qui ont troublé ma nuit et se sont ligués pour me délivrer au matin, amoché et d'humeur irritable. Je ne me rappelle que de bribes, dont la conclusion.

Grosso modo, bien calé dans ma Mustang, mais la fesse nerveuse, je chasse les morts-vivants. Il s'agit de les écrabouiller, et je m'en tire pas mal. Voilà que j'ai un pistolet automatique greffé à la main gauche. Je me retrouve dans un snack-bar, tu sais, ces endroits nickelés jusqu'aux murs. J'aborde le comptoir, et une *waitress* bien de sa personne m'accueille. Un inconnu passe alors la tête par la porte battante et m'annonce que la serveuse est un de ces zombies. Elle se rapproche, souriante, les yeux luisants, pleins de vie pourtant. Je lève lourdement la main gauche, je tente de faire feu, mais il s'agit d'un pistolet « instinctif », c'est-à-dire sans gâchette véritable, sauf ma volonté. Rien. Elle approche toujours, rayonnante. Elle ouvre la bouche. L'intérieur est noir. Elle veut m'embrasser, son haleine est putride. Je ne vois qu'une manière de me défendre, j'ouvre la bouche plus grand qu'elle. Je lui cloue mes incisives supérieures dans le sillon naso-labial — merci, *Dictionnaire visuel* —, les inférieures, je parviens à les lui planter sous le menton. Je serre les mâchoires, mais la *waitress* résiste. Elle sort la langue en gémissant. Il ne me reste qu'une seconde ou deux à vivre. Je sens que je peux tirer. Un éclair crépite dans mon cerveau. Je me réveille, en rogne. Et déprimé.

Je ne suis pas du genre à analyser mes rêves, mais je me demande pourquoi j'ai concocté une connerie pareille.

A. La culpabilité. Peut-être m'en veux-je de colporter des pensées si absolues? Je manque de tact, je rudoie, mais c'est parce que je te voue un respect fortement dosé d'affection. Porter des gants de dentelle pour t'écrire, c'est vraiment en dessous de toi. Et puis, j'en ai tellement, mais tellement plein mon casque du consensus qui stérilise la moindre discussion dans notre beau Québec de châtrés. Et que j'enfile lesdits gants, et que je susurre un germe d'opinion, histoire de tester si ça ne déplaît pas à l'interlocuteur ou aux trois ego de cristal assis à la table ronde. Résultat : chacun est d'accord avec soi-même, et tout ce beau monde retourne à la maison pas plus avancé que la veille. J'écoute en balado France Culture, et laisse-moi te dire que nos cousins à baguettes ne se gênent pas pour se flanquer des théories, des critiques, des reproches en pleine gueule, et tu te dis, putain, ça doit saigner à gros caillots autour des microphones, mais non : l'émission terminée, ça se serre la pince, ça s'invite à déjeuner. Pourtant, deux fois sur trois, y en a un qui a mangé une méchante raclée. Si les Français forment, comme je le crois, la plus grande communauté de *has-been* d'Occident, nous sommes les irréductibles *never-been* de la planète.

B. Nous sommes des morts-vivants. Oui, nous, du genre humain : sommes-nous encore en vie? Le fait de se maintenir toujours en lien

avec son prochain. Skype, iPhone, Internet, puces de localisation, GPS...
Cette obsession d'entrer en incessante communion avec autrui, est-
ce que, quelque part, ça ne nous déshumanise pas? Nous ne sommes
plus que des bips sur une monstrueuse carte clignotante, pourrais-je
dire. Comment résister à cette course de lemmings sans passer pour
un dinosaure ou un grincheux? Doit-on ouvrir la gueule plus grand
encore et tenter d'écrabouiller ce qu'on nous présente comme le progrès, alors qu'il s'agit potentiellement d'un irrépressible retour vers
des temps que nous croyions révolus? C'est-à-dire les temps où le serf
était toujours à la disposition de son maître et seigneur.

C. Je dois aussi me demander ce que cette panne de feu — de la
main gauche — signifie. Est-ce une manifestation de mon désarroi, confronté que je suis au vieillissement et au ramollissement
généralisé de mon anatomie? Enfin, soyons lucides. Je baise mieux
qu'avant, mais moins. Et j'associe, je GREFFE la production littéraire à la libido. Si ce qu'on m'annonce est véridique, vais-je écrire
des trucs sans vigueur dans les prochaines années? Est-ce déjà commencé? Je veux dire, *Arabesques* est beaucoup plus branché sur le
versant intellectuel des choses que *Le Messie de Belém*. De plus, je
trouve les mecs tellement emmerdants, jeunes comme vieux. *Money.*
Ce mot résume l'ensemble de leurs petites préoccupations : la quincaillerie technologique qu'il faut posséder et maîtriser ; les fringues ;
le char ; les voyages in. Je te jure, dénicher un homme qui lit autre
chose que les coups de cœur de Renaud-Beurré, quand il prend la
peine d'ouvrir un livre, ou les mamourés de Fanfreluche Duras, ce
n'est pas donné! Peut-être est-ce mon inconscient qui relativise ma
faillite physique?

Voilà. Pas drôle, tout ça. Remarque, comme l'a chanté notre intellectuelle emblématique et voci, ératrice : ce n'était qu'un rêêêêêve...

Potlatch joyeux

Cher Pierre déchanteur,

Vite sur la gâchette... Dans le *Dictionnaire de l'Académie française*, à l'article «gâchette», il est indiqué : «Mécanisme armant le percuteur d'une arme à feu, que libère une pression sur la détente pour faire partir le coup.» On ajoute que ce mot s'emploie par extension et abusivement à la place de «détente». Après avoir lu cette définition émise par les pontes de l'Académie française, je reformule ma phrase : Vite sur la détente, activant le chien, ton coup est parti à une vitesse insoupçonnée. Tu m'as surpris, Pierre. Je n'étais pas encore assez détaché de ma lettre précédente, un peu embué dans ma clarté matinale et mes obligations littéraires de début de semaine, attendant les commentaires de Geneviève, qui ne sont pas encore venus.

Mais puisque j'aime profondément la vivacité fouineuse et virile de nos échanges, cette fois je me suis dit que je n'allais pas me précipiter dans la nuit (j'ai pris ton courriel vers vingt-deux heures) pour improviser davantage. Sage comme une image d'Épinal, petit pompon, clochette et scapulaire de couleur vive, j'ai décidé d'aller rêver, puis de te répondre à potron-minet.

Il est 7h49. J'ai fait taire René Homier-Roy, mon coq du matin, bruit de fond rassurant, voix de stentor ; moi, anticipant ses réactions comme on prévoit les mouvements d'un vieux chat coquin, allant chercher sans doute chez lui un résidu de stabilité paternelle pour bien semer les germes de la journée (sol psychologique qui m'a été confisqué dès l'âge de quinze ans, mon père s'étant éteint sous mes yeux des suites d'un infarctus, corps qui s'effondre dans le salon devant Charles Tisseyre et son émission *Découverte*, portant justement sur les infarctus, le 19 septembre 1982).

Il est donc maintenant 7 h 53. En lisant ta dernière lettre, j'ai pris quelques notes sur une feuille lignée, autant pour aider ma mémoire que pour pérenniser quelques phrases qui se retrouveront dans mon prochain livre de poésie. Car, je dois te l'avouer, présentement, j'écris un livre de poésie.

Cet état d'esprit est fort différent de celui du romancier, j'imagine. Pourtant, pas tant que cela.

Poète, je retiens des phrases-amorces pour dérouler le fil d'un texte. Puisque j'écris une poésie en prose, je m'astreins peu, dans un premier temps, à la rythmique. Pourtant, une fois le texte terminé, le jus à édition bien pressé, je repasse avec soin sur mon poème, élaguant ici, augmentant là, afin de donner au tout une puissance cadencée notoire. J'aime que ma poésie puisse être intéressante en lecture publique.

Le gueuloir de Flaubert, ce vieux cliché scolaire (enseigné par des pontes généreux de leur «Niagara de petitesse», dans certains cas, mais pas dans la majorité tout de même, Pierre), est utile pour deux raisons. D'abord, il met en évidence que le mécanisme de la lecture orale a une incidence importante sur la composition d'un texte et, ensuite, que tout romancier est fondamentalement poète, puisqu'il doit faire preuve d'une méticulosité rythmique et micronarrative pour parvenir, dans les règles de l'art, à un morceau de prose réussi.

La première phrase qui a attiré mon attention, dans ta dernière lettre, est celle-ci : « Un roman, c'est le précipité né d'un bain chimique, c'est le résultat presque magique d'idées toxiques noyées dans un cocktail d'humeurs. »

Je retiens ces mots, en rafale : « chimique », « magique », « toxiques », « humeurs ». Si je t'entends bien, tu me parles ici d'« instabilité », de « rêves », d'« impulsions électriques » et de « folie malsaine ».

Dans le fond, tu ne te trahis pas ; je ne fais que goûter, dans cette correspondance, à un cocktail de tes humeurs, que tu distilles en pressant les fruits de quelques idées toxiques. Dans le fond, nous pensons la même chose. Voilà mon point de vue. Je ne crois pas qu'il puisse y avoir de littérature sans improvisation, sans poésie de l'immédiat, sans coulures de mots sur le cadre de notre tableau narratif, le canevas de nos romans ou de nos poèmes. Tu es un poète, Pierre, c'est d'une profonde évidence en te lisant. Et je crois, et tu me corrigeras si ça ne te convient pas, que tes romans ont parfois la densité de poèmes en prose.

Maintenant, je me dois de revenir sur la pratique du blogue.

Un blogueur est pour moi quelqu'un de sérieux. C'est un journaliste du restant, un faiseur de « potlatch joyeux » qui note des pensées immédiates, des sourires perdus, un peu de coulisses crasses mais, surtout, qui met en scène librement des opinions marginales, des textes qui méritent de survivre dans le nouvel univers éditorial (où il y a du très mauvais, comme il y a de très mauvais livres, nous en convenons aussi).

En guise d'avant-goût porteur, de publicité de soi et d'exemplification de ma démarche (toute récente, dix ans après les pionniers québécois de ce genre, dont Mistral, son blogue ayant été ensuite publié sous le titre *Vacuum*, il y a là un jugement sur le genre, mais aussi un programme à suivre), je vais oser ici, en réponse à tes encadrés, publier le texte le plus commenté de ma jeune œuvre de blogueur, mis en ligne le 6 février 2011.

Tu verras qu'il s'agit, ni plus ni moins, d'une extension de notre discussion actuelle, avant même que nous l'ayons entreprise :

ÉCRIRE, C'EST APPRENDRE À SE DONNER AUX AUTRES, JUSQU'AU SACRIFICE ULTIME

La vie est en soi un paradoxe affolant.

On vous la donne sans savoir pourquoi, vous la prenez sans savoir qu'en faire et vous la perdez malgré tout, même si on vous a appris qu'il fallait l'aimer.

En termes logiques, la vie est une aporie. (Pour Aristote, une aporie est une question qui place le lecteur ou l'auditeur dans l'embarras pour trancher entre deux affirmations. Le sens actuel d'aporie est plus fort et concerne tout problème insoluble et inévitable.)

Pourtant, la majeure partie d'entre nous vivons en refusant d'accepter cet état de fait. Nous cherchons un sens à notre vie, nous cherchons des chemins, des issues, des choix logiques, un mode de vie raisonnable. Nous attaquons les gens qui agissent de façon contradictoire, nous nous moquons d'eux. Nous cachons par tous les moyens tout ce qui pourrait donner une image incongrue, paradoxale, sans queue ni tête, de notre parcours. Nous protégeons avec acharnement cette fiction convenue qui nous a été offerte à la naissance, cette fiction qui veut que notre individualité soit la chose la plus importante au monde, qu'écrire la vie consiste à s'ajuster à ce lit de Procuste, à devenir l'auteur d'un roman raisonnable, sans imagination, sans aspérités, d'un lisse qui n'effraie personne, d'une banalité sans nom qui contribue à perpétuer la race pour des raisons qui nous échappent.

Cette fiction commune est culturelle, et chaque pays, chaque groupe de pression, chaque couche sociale nourrit le récit qui convient à ses croyances et à ses ambitions.

Mais l'écrivain véritable doit aller au-delà de ces évidences. Contrairement à ses semblables, il doit mettre de l'avant les failles, les contradictions, les paradoxes qui font de la vie une expérience aporétique, bizarre, inusitée, cruelle, invivable et merveilleuse. J'ajouterais même qu'il doit apprendre, et ce, contre toute attente, à se donner aux autres, à offrir cette matière existentielle impudique, ruineuse, ridicule, odieuse, laide, osée, sexuelle, maniaque, folle, mauvaise, méchante, idiote, hypocrite, courtisane, ambitieuse, calculatrice, pédante, paresseuse, sauvage, qui fonde, bien plus que la fraternité, la liberté et l'égalité, la quotidienneté de nos rapports humains.

Se donner aux autres, c'est avouer que nous sommes vulnérables, naïfs, sans ressources véritables devant les défis que la vie nous réserve, engoncés dans nos ambitions, contrôlés par elles. Se donner aux autres, c'est accepter qu'ils nous déchirent également, qu'ils partent avec une de nos idées, qu'ils nous fustigent après nous avoir adulés.

Chaque écrivain est soumis à cette censure du bon goût qui favorise les œuvres lisses, les textes qui font plaisir à tout le monde, les livres qui ne font pas de vagues, restent raisonnablement humains et remportent des prix, se vendent bien, contribuent au bon fonctionnement de la fiction commune du rendement et du succès.

Je sens souvent, sous les propos de certains écrivains, cette source folle qui se retient, ce choix volontaire de refuser la confrontation, cette patiente séduction du lectorat, bête protéiforme dont le respect n'est jamais acquis pour de bon.

Publier, selon moi, devrait rester un acte beaucoup plus courageux et dangereux qu'il ne l'est. Un auteur valable devrait défendre à tout propos ses choix, sa faiblesse, sa volonté d'être plus que vous, et ce, sans brandir le drapeau de la fausse humilité, de la modestie populiste visant à ne jamais s'aliéner son public (technique Céline Dion). Il devrait revendiquer la douleur de ses ambitions, l'impossibilité chronique de jouir longuement d'aucune satisfaction, sa détresse morale continuelle, ses orgasmes de reconnaissance trop courts.

Apprendre à se donner aux autres, à révéler toute notre folie, toutes nos ambitions ridicules, tout notre désarroi et toutes nos failles n'est pas un art réservé aux praticiens de l'autofiction. Couler ces vérités douloureuses dans la peau de personnages qui ne nous ressemblent pas peut convenir. Cette recette s'applique à tous les genres ; le roman n'est pas l'unique voie d'accès à l'autoroute de nos contradictions internes. L'important, c'est de rendre compte, avec une acuité hors de l'ordinaire, de la profusion de moyens de défense des êtres humains. Se cultiver, c'est apprendre à s'attaquer au récit commun. Lire, c'est apprendre à se multiplier.

En somme, écrire, c'est accepter que les autres nous mangent, nous dévorent ou nous cuisinent, en réservant ou en ne jetant aucune partie de nos corps friables, instables, cachottiers, rancuniers, sales, trompeurs, humains, trop humains.

Quoi qu'on en pense, nous passons peu de temps sur la terre. Nous consommons pourtant durant cette courte période une quantité phénoménale de produits culturels. Rares et d'autant plus précieuses sont les expériences esthétiques qui nous renvoient, avec une justesse gênante, à nos contradictions naturelles d'être humain faillible, à cette détresse ordinaire, sans éclat, à cette triste naïveté bon enfant qui dirige nos vies lambda, nos vies que nous valorisons à l'avenant, sans y croire vraiment.

Le sacrifice ultime, c'est de s'oublier à un tel point qu'on réussit à donner en pâture au lecteur une matière humaine qui génère une odeur forte et un goût correctement rance. En somme, c'est d'être en mesure d'offrir le réel cadavre de sa vie entière, avant même que la société nous embaume dans sa fiction commune.

L'écriture est aussi une aporie[1].

Tu es autant un sacrificateur qu'un sacrifié, Pierre, et c'est ce qui te rend formidablement intéressant comme auteur.

Voilà mon revers rapide, sur ta balle neuve. À la Björn Borg, à deux mains.

J'attends ton coup droit, énergique.

Bertrand

---

1. Publié le 6 février 2011 sur le blogue techniciencoiffeur.blogvie.com

To baise or not to baise

Chère Venus Williams du clavier,

D'entrée de jeu, Bertrand, tu as droit à toute ma reconnaissance : si je me fie à ta dernière lettre, tu as réussi à river son clou à Renié Homer-Roy. Je n'y arrive pas. *C'est bien de valeur le matin*, c'est comme un film d'horreur de série B : même éteinte, ma radio semble distiller les homélies de baby-boomer de son animateur, ses opinions débiles sur la littérature et ses interviews, au final, inoffensives. Il est fait sur mesure pour commencer la journée du bon pied, j'imagine. Je me confonds en excuses auprès de toi, vu qu'il a revêtu pour toi des habits de père et que je ne peux m'empêcher d'exsuder mon acrimonie à son sujet. Il n'en demeure pas moins que, à mes oreilles, la plus grande qualité de l'émission, avec l'endurance de son animateur, c'est l'absence de pauses commerciales sur les ondes de Radio-Canada, sauf en période d'élections. Au long de la dernière saison des grands mensonges confédéraux, un ami de Renié nous prévenait juste avant les nouvelles de huit heures : la loi « oblige » Radio-Canada à diffuser les pubs payantes des partis politiques. Jusqu'à ce qu'un cacique, sans doute, ait signifié à la direction de notre vénérienne institution que la formule manquait de délicatesse.

Pourquoi la télé publique ne fait-elle pas de même ? « La lente et inexorable privatisation de votre réseau, payé de vos poches des décennies durant, par les incultes que vous avez élus pour vous représenter «oblige» la Société Radio-Canada à diffuser des pubs débiles de tampons, de papier Q et de bains pour ti-vieux.» Ce serait chic de sa part.

Mais passons à un topo qui mérite notre respect : la littérature.

Non, non et non. Tu te trompes, mon cher Zorro plus vite que sa cape, quand tu interprètes le passage de ma lettre qui aborde le sujet de la création. Si un roman, «c'est le précipité né d'un bain chimique, c'est le résultat presque magique d'idées toxiques noyées dans un cocktail d'humeurs», je ne laisse aucune place à l'improvisation, en digne chimiste des mots que je tends à être, sinon le moût risquerait d'exploser et de se retrouver sur les murs. Ou aux Intouchables. C'est presque magique, mais pas tout à fait. Mes idées, mes humeurs, mais aussi mon savoir, mon expérience, mon amour irraisonné de la langue contribuent à donner ce précipité fixé sur papier.

D'ailleurs, je retarde le plus possible l'écriture d'un texte, je laisse aux résidus le temps de se déposer sur ce que j'appellerais ma membrane de filtration, pour ne pas dire mon rein mnémonique, car seuls les éléments dignes d'être retenus par la mémoire de l'écrivain méritent de passer au test suivant : le clavier. Puis, il s'agit de suggérer, plutôt que de montrer : je joue à cache-cache avec la paresse innée des lecteurs. Finalement, je dois «faire chanter» le texte, et un nouveau processus de transformation s'enclenche, par une sélection des mots et un nécessaire démembrement des phrases et leur remboîtement. Sans doute est-ce là où commence et s'arrête mon ambition poétique : rendre la lecture «organique», si harmonieuse que le lecteur s'étonne lui-même de l'avoir conduite. Encore faut-il qu'il ait l'esprit ludique, un humour aguerri. Ce tralala au grand complet se double d'une entreprise de dissimulation éhontée : l'écrivain doit disparaître. Totalement.

Je me demande, d'ailleurs, si je ne meurs pas symboliquement après chaque roman publié. En effet, un deuil se prépare une fois les épreuves revues, corrigées et retournées à l'éditeur, et il me semble de plus en plus clair que ce que je pleure, ce n'est pas un univers rendu au bout de sa course, mais l'auteur que j'ai été — celui qui a relevé un défi — et que je ne serai jamais plus. Peut-être devrais-je faire preuve d'enthousiasme effréné et parler plutôt de résurrection ? Toutefois, je crois que l'achèvement d'un roman est un constat d'échec : je ne peux aller plus loin avec ma construction lacunaire, donc mésadaptée à la recherche de la perfection. D'où la nécessité de recommencer. À bien y penser, la publication d'un texte est l'admission d'un fiasco et s'accompagne d'une tristesse de vaincu.

Remarque, je ne nie pas l'importance des vanités dans le processus. Il y a la bonne, la fertile, c'est-à-dire celle qui convainc l'auteur que son écriture peut intéresser son prochain ; il y a l'autre, l'insalubre, qui pousse l'écrivain à parader comme un coq et à s'accrocher à son œuvre comme à une bouée de sauvetage au milieu d'une mer d'indifférence glaciale. Ainsi, je me méfie des auteurs qui font acte d'humilité quand vient le temps de parler de leur travail et qui ne ratent jamais une occasion d'aller se faire applaudir. Par exemple, j'adore François Barcelo, j'estime que certains de ses romans figurent parmi les plus intéressants, les plus originaux du Québec — notamment *J'enterre mon lapin* —, mais il m'horripile chaque fois que je l'entends proférer qu'il se considère comme un romancier moyen. Dans ce cas, pourquoi publier ?

Pendant que j'écris un roman, je te le jure sans vergogne, je suis convaincu de figurer parmi les meilleurs écrivains de mon temps. Quand vient le temps de le réviser, de le mettre en forme, de le peaufiner, je suis le parangon du critique littéraire, pour ne pas dire bêtement artistique. Si j'accepte les rares invitations d'entrevue, c'est par solidarité avec mon éditeur, à qui je reproche d'être flanc-mou côté efforts de promotion, et par souci de pouvoir, un jour, vivre de ma plume avec l'aide d'une notoriété tempérée.

Écrire demande aussi du courage, en effet, sauf pour pondre de l'autofiction. Ça, en ce qui me concerne, c'est la lâcheté suprême. Jaspiner sur « sa petite affaire à soi », n'importe quelle tarte peut le faire, et fort mal, sans craindre de se faire rentrer dedans trop cruellement, car dans l'état actuel de notre « intelligence médiatique », le vécu est non seulement inattaquable fondamentalement parlant, mais garant d'un minimum d'à-propos. Les Fanfreluche Duras de notre minuscule planète confondent sincérité professée et pertinence avérée, pleurnichage et profondeur, comme elles confèrent à la véhémence les attributs de l'acuité.

La littérature est surtout l'art du louvoiement, de la sournoiserie, voire de la subreption. C'est l'inoculation d'un redoutable poison présenté comme un purgatif léger et libérateur, une entreprise de sape de toutes les certitudes du lecteur sans lui casser les oreilles, la neutralisation de ses défenses et l'instillation dans sa cervelle d'une dose létale du doute qui menace de noyer un véritable écrivain... pendant qu'il n'écrit pas. Écrire fait peut-être taire ces doutes qui m'obsèdent ? Bref, tu déduiras de ce laïus que, pour ces raisons, je ne cours pas encaisser le théâtre de Wajdi Mouawad. Je le juge sermonneur, il m'énerve, ses pièces sont bancales et, de surcroît, il nous crie ses prêches par la tête.

Pour en revenir au roman, exposer sans vergogne ses fantasmes et son imaginaire, là, tu parles d'un méchant numéro sans filet ! Car les lecteurs ne peuvent se raccrocher à rien d'autre qu'à leurs interprétations, l'actuelle et celles, passées, sur lesquelles ils fondent leur lecture. L'intellect non seulement l'emporte sur les affects, mais il en produit d'excellents succédanés. Les jérémiades de l'auteur sur ses expériences certifiées réelles, je n'y trouve, d'emblée, aucun intérêt littéraire : cette écriture repose sur une poltronnerie et ne me satisfait que rarement. Primo Levi figure parmi les exceptions.

Je suis peut-être un esprit protestant dans un corps de catholique ? Ou le contraire, peu importe, au point où nous en sommes rendus. J'ai un côté rigoriste, non ? Très pasteur anglican ou mennonite. En effet, je ne me considère pas comme un intermédiaire entre le lecteur et une autorité quelconque — sapience, savoir ou vérité —, mais comme un éclaireur possible, un scout mû par une réelle affection pour son prochain, ce qui n'interdit pas des sautes d'humeur ni des bouffées d'impatience un peu brusques. C'est que je suis convaincu que l'humain mérite mieux que la facilité dans laquelle il se complaît naturellement, une nonchalance encouragée par les médias de toutes les époques : sermons, anathèmes, bulles, manuscrits, bibles, journaux, radio, télé et, maintenant, Internet. Et que ce laisser-aller me met hors de moi.

Toutefois, cette rigueur de révérend Peabody trempée dans la bénévolence baden-powellienne n'exclut pas la luxure !

Écrire, c'est du cul. De la lutte porno dans la boue. De la sodomie en *jumpsuit* léopard. Un *gang-bang* au stade olympique ou au Casino de Montréal. Bref, le combustible, c'est le désir de baiser le plus souvent possible. À ce compte-là, j'écris parce que :

• Je n'ai plus dix-huit ans et que ma tuyauterie ne me le permet plus, sauf si je me bourre de comprimés vasodilatateurs.

• Je veux éviter l'inconfort propre aux lésions péniennes.

• Les chorégraphies sexuelles ont leurs limites, contrairement à l'imagination.

• La langue française est *hot* et toujours *willing*.

Sérieusement, je pense que l'énergie, l'impulsion, l'attaque nécessaires au coït sourdent du même réservoir que l'écriture. Y dort cette urgence bêtasse de conquérant à la source de l'entreprise. Dans *Alibi*, je suggérais que le roman était, «traditionnellement», un domaine viril, car sa pratique demande l'exercice d'une autorité conférée jusqu'alors — et encore, je crois — aux hommes. Cette suprématie du mâle sur sa moitié est du même tissu que celle de l'auteur sur le corps linguistique. Le vocabulaire, la grammaire, la syntaxe, la structure sont les jambes, les bras, toutes les lèvres que l'écrivain doit soumettre à son désir. Certains le font brutalement, d'autres avec une tendresse non dépourvue d'accents ludiques. N'en demeure pas moins qu'il s'agit d'une lutte, en effet, qui n'est pas nécessairement jolie à voir. Ce qui compte, c'est le résultat : le soupir de satisfaction, les rires de complicité, la fatigue des conquérants, la cigarette en récompense, la fringale subite, les draps qui fleurent le sexe.

Je sais que cette vision est formidablement machiste, et alors ? J'écris comme je baise. Avis aux intéressés.

———

ENCADRÉ BITCH NUMERO DUE

Roche, papier, ciseau.

J'ai assisté hier soir à l'un de ces pestacles littéraires haut de gamme, présenté à l'auditorium de la Bibliothèque explosive. C'était parfait comme un cercle. Un zéro. Compte rendu.

J'entre. La salle est comble. Moyenne d'âge : la préretraite. Sur la scène patientent, à gauche, un piano demi-queue, à droite, trois fauteuils Ikea, une table basse sur laquelle le metteur en scène a déposé trois gros cailloux et un cube de faux marbre, censés représenter, j'imagine, les trois comédiennes et leur collègue *slash* pianotiste. Sur l'écran qui flotte au-dessus du décor sont projetés une photo de roches et le titre de l'aventure : *Madeleine Gagnon : dans la lumière des mots*. Lumière et roches. Je vois tout de suite le rapport.

En guise de présentation, la dame de la bibliothèque bafouille trois ou quatre mots — je crois qu'elle y est allée un peu fort sur la camomille au souper —, suivie de celle de la Maison de la poésie qui a revêtu sa gueule de déprime et de douleur taillée sur mesure pour les grandes occasions poétiques.

Le peloton d'interprétation investit l'espace. Le tambour-major Jean Marchand prend possession du char d'assaut musical, les trois bidasses, l'air frondeur, se mettent au garde-à-vous devant la population : les soldats Markita Boies et Catherine Dajczman encadrent la poilue Françoise Faucher, droite comme un i dans ses Hush Puppies. Ne manquent que des Kalachnikov, ce qui serait vachement amusant, tu imagines ces trois symboles du bon goût à la québécoise lestés de mitraillettes, casques et chapelets de munitions ! Bref, ça va saigner, cambrez-vous tout le monde, elles dégainent ça sera pas long. Elles ont adopté cette expression de chouette courroucée qui semble dire au mulot : tiens-toi ben, j'arrive !

Elles s'assoient, très élégantes, et prennent l'air recueilli d'une Thérèse de Lisieux traitée au Kaopectate. Elles incarnent, j'imagine, trois générations : la Purell, la Fantastik, la Spic and Span. Ça promet d'être quelque chose. De propre.

L'autre, au crâne Turtle Wax, y va de trois ou quatre notes bien senties. Pas besoin de boucler vos ceintures, vous êtes en pédalo. C'est tout de même parti.

La plus jeune sourit tout le temps, peu importe ce qu'elle lit, c'est le printemps, fleurs et rossignols.

Markita Boies, c'est autre chose. Avec sa diction de croqueuse de biscuits soda, elle ne rate jamais une occasion de chuinter, elle en rajoute sur les variations poétiques de l'auteure. « Aussi » devient « auchi », « calcinés », « calchinés », « sa grâce de douze ans » se métamorphose en « s'agrafe de touze ans », « À qui penses-tu ? » en « À qui penches-tu ? » Le signifiant, elle lui fait faire un tour supplémentaire, cachet UDA aidant. Toutefois, elle y injecte une émotion carabinée qui catapulte le texte du côté de l'accessoire. C'est génial, non ?

Françoise Faucher fait du Françoise Faucher, c'est-à-dire de l'arrière-grand-mère d'Outremont qui lit les extraits hard du *Petit Prince* à ses filleuls pendant qu'elle leur donne un bain à l'eau tiède et au sel d'Epsom.

Tiens ! Jean Marchand y va d'une déclamation de croque-mort potentiellement jovialiste pendant que Markita replace derrière son oreille vénusienne une mèche de sa longue tignasse blonde et en profite pour opérer un délicat glissement de ses belles jambes : elle est désormais assise en amazone sur son fauteuil, Grünvulud ou autre. Catherine sourit, mais je remarque une crispation au niveau des lèvres et des zygomatiques : ça y est, le Kaopectate fait vraiment effet.

Derrière défilent des photos de roches prises par Madeleine Gagnon en personne : petites roches, grosses roches, je ne sais plus parce qu'il s'agit de *close-up*, roches dans l'eau, pas dans l'eau, roches égratignées, roches lisses, roches blanches, roches noires, roches blanc et noir. Mentalement, je télégraphie à Madeleine le conseil des plus amicaux qui clignote alors dans mon cerveau : *don't give up your day job. Stop.*

La poète en question, qui a écrit plusieurs textes vraiment magnifiques, est assise à trois jets de pierre — pour rester dans ce qui menace d'être le thème de la soirée. Elle semble heureuse, et ça me remplit d'aise parce que, Madeleine, je l'aime bien. Justement, sa voix s'élève, grâce au prodige du magnétophone.

Nous l'entendons interroger ce qui ressemble à Bouddha en personne. Sur l'écran, les roches ont disparu pour céder la place à : Madeleine Gagnon rencontre Anne Hébert, Paris, rue de Pontoise, 1995. Et je me demande : Qu'est-ce que j'en ai à crisser, de la rue de Pontoise ? C'est vrai que c'est joli comme nom, je l'admets, ça fait chic, mais ça ajoute quoi aux propos ? Ah, le bon goût.

Soudain, vlan, Catherine se lève, puis Markita. C'est que nous parlons des *Femmes et la guerre*, c'est le moment de faire des Québécoises de soi, alors debout bataillon, nous sommes outrées. Françoise reste assise, elle a l'indignation relaxe, et l'horreur, elle l'écrase du popotin.

Ça achève, je regarde les pages qui disparaissent du côté gauche du lutrin de Markita et je me dis *yesss*, comme le gars assis juste devant moi, sans doute, qui commence à minoucher la conjointe qui l'a entraîné là. Je crois qu'il escompte une récompense. Il la mérite.

C'est fini. Les gens applaudissent la conclusion du beau pestacle. Quand la brigade poétique se lève d'un commun accord pour saluer la population libérée, la salle l'imite : nous sommes au Québec, après tout, nous ne voulons pas passer pour des incultes qui n'ont pas compris, alors tout le monde debout comme à la messe, et crions bravo. Bravo, encore bravo pour avoir lu, c'est vraiment un tour de force génial, et pour avoir extirpé une bonne cinquantaine de notes du piano constipé.

Moi, je reste assis. Je me lève pour applaudir quand Françoise Faucher et ses Hush Puppies invitent Madeleine Gagnon à monter sur scène. Je suis tout seul. Je ne comprends pas trop : ces préretraités sont donc venus applaudir leurs comédiens chéris ?

Et je me demande si ce cirque de bon goût a été payé avec des fonds réservés à la littérature, ce qui serait quand même culotté parce que, dites-moi, qui se sauve avec la caisse, l'écrivaine ou les comédiens ?

L'effet Laurel et Hardy

Cher Pierre non encore retraité,

Ton degré de lucidité agressive me hante, et sans doute que cette correspondance agira sur moi, autant que sur mes gentillesses, de la même façon qu'un purgatif antipaternel, une solution pour venir à bout de mes craintes non fondées de blesser un «père imaginaire» en affirmant tout haut toutes les haines qui me viennent et que je refoule. Si je vois des «pères putatifs» partout, c'est probablement que je ne l'ai pas encore tué. Bien que le mien soit mort depuis maintenant plus de vingt-cinq ans.

Non, ne t'inquiète pas, je m'arrête ici dans cette descente ordinaire aux enfers du souvenir. Parce que, en somme, un souvenir, n'est-ce pas une machine de torture sophistiquée pour sensibles qui ne savent pas quoi faire du présent?

Je ne dis pas que je «sais» quoi faire du présent, mais puisque je persiste et signe dans cette lubie notoire qui consiste à écrire et à définir ma vie autour de cette pratique dérisoire qui n'intéresse personne, je me sens concerné. Disons que sans me sentir utile, j'ai trouvé une espèce de justification à mon existence. On pourrait en parler longtemps, de l'utilité des gens: à mon avis, personne n'est utile, et la philosophie derrière cette pensée bizarre qui invente une hiérarchie des besoins en fonction d'une politique de l'utile, chemin pavé de bonnes intentions pour accéder à la paix sociale, me répugne et me fascine.

Si personne n'est utile, même pas le chirurgien ni le travailleur social (car qu'est-ce que l'utilité sinon la méthode la plus efficace pour que la race humaine perdure dans le meilleur des mondes, perspective qui me laisse froid tout en me faisant rire), alors, sérieusement, pourquoi m'en faire avec ça? Je ne suis pas un nihiliste, même si mes paroles le laissent entendre. C'est ce qui me stimule d'ailleurs dans la littérature, le fait qu'elle laisse présager des réponses inusitées et troubles à nos questions les plus communes.

Non, si je suis ici, à Saint-Liguori, assis à la table à manger qui me sert de bureau, pour te répondre, c'est que cette cure de vérité au sujet de notre pratique (encore un terme trop guindé, il aurait fallu que j'emploie le mot « occupation ») me réjouit.

J'ai lutté tellement longtemps contre mes penchants antisociaux, radicaux, éperdument misanthropiques, que bien que je reste intransigeant sur certains points, l'armure de mon unité de désarroi (c'est une image alambiquée, je le reconnais, je me reprends), plutôt, le « marbre » qui devait me protéger face aux sauvageries naturelles des hommes, les plus bêtes comme les plus sournoises, s'est érodé, petit à petit.

Je ne suis pas devenu « mou », ni « bonasse », ni « nécessairement fédérateur » pour autant, et je reconnais que dans notre correspondance s'est installé un effet Laurel et Hardy qui donne l'impression que tu défends l'intransigeance et que je prends le parti opposé, soit celui de la mollesse, de l'accueil à la saint François d'Assise et l'air débonnaire d'un gars qui se dit : « Voyons donc, c'est pas si pire que ça, dans le fond ! »

Cette lettre que je t'écris voudrait remettre les pendules à l'heure à ce sujet, entre autres.

Maintenant, parlons un peu d'amitié entre écrivains. Parlons de cette obligation que nous avons de côtoyer dans certaines circonstances nos collègues, de ce qui départage les vraies amitiés des connivences intéressées, de ce qui peut parfois devenir de la recherche d'adeptes, d'apôtres, d'admirateurs, sous les auspices d'une amitié fausse.

Tu aimes Madeleine Gagnon. Ton annexe sous forme de scène du «spectacle hommage à Madeleine Gagnon» le montre bien. Tu m'as d'ailleurs bien fait rire avec ton: «Ça y est, le Kaopectate fait vraiment effet.» Certes, ton portrait gériatrique du dynamisme des «spectacles-hommages» et de la fascination des gens pour les comédiens qui sont là pour mettre en valeur l'écrivain que personne ne connaît est tout à la fois juste et cinglant!

Par ailleurs je comprends très bien ton attachement pour une «collègue», osons le mot, quoique «frère ou sœur dans le même bateau» décrirait mieux nos amitiés dans le milieu.

Rares sont ces amitiés qui se développent tout autant sous la forme d'un respect pour l'œuvre que pour la personne qui l'a écrite. Il y a certaines exceptions dans mon cas; la relation amicale que j'entretiens avec Élise Turcotte, par exemple. Rieuse et insoumise, son attitude face à son succès littéraire me satisfait aussi bien qu'elle me séduit. Bien sûr, qui d'entre nous ne veut pas de la notoriété? Peu le disent, mais beaucoup la souhaitent. Il y a une façon turcottienne d'accueillir la notoriété avec juste assez d'ironie et de bonne humeur impulsive qui me rend cette grande poète sympathique.

Nous ne sommes pas en France. Le statut d'écrivain au Québec n'est pas plus important que celui d'animateur d'une émission de radio d'après-midi, et encore ; au moins, l'animateur de radio passe parfois pour un intellectuel. Les écrivains, eux, on cherche même à les désintellectualiser.

Anecdote pour conclure ma lettre :

Il y a une semaine, j'étais à Montréal pour rencontrer des artistes, Doyon-Rivest, avec qui je viens d'entamer une collaboration pour un projet de livre de poésie. Je ne suis pas à Montréal souvent, mais certaines obligations m'y amènent de temps en temps.

Comment je m'occupe, à Montréal ? J'ai deux ou trois routines. Celle qui m'amène à la Grande bibliothèque et dans le Quartier Latin, celle où je me réfugie dans le Quartier chinois pour aller acheter du thé, manger une bonne soupe tonkinoise (Pho Thanh Long sur Sainte-Catherine) ou un Banh mi, et où je bouquine toujours. Il y a aussi mon troisième itinéraire, qui me pousse vers l'ouest sur Sainte-Catherine. Alors donc, après la réunion avec le collectif Doyon-Rivest, je me suis mis à suivre un quatrième chemin balisé, qui m'amène à tout coup à quatre endroits : chez Burger King (péché mignon de burgers gras à plusieurs étages), chez Simons (mon petit tour dans le rayon des t-shirts) et au cinéma Banque Scotia. (Je n'haïs pas laisser mon cerveau au vestiaire pendant le visionnement d'un *blockbuster* ridicule. J'adore en fait le *CGA* (*Computer Generated Animation*). Je crois d'ailleurs que les créateurs de jeux vidéo sont en quelque sorte les Rembrandt de notre époque.) Puis, je me rends chez Indigo.

Comme à tous mes passages dans cette librairie grande surface, j'aime m'y désoler de la place dévolue à la littérature d'ici et c'est par masochisme tranquille que je me suis mis à fureter dans les tablettes au-dessus desquelles était écrit : « Romans québécois ». Par souci de solidarité épistolaire (vois-tu, Pierre, tu appartiens maintenant à ma zone « respect pour l'œuvre et amitié qui se forme »), j'ai regardé à la lettre S (pour « serpent », « séditieux », « sadique », « sexe », « subreption » [en utilisant ce mot, tu m'as déboussolé, et j'ai beau avoir lu sa définition, je ne sais toujours pas exactement de quoi il s'agit]) pour savoir si ton dernier-né y était : *Arabesques*.

Non. Il n'y était pas. Rien de dramatique, me suis-je dit. Ça arrive à tout bon écrivain, ce genre d'humiliation de distribution. Cela fait partie du bizutage qui ne finit pas. De l'éternel rappel de l'humilité de notre condition à tous. Je ne m'en suis donc pas outré publiquement.

Dans un deuxième temps, je me suis dirigé vers la section « poésie » de cette librairie qui vend des bouilloires de luxe, comme toutes les librairies qui se respectent, de nos jours.

Tu te dis : « Il a perdu le fil de son anecdote. » Non, tu vas voir.

J'épluche les titres, je sélectionne celui de Philippe More, *Le laboratoire des anges* (même si les anges sont légion en poésie québécoise et que ce post-catholicisme douillet et crypto-spirituel m'écœure un peu). Je sors donc une copie du livre de ce jeune poète-médecin, dont j'avais lu le premier ou le deuxième livre et qui vient de remporter le Nelligan, et m'apprête à passer à la caisse quand j'aperçois là, à la fin de la rangée de « Poésie québécoise », deux exemplaires d'*Arabesques*, plus serrés que des sardines, presque collés ensemble par la pression extraordinaire qu'ils subissent, résultat de leur insertion forcée par un libraire calfeutreur ou maçon.

En bon samaritain du classement en librairie (j'ai longtemps été libraire et le redeviendrai sans doute bientôt pour arrondir les fins de mois), j'ai pris sur moi de retirer, non sans peine, ces deux livres de la section «Poésie» pour les ranger à l'endroit où un lecteur intéressé par ton cas saurait les retrouver, soit dans la bibliothèque identifiée «Romans québécois».

La distraction d'un libraire aura révélé, par inadvertance, la teneur de la littérature que tu pratiques. Objet de poésie, comme tout bon «marteau sans maître».

Amicalement,

Bertrand

Rhume, Japon, roulettes et une Madeleine sans Proust

ベルテランドさん！

[Beruterando san = Bertrand]

Deux jours dans une des villes les plus folles que j'ai connues. Un fouillis inouï — j'allais commettre un mot banni de mon vocabulaire d'écrivain: «indescriptible» —, mais habité par des soldats en civil; un bordel tenu par une carmélite; un Shake & Bake manié par un chorégraphe de butô caféiné. Mon premier choc: réaliser que je n'y compte pour rien ou ce qui s'en approche. Tu avances, sinon les Tokyoïtes t'évitent sans te toucher, comme si un tigre affamé leur mordillait le fond de culotte et qu'ils espéraient faire d'une pierre deux coups: apaiser le fauve et mettre un terme à ton inutilité.

Cette impression est décuplée par la relecture — partielle — que j'ai faite de mon roman en cours: j'ai trouvé certains passages parfaitement merdiques, parce que trop dialogués. L'influence néfaste de la télé, j'imagine. Une fois revenu de mon étourdissement, je me suis raisonné, me suis répété qu'un bon livre est le fruit d'un labeur, pas d'une longue inspiration. Reste qu'une chose est claire désormais à mon esprit: il faut écrire vite, sur un an gros maximum, pas neuf comme je l'ai fait pour *Arabesques* qui, en passant, s'est planté la gueule parce que, tu sais quoi? les lecteurs professionnels sont totalement dépourvus d'humour. Je ne parle pas de l'humour débile sauce Rozon, mais de sa variété nourrie par une expérience de véritable bibliophage. Les Fanfreluche Duras de notre planète microscopique approchent un roman comme des charismatiques rampent vers un autel: chaque parole proférée autour du meuble sacré est une révélation, sinon une vaticination de nature eschatologique. *Arabesques*, c'est une suite de grandes claques dans le dos distribuées par un bon vivant; c'est une blague, mais du genre humaniste, pas l'une de ces grossièretés misanthropes de nos académiciens juste pourris qui suintent «le mépris pour son prochain».

Donc, l'opus suivant, je me vais vous te l'expédier vite torché, sauf que Fanfreluche ne le verra même pas passer: il est bourré d'humour adulte. [Voilà, c'est ça la distinction à faire entre ma mouture et celle des rozonneux: je m'adresse à des adultes, pas à des adolescents attardés.] Ce roman sera peut-être l'ultime, je ne sais plus. J'ai l'impression que c'est ma dernière chance: si je reste un auteur confidentiel, désolé, c'est bien joli, mais je suis épuisé de chanter face au néant. Ça m'apprendra à être un rigide. Mais tu dois comprendre que, le jour où j'ai décidé d'opter pour le sacerdoce d'écrivain, j'ai résolu d'y aller à fond la caisse, et cette posture s'est galvanisée avec les ans. Comme ils disent en anglais: *I'm going for broke*. J'approche du but, j'imagine.

Donc, je suis mieux de profiter de Tokyo et compagnie, de me plonger dans cette piscine de contradictions avant qu'il ne soit trop tard. Un simple passage sur la cuvette des toilettes vaut le voyage, je te jure: tu fais ta petite affaire, puis tu appuies sur le bouton orné d'un dessin de foufounes au-dessus d'un geyser, et un jet d'eau chaude vient faire le ménage. [J'ai opté pour la pulsion «massage».] Terminé? Un autre bouton déclenche un gentil zéphyr chaud et asséchant. Les filles sont vraiment chouchoutées, car il y a une commande pour le rinçage intime du devant. Je ne mentionne même pas les autres boutons non identifiés, je n'ose pas les toucher de peur de finir ligoté comme un saucisson et suspendu au plafond. C'est plus sophistiqué qu'un *car-wash*, cette cuvette. Ne manque que la cire chaude. Enfin, je pense.

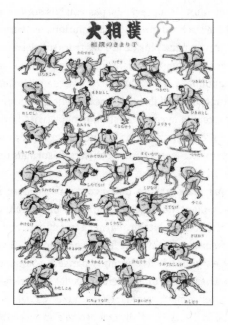

Prendre un bain, ça marche, mais encore faut-il passer sous la douche avant de s'y tremper le pied. Une fois le sauçage terminé, tu recouvres la baignoire sans évacuer l'eau. À la prochaine occasion, tu appuies sur le bouton « *re-heat* » et la soupe est réchauffée pendant que tu te démènes sous le jet. Je crois que je peux aussi actionner un sauna sec. Des plans pour que je ne sorte plus de l'appartement.

Tout ça pour quoi ? Pour écrire mon roman, j'imagine, mais hélas, ce qui me tente, en ce moment, c'est de me les poigner, les foufounes arrosées et séchées, pas de me replonger dans un casse-tête de grammaire, de syntaxe, de narrativité et oumpapah. Pas le goût de remuer la tambouille pour en faire sortir des affects artificiels, parce qu'ils ne sont que des fabrications de la cervelle des lecteurs. Je veux dire, merde, ils sont conscients que ce n'est qu'un tas de papier ou d'octets qu'ils ont entre les mains, quelqu'un les a prévenus, pas vrai ? Ils sont responsables du résultat final qui circule dans les circonvolutions de leur cerveau, après tout. En plus, je n'en peux plus de lire des trucs mielleux dans les recensions de romans tels que « touchant », « bouleversant », « émouvant » et, le favori des abonnées d'*Elle Québec* comme de *Châtelaine* : « coup de cœur ». Les émotions préfabriquées ne servent qu'un but : handicaper la réflexion parce que la cervelle est en hyperactivité hormonale. *Idem* pour la télé, qui cherche par tous les moyens à nous faire trembler la baboune inférieure, même avec des policiers, désormais nos héros.

Mon humeur massacrante doit avoir un lien avec mon rhume, importé directement du Québec. Certains pleurnichent quand ils sont enrhumés, moi je bitche ; ça me rend hyperlucide, on dirait, voire übersensible aux torts de notre pseudo-intelligentsia et de notre société en général. Je t'entends penser : « Samson a le rhume permanent. » Allez, viens que je t'embrasse. Peut-être pas le meilleur moment pour relire mon manuscrit, tu me diras. Ou pour entendre la madame de la Délégation du Québec m'annoncer qu'au congrès d'automne de l'Association japonaise des études québécoises, l'invité d'honneur sera Dany Laferrière. Et vlan ! Ça m'apprendra à penser à contrecourant et à éructer des... tiédeurs sur son écriture.

Vu que je me sens paresseux, je vais régler rapido presto les passages que j'ai lus dans ta dernière lettre et qui m'ont chatouillé le Jell-O cérébral :

• Je ne couche pas mes trucs sur le marbre, je les y grave.

• Un souvenir est-il un refuge ? Je suis tellement, mais tellement amnésique.

• Personne n'est utile, d'accord jusqu'à un certain point : c'est le cas des individus les plus intéressants. Moi, je trouve Fanfreluche utile.

• Tu es le contraire d'un nihiliste : tu carbures à l'espoir, il me semble.

• T'es pas mou, t'es poreux. Nuance.

• Les créateurs de jeux vidéo peuvent être les Rembrandt modernes, mais aussi des Bouguereau d'aujourd'hui.

• J'aime BIEN Madeleine Gagnon, mais ce n'est pas une amie.

——

ENCADRÉ MADELEINE GAGNON : L'ANECDOTE À ROULETTES

Un matin, je m'élance sur mes rollers, allez hop pour mes trente kilomètres quotidiens. Une fois sur la piste du canal Lachine, j'aperçois un petit bout de femme équipée ligue majeure, casque, protège-poignets, jambières, super-rollers, la totale. Elle s'approche en balançant les coudes comme une tueuse de *roller-derby*. Sa gueule me rappelle quelqu'un, je plisse les yeux et : « Putain, c'est Madeleine Gagnon », que je me dis. Oh là là, si l'Académie des lettres savait ça, que je pense, s'ils voyaient leur Mado métamorphosée en Skinny Mini Miller, leurs artères se débloqueraient d'un coup. Alors, je lui souris et je l'interpelle : Madame Gagnon ? Elle fait une moue inquiète et lâche un truc en anglais. Erreur sur la personne. Mais chaque fois que je la croise, notre poète, c'est plus fort que moi, je l'imagine sur huit petites roues, déguisée en Martien de *Bugs Bunny*. Et alors, oui, je l'aime.

———

Finalement, *Arabesques* au pays de la poésie. Eh bien, je me dis : Coudonc, si le libraire l'a mis là, c'est peut-être parce qu'il l'a lu ? Tu vois, je suis optimiste, même avec un rhume.

La littérature josélitoldienne

Cher Pierre qui revient,

Ah! De l'air samsonien!

Voilà bien un vent sec et tendre qu'il me tardait de lire!

Tu me fais du bien en rechaussant tes sandales de pèlerin de la correspondance. Ma dernière missive datait du 27 mai, et il y a maintenant plus d'un mois que je survivais, sevré de ta lucidité qui fouette et de tes sarcasmes humanistes qui pincent.

J'ai eu peur que tu quittes le bateau, à un certain moment, Pierre. Je t'en aurais voulu. Mais pas longtemps. Les années nous apprennent à huiler notre machine à pardons et à acheter toutes les mises à jour nécessaires à son bon fonctionnement. Qui sommes-nous pour connaître les autres aussi bien qu'on pense les connaître? Voilà donc qu'on reprend notre match de tennis, toi, à Tokyo, moi, resté sur les bords de la Ouareau, dans Lanaudière, nouvellement propriétaire d'une paire de jumelles et d'une mangeoire à oiseaux! Le matin, je revois avec grand plaisir mon couple de gros-becs à poitrine rose et ma mésange super excitée qui viennent profiter du *self-service*. Je suis atteint de bucolisme aigu. C'est ma façon à moi de me prouver que je mérite de vivre ici.

Pour revenir à Tokyo, c'est formidable, les résidences d'écrivain.

Depuis que tu es arrivé, le 1er juillet, à la résidence de Tokyo, tu nous bombardes de photos sur Facebook et tu nous as même concocté une bande-annonce qui magnifie ton arrivée. Résultat profondément dramatique, très «blockbuster», avec effets d'explosions fumigènes qui font apparaître des mots tels que «dépaysante», «défi», «mystérieuse». D'une part, je ne savais pas que tu tâtais de la vidéo, et d'autre part, j'ai pris le temps de goûter là à toute la sève de ton ironie! Ce que j'ai retenu, c'est que tu as été réellement dépaysé par la nourriture et les toilettes technologiques. Là où se départagent les éléments culturels qui distinguent véritablement les peuples : la nourriture et l'hygiène corporelle.

Les premiers jours dans une ville inconnue font de nous des enivrés de l'exploration urbaine. Je me revois, à Bruxelles, en janvier 2009, devant la porte cochère de Passa Porta, humant l'air ambiant, excité, traumatisé par la perte de mes bagages dans le transfert entre Heathrow et Zaventem, complètement sous le charme des édifices et de l'architecture vieille Europe de la ville, déjà fasciné plus que de raison par la perspective de me promener sur la Grand-Place. Les clichés touristiques possèdent parfois un véritable magnétisme, et je le confirme d'expérience dans le cas de la Grand-Place. (J'ai foulé ses vieux pavés pratiquement quatre fois par semaine pendant deux mois.)

J'avais reçu cette bourse de résidence pour écrire un livre de poésie, que j'ai terminé là-bas mais qui n'a pas trouvé preneur au Québec. Ironie du sort, j'avais aussi commencé l'écriture d'un roman à Bruxelles ; eh bien, finalement, c'est ce roman qui sera publié à l'automne aux éditions La Peuplade. Son titre : *Bureau universel des copyrights*.

Brandissant un ultimatum à ton roman tokyoïte, un peu peiné de l'accueil d'*Arabesques*, tu m'écris : « C'est bien joli, mais je suis épuisé de chanter face au néant.» Je te rétorque que tu ne devrais pas te soucier du succès de ton prochain roman. Tu ne seras jamais Marie Laberge ni Josélito[1] en termes de ventes, et tant mieux pour toi : ta causticité et ton raffinement te prémunissent contre l'étalement des destins clichés et des phrases bienveillantes de travailleuse sociale des lettres. Tu n'écoutes pas les besoins des grandes lectrices, ces dames de vingt-cinq à soixante-quinze ans qui fondent le style de ceux qui réussissent à vivre de leur plume. La littérature josélitoldienne est une aberration. Dieu merci, tu ne fais pas de la littérature avec des bons sentiments ! Sade m'est toujours apparu comme le parangon suprême de la liberté créatrice.

Dennis Cooper, Hubert Selby Jr., Antonin Artaud, Jean Genet, Pierre Guyotat ou William S. Burroughs s'approchent parfois de cette totale liberté d'expression et de sécrétion qui rend fou, mais nous devons à Sade de nous avoir montré la voie des ennemis du tiède. C'est l'arrière-grand-père de l'individualisme criminel. (Mais les grands criminels ne seraient-ils pas, au fond, les gens les plus libres ?) S'il y a tant de psychopathes dans notre cinéma et notre littérature aujourd'hui, c'est un peu de sa faute.

———

GRAND DÉSIR FORMULÉ, ATTENTION

Je veux devenir un parfait ennemi du tiède, je cherche (et toute ma démarche d'écrivain tend vers ce désir) à explorer toutes les limites du non-tiédisme. Cet échange avec toi participe justement de cette expérience.

---

1. Josélito Michaud

Le Québec en manches courtes

Konnichiwa, Bertrand!

Bon, d'accord, je ne me possède plus. Je m'ennuie de t'écrire — c'est une drogue, cette histoire — et je dois te parler de mon entrée triomphale à Tokyo sous les vivats de la Délégation du Québec.

Donc, j'arrive le dimanche 3 juillet, après quinze heures de vol — sur les ailes glorieuses d'Air Canada, ce qui revient à vingt — et avec un décalage de treize heures. Par-dessus le marché, la délégation me fixe un rendez-vous le lendemain, à 10h30 du matin. *Swell*! Mon cadran intérieur est à l'envers, je ne sais pas où se trouve le nord, comme dit l'un de mes meilleurs amis qui n'est pas écrivain: j'ai la tête dans le cul, le transport en commun est un formidable écheveau à rendre fou un globe-trotter aguerri, mais ils doivent me rencontrer tu-suite. Pourquoi? Parce qu'ils ont hâte de me prendre dans leurs bras? Parce qu'ils ont lu tous mes livres et que les dédicaces ne peuvent attendre?

Nenni! Ils veulent que je me traîne à leurs bureaux du 32e étage pour que je puisse:

A. Signer la convention d'occupation.

B. Régler d'avance le compte d'un téléphone dont je ne me servirai jamais.

Mais adoptons l'ordre chronologique.

Les deux yeux dans le même trou, je me lève à 6 h 30, frais comme une rose en plastique. Je me fais une beauté fantastique, crème par-dessus crème, allez hop, je choisis mon jean Diesel à 360 $, un t-shirt funky, des baskets *made in Barcelona*, je ne regarde pas à la dépense, je vais rencontrer mon délégué, LA figure emblématique du Québec au Japon.

Il me reçoit. On dirait que l'homme arrive d'un long week-end dans son chalet de Pointe-Calumet. Il porte une chemisette, la barbe hirsute et le cheveu en bataille. Il m'explique qu'il fait chaud, qu'ils doivent lésiner sur la clim depuis que Fukushima a explosé et que, de toute façon, Tokyo, c'est très informel. Je m'étonne intérieurement — ça m'arrive — parce que, dehors, j'ai croisé une cohorte de piétons en costard et en tailleur Coco. Mais, bon, je suis déphasé : j'ai sûrement mal compris. Ça aussi, ça m'arrive.

Le spécimen est un peu emphatique, je hume la carrière de diplomate en pantoufles. Il me demande comment je trouve la ville, moi qui viens d'atterrir moins de vingt-quatre heures plus tôt. Chaude et très active, voilà ma réponse, que veux-tu que je dise ? Qu'en gambadant vers son vénérable bureau, j'ai eu l'impression de marcher dans une métropole sud-américaine avec les relents d'urine qui vous accueillent à certains coins de rue ?

— Vous savez, me lance-t-il, Tokyo n'est pas Montréal.

Sans blague ! Je n'avais pas remarqué !

Non, mais je me demande pour qui les fonctionnaires nous prennent, des fois. Des péquenauds? Devrais-je lui dire que j'ai visité le Brésil une demi-douzaine de fois, sans parler de l'Inde, du Portugal, et j'en passe? Et que Tokyo, comparé à São Paulo, c'est Saint-Hyacinthe?

Il me rappelle à quel point l'appartement mis à ma disposition est fantastique, et j'abonde dans le même sens: c'est le grand luxe.

— On l'a choisi pour son emplacement, très propice pour vous. Roppongi est le quartier artistique par excellence de la capitale.

Ça, c'est pas du pipeau: c'est du trombone. Quelqu'un l'a mal renseigné, c'est sûr. Est-ce que le territoire autour du Musée des beaux-arts de Montréal est l'endroit où vivre si vous voulez fricoter avec les artistes? Duh! Non. Il y a bien quelques galeries qui exposent des lithographies de Picasso et de Warhol, mais de véritables artistes contemporains?

Roppongi, c'est le quartier des nantis et des madames oisives, en retrait de la vraie vie. L'appartement est au vingtième étage d'une tour qui abrite, au rez-de-chaussée, une énorme boutique Louis Vuitton. De surcroît, mon nouveau palace, il est blanc sur blanc, parfait pour des artistes visuels — qui représentent la majorité des invités —, qui, comme nous le savons tous, ne cochonnent jamais rien. Ils dessineront en blanc sur du papier japonais blanc. D'ailleurs, quand l'un d'eux présente son *meishi* — carte de visite — à un collègue ou à un galeriste impliqués dans la production artistique courante, ces derniers y jettent un coup d'œil, font la baboune nippone et se disent qu'ils ont affaire à un dilettante.

Remarque, je ne me plains pas: j'aime le confort, mais je me dis, merde, ce truc doit leur coûter dans les 6 000 $ par mois, et ils veulent s'assurer dès le premier jour que je paie mon téléphone inutile? Moi, j'aurais préféré une plus grosse bourse, une puce pour mon cellulaire, l'assurance-maladie sur place et un appart plus petit et moins blanc sur blanc.

Mais va leur expliquer ça. Bonne chance.

Revenons au 32ᵉ étage d'une tour à bureaux du centre-ville de Tokyo. Nous passons à l'étape suivante : signature de ladite convention d'occupation et règlement du téléphone.

Je refile mon billet de 10 000 yens à l'assistante, qui pousse un gros soupir de soulagement.

Ensuite, la convention d'occupation. Le document sur lequel je dois apposer mon honorable seing est digne d'une formidable comédie écrite par un Kafka qui aurait fumé un gigantesque pétard. Bref, je suis d'accord pour ne pas faire de barbecue dans le vivoir, mais le plus hallucinant est la liste des bébelles mises à ma disposition et dont je suis responsable. Sont jointes à ladite liste les photos couleur des articles en question : grille-pain [1], autocuiseur [1], fer à repasser [1], mais aussi linges à vaisselle [2], torchons [2], poivrière [1], spatules en résine [2] et en bois [2], pinceau [1], ustensiles [4 de chaque], grands bols, petits bols, coupes en Duralex, sèche-cheveux, bouillard [sic] électrique, micro-onde [sic], couteau économe, table de salon, tapis, rideaux, téléphone, lit *queen*, et cætera, chaque truc avec la marque, le numéro de série ou de modèle, l'endroit où il a été acheté. Ça tient sur quinze pages.

Je me demande ce qui leur est passé par la tête. Que je vais me sauver avec le divan Ligne Roset et la brosse pour laver la cuvette ?

Tu sais, il y a plusieurs façons de mépriser quelqu'un et de le lui prouver, mais les plus courantes sont les suivantes :

a. Leur fixer un rendez-vous quinze minutes avant l'heure réelle et arriver soi-même en retard. Les journalistes sont les meilleurs dans cette catégorie. Toutefois, le délégué ne m'a pas fait attendre.

b. Les infantiliser en les responsabilisant de force avec un machin ridicule. Un téléphone fera l'affaire. L'artiste doit apprendre que rien n'est gratuit, sauf pour Paul Desmarais et ses semblables.

c. Leur laisser savoir que vous les suspectez d'être des têteux professionnels, toujours prêts à mordre la main qui les gifle.

d. Faire semblant de pousser leur dossier en ne connaissant absolument rien sur leur travail.

Je signe le document en faisant l'effort de ne pas pouffer de rire. Arrive le coup de grâce : la pauvre fille qui s'occupe de la culture et, par ricochet, de mon cas.

Celle-là, elle a remué ciel et terre pour me remettre quatre feuilles avec les adresses Internet des associations japonaises et françaises du coin qui font mine de ne pas se contrecâlicer de la littérature québécoise. Débrouille-toi avec ça, Pierrot. Elle me pépie des noms d'auteures dont elle semble avoir entendu parler : Anne Hébert et Gabrielle Roy. Des vivants, dans le lot ? Antonine Maillet. Tonine ? Ils s'intéressent à Tonine ??? Elle vit toujours ? Je croyais qu'elle dictait ses œuvres d'un au-delà acadien.

Et là, je comprends un peu mieux. Bref, tout ce beau monde se fie aux Français, comme nous le faisons trop souvent dans la belle et éternelle province. Ce qui fait que leur prochain invité de marque est Dany Laferrière.

Quelqu'un leur a dit que, Dany, les Français le présentent exclusivement comme un auteur haïtien et qu'il ne se démène pas outre mesure pour les contredire? Pourquoi le ferait-il? Tu sais que je ne suis pas exactement un aficionado de l'écrivain en question: je le trouve plate, mais il est intelligent et il a des couilles grosses comme ça. Il fait son chemin. Je lui lève mon chapeau, mais demeure le fait que je le juge plutôt ordinaire avec ses témoignages déguisés et ses pseudo-haïkus dignes d'une certaine poésie du XIXᵉ siècle. Toutefois, je comprends pourquoi les Français l'ont, pour le moment, adopté: il leur réverbère l'éclat, même terni, d'une grandeur coloniale française à jamais perdue.

Quant aux autres écrivains québécois que les Parisiens condescendent à publier, ne jouons pas les dupes. Ce qui intéresse ces requins, c'est le marché local. Ils savent très bien à quelle variété d'esprits colonisés ils s'adressent et qu'un livre édité par une maison de la mère patrie double, voire décuple les chiffres de vente. Et ils empochent, indirectement subventionnés par la princesse à la ceinture fléchée. Je serais curieux de connaître le nombre d'exemplaires des romans de Michel Tremblay écoulés en France. Il y a eu quelques exceptions ponctuelles, c'est-à-dire des phénomènes de mode, dont Nelly Arcan, et je les suspecte d'être en partie responsables de sa fin brutale. Ils ont brisé leur poupée.

Enfin, je m'évade de la tour à bureaux, ma convention et ma liste de bébelles sous le bras. À la revoyure, et ne vous en faites pas pour moi.

Quelques jours plus tard, le responsable du service des communications de la délégation accepte de me rencontrer, probablement encouragé par son patron. Je le rejoins sur la terrasse d'un café, un samedi matin, face à un minicongrès d'offices du tourisme. Parmi les activités promises, des groupes musicaux qui, déjà, répètent leurs numéros.

À peine ai-je posé mes fesses sur la chaise que le type se lance sur ce qui menace d'être son sujet de conversation favori : lui. Remarque, c'est normal, il est un ancien journaliste de Radio-Canada. Il occupe son poste depuis dix ans. Je parle mieux japonais que lui, ce qui ne vaut pas cher. Sauf que lui, il dirige les communications. Me semble que... t'sais ? Bref, son grand œuvre tokyoïte est la mise sur pied d'un club de journalistes étrangers dans la capitale japonaise. Dis donc, je suis épaté. Comment s'appelle-t-il, ce groupe ? Parasites sans frontières ? Et après, il se trouve des crétins pour reprocher aux artistes de vivre aux crochets de la société. [Et Péladeau, lui ?]

Une fille se met à gueuler au micro, je ne comprends plus un traître mot de ce que l'homme me confie. Je remercie secrètement la criarde qui menace de faire éclater les vitrines. Ah, la solidarité entre artistes[1] !

Maintenant, reste Tokyo. Ça, c'est pour la prochaine lettre. La joyeuse.

---

[1]. Depuis mon retour à Montréal, j'ai multiplié les démarches pour me faire embaucher par la Délégation du Québec à Tokyo, parce que je rêve d'y vivre. Tu crois qu'il me reste des chances d'être repêché ? (NDA)

Les n'importe qui

Cher Tokyoïte d'adoption,

Ta dernière lettre m'a fait l'effet d'un documentaire d'activiste scénarisé par Errol Morris! Quelle abondance de vérités jouissives tu nous sers là, Pierre! C'est d'une drôlerie uniforme! Tu décris des sentiments que j'ai eus en Belgique les premiers jours de ma résidence à Passa Porta! Mais ne naviguons-nous pas, en soumettant notre candidature à ces résidences d'écrivain, à des hauteurs de graisse-la-patte qui nous surpassent et nous estomaquent? Nous, les écrivains, des parasites subventionnaires? Nous produisons plus de pages à l'heure, plus de contenu à la minute que tous ces gratte-papier réunis dans toutes les délégations du monde, le muscle fessier plus assis que Rimbaud l'aura décrit dans son poème. Ils font parfois attention à leur ligne, ces imbus de la respectabilité! Nous avons parfois la vive impression de les déranger dans leur habitat ultra-huilé.

L'inertie est leur mode de pensée. Je me souviens d'un souper qui réunissait le responsable culturel de la Délégation du Québec en Belgique et la responsable du volet résidence d'écrivain de Passa Porta[1]. Ce que l'on entreprenait était en fait une formalité. Rien ne devait en résulter. J'étais là, motivé, plein d'idées, désireux de

---

1. L'organisme qui s'occupe d'accueillir les écrivains en résidence à Bruxelles.

participer à toutes les soirées de lecture publique organisées par Passa Porta pendant mon séjour, bref, je trépignais.

Ce que l'on m'offrait était un repas. Sans plus. Dans ma nervosité caractérielle, j'aurais été prêt à rédiger un discours à la Nation, à accepter un poste d'éditorialiste invité dans le quotidien *Le Soir*, à constituer une brigade d'écrivains publics qui aurait envahi les rues de la ville et barbouillé tous les murs avec des bombes aérosol. En somme, j'étais gonflé et légitimement disponible pour étaler mon talent avec un immense couteau à beurre.

J'ai appris, par la suite, à baisser le niveau de mes attentes. Je ne suis pas Kate Middleton. Je n'étais qu'un locataire de deux mois du studio.

Pour les protocolaires, l'enthousiasme est une tare à guérir. Voilà mon diagnostic, quatre jours après mon arrivée. Je n'ai pas mal vécu. Non. J'avais juste assez d'argent pour survivre à Bruxelles, payer mon loyer en même temps à Montréal, mon billet d'avion aller-retour et mes sorties culturelles. Il a bien fallu que j'emprunte de l'argent à ma mère (je me sens baudelairien quand je fais ça) pour boucler mon séjour. Mais ce que j'omets de mentionner, c'est qu'elle avait déjà eu la générosité de me donner en cadeau le billet d'avion Montréal-Bruxelles. Bref, il a fallu ajouter environ 1 200 $ au montant de la bourse de résidence pour ne pas trop être préoccupé par les problèmes d'argent.

Violaine Forest, qui avait occupé la résidence l'année précédente, avait eu maille à partir avec l'organisation, s'insurgeant avec raison de ne pas participer à la Foire du livre de Bruxelles, qui se tenait quelques jours après la fin du temps de résidence alloué à Passa Porta. Elle avait dû se payer une chambre d'hôtel pour y assister, alors qu'il aurait été si simple d'ajouter une semaine au bail ou de décaler le séjour de l'écrivain québécois en résidence. En bref, je trouvais curieux moi aussi de devoir quitter la résidence une semaine avant l'événement. Cela donne l'impression qu'on nous intime de partir avant la seule vraie fête du livre. Quoi qu'on pense des salons du livre.

Il semblerait que ce problème d'horaire soit maintenant réglé. J'ai fait allusion à cet impair organisationnel durant notre rencontre-repas, et je me suis rendu compte que les plaintes de Violaine avaient fait leur chemin et qu'un an plus tard, m'interrogeant sur la même incongruité administrative, j'allais pouvoir m'en tirer. J'ai donc pu habiter la résidence jusqu'à ma participation à la Foire du livre de Bruxelles en mars 2009. Cet étirement infime de mon séjour (financé par ma mère) m'aura permis de rencontrer deux ou trois futurs lecteurs, mais surtout, de me joindre à tous mes amis écrivains belges et de fraterniser avec eux. (Ils sont formidables, ces Belges qui écrivent, ce sont des rois du cool.)

Je serais par contre culotté de me plaindre du traitement que m'a réservé le responsable culturel de la Délégation du Québec à Bruxelles. Jean Frédéric représente le type de personnes avec qui l'on se lie d'amitié rapidement. Affable, simple, plein de considération, que ce soit par courriel (je lui ai posé des questions avant d'atterrir à Bruxelles), ou dans le cadre de ce repas d'accueil (une obligation de courtoisie de sa part), jamais il ne m'a fait me sentir comme un « n'importe qui ». Je ne sais pas s'il avait lu mes livres, mais il s'était au moins procuré un de mes titres. Bref, cet homme avenant (qui connaissait d'ailleurs le chanteur lyrique Marc Boucher pour qui j'ai écrit un bestiaire à Bruxelles, qui sera plus tard mis en musique par Marc Ouellette[1]) aura transformé mon séjour en expérience

---

1. La première présentation de ce bestiaire a eu lieu le 15 avril 2012 à la Chapelle historique du Bon-Pasteur, à Montréal.

humaine, tout comme Grazyna Bienkowski, une pianiste-compositrice, assistante à Passa Porta, qui s'est improvisée guide de la capitale européenne et avec qui je me suis lié d'amitié. Je ne parle même pas d'Antoine Boute ni de Pascal Leclercq, auteurs et performeurs belges, qui, à mi-séjour, m'ont présenté à leurs familles respectives et à tout le milieu littéraire de Belgique. J'ai d'ailleurs développé une amitié créative avec Antoine Boute, qui culminera bientôt en la publication d'un roman à quatre mains chez Maelström, à l'automne 2011.

Perdu, je l'étais autant que toi en arrivant à Bruxelles. Mais, la langue aidant, je me suis retrouvé, grâce à tous ces gens que je me dois de remercier encore pour leur accueil.

Dans mon cas, je dois dire que le mépris est venu plutôt des collègues.

J'ai assisté à un hommage à Gilles Pellerin (nouvelliste, éditeur de L'Instant même) pour sa contribution à la diffusion de la littérature belge au Québec. Il a publié des auteurs, tel Vincent Engel, qui sont devenus bien importants dans leur pays par la suite. Je ramais nonchalamment dans mon canot de politesse, me dirigeant vers le plateau de coupes de vin piloté par un serveur en livrée lorsque j'en suis venu à approcher ledit monsieur. Échange de salutations rapides, puis mon délégué culturel, Jean Frédéric, me présente comme l'écrivain québécois en résidence à Passa Porta. J'ajoute que, l'année précédente, Violaine Forest occupait les lieux. La conversation fut courte, Gilles Pellerin s'intéressant peu à mon cas. J'aurais du mal à rétablir la conversation tellement elle fut inexistante et pleine d'agacements corporels qui ne la facilitaient pas. Toutefois, une expression s'est faufilée hors du gosier de l'éditeur québécois jusqu'aux tréfonds de ma conscience : « C'est n'importe qui. » Il avait jugé, en un lapsus, sans doute, la qualité des candidats de la résidence bruxelloise. Désinvolte, il a continué ensuite sa course aux bons mots, en saluant l'un et l'autre, avant d'aller lire un texte célébrant la littérature belge, les deux mains bien arrimées à un lutrin de conférence de presse.

Jean Frédéric et Grazyna avaient jusqu'alors tout fait pour que je ne me sente pas comme «n'importe qui», et il avait fallu l'intervention inopinée, excédent de mots qui s'écoule de la rivière verbale d'un compatriote québécois, pour que mon caquet soit rabattu.

Rachel Leclerc, lors du lancement de l'ultime livre posthume de poésie de Gaston Miron, avant que je parte en Belgique, à l'automne 2008, avait aussi laissé échapper un «c'est n'importe qui», après que je lui eus confessé ma future assignation à résidence. Chroniqueuse poésie à *Lettres québécoises*, elle s'était avancée vers moi pour me confier qu'elle avait recensé en bien (trois étoiles et demie) un collectif auquel j'avais participé, *La plaquette cubaine*, au Lézard amoureux. On ne parle pas de mes romans dans *Lettres québécoises*, car on les démolirait, m'a un jour affirmé Gaëtan Lévesque, l'éditeur, ivre autant que moi, au Cheval blanc. Mais on ne se gêne pas pour en démolir à la pelletée, des romans québécois, dans ces pages ; pourquoi épargnerait-on la torture aux miens ? Je n'ai pas eu la patience de me rendre à la fin de son explication.

Je ne cherche pas à me plaindre, je ne fais que relater des expériences désagréables de *reality check* avec le milieu. C'est toujours désolant de se faire rappeler que, pour certains, nous ne sommes que des écrivains de cinquième zone, du menu fretin de «n'importe qui».

J'en conviens, pour nous démolir entre nous, entre Québécois, nous sommes en constante progression.

Avoir l'humilité difficile est une chose, mais recevoir des taloches d'inconsidération en est une autre.

J'espère que tu n'échapperas pas de mauvais mots en présence de Dany Laferrière. Un lapsus est si vite arrivé.

Airs fermés, talons aiguilles et, finalement, chèvre du bonheur

Bertrand, Bertrand, Bertrand !

Ah, les histoires d'horreur que nous pourrions échanger sur le comportement des «instances québécoises» à l'étranger. Allez, une autre, rapide, au Brésil.

Autour de 2003, je suis invité à participer à un colloque sur l'américanité par l'Université Fluminense de Niterói, en banlieue de Rio. Parmi les invités, l'historien Jocelyn Létourneau et la regrettée Eva Le Grand, une femme vive et brillante, accompagnée de son jeune amant, ce qui me la rend encore plus sympa.

Parmi les parasites, un bonze de l'Association internationale des études québécoises, dont je me suis empressé d'oublier le nom, et un professeur panaméen, je crois, qui a au moins eu la décence d'avouer qu'il nous servait un vieux texte réchauffé pour l'occasion.

J'y vais de ma performance. Je salue la salle en un portugais laborieux — je ne le parle pas encore couramment — j'y vais d'une petite blague [« Je parle mieux votre langue après deux ou trois *caipirinhas*, mais l'organisatrice de ce colloque, qui est très sévère, m'a interdit de boire»] qui fait rire la galerie et l'organisatrice en personne, la D^re Figuereido, une femme formidable.

J'y vais de mon topo : nous, les Québécois, devrions cesser de nous brancher sur la France et de l'émuler dans sa condescendance vis-à-vis des anciennes colonies européennes, car l'avenir se prépare ici, au Brésil et aux alentours, et non là-bas. Avoue que j'ai fait preuve d'une certaine clairvoyance. Eva semble sur le point de jouir sur son siège, Létourneau me trouve sûrement superficiel [il a parlé des Autochtones] et le bonze parasite fait une gueule de grand-mère en manque de Metamucil. [J'use de beaucoup d'images gastro-intestinales, non ? Faudra que j'y réfléchisse, un jour.]

Le colloque se termine, les professeures brésiliennes, des femmes vraiment allumées, nous invitent dans un restaurant typique. Tout le monde y va, go-go-go. Euridice Figuereido m'assoit à sa droite. À sa gauche, *o bonzo parasito* qui me boude pour l'éternité : *Fine by me*. Une professeure me demande où j'ai attrapé mon portugais vernaculaire. Je lui raconte mon histoire de loft de Toronto partagé avec trois Brésiliens qui m'ont appris les mauvaises choses qui ne se répètent pas. La *caipirinha* aidant, je me laisse convaincre et je leur fais ma célèbre imitation du travesti au coin d'une rue qui engueule une rivale, lame de rasoir à la main.

Silence dans le resto. Primo, nous ne sommes pas seuls, il y a des familles dans la place. Deuzio, les professeures sont parfaitement baba et les autres convives ne comprennent rien à ce que je viens de faire. C'est long, trois secondes sans un bruit, même de respiration. Puis, éclat de rire : un gringo qui imite une pute de Rocinha ? Bref, tout ce qui est brésilien pisse de rire.

Notre parasite favori me juge indigne de québécitude et, de plus, il a trouvé mon allocution sur la condescendance de complexés des

Québécois parfaitement loufoque. Une honte. Alors Euridice, histoire de détendre la chose écrasée et babounante à côté d'elle, la questionne sur la *caipirinha* : il aime ? Elle se tourne ensuite vers moi et me confie la réponse du vieux bêta : « Vous savez, le Brésil est reconnu pour deux choses : ses femmes et son alcool. » Je suis vraiment frustré : il a réussi à résumer en une phrase ce qui m'a pris une demi-heure à expliquer. J'ai de méchantes croûtes à manger avant de me retrouver bonze québécois.

Bon, suffit. Passons à un pays développé qui ne méprise pas ses artistes et ne dilapide pas ses ressources naturelles : le Japon.

Première chose qui me frappe : le séisme du 11 mars et le tsunami subséquent, connais pas, semble dire le Tokyoïte moyen. C'est *business as usual*, joie et travail, shopping et pitonnage sur son téléphone intelligent. [Comment un téléphone peut être *intelligent*, ça me dépasse, mais passons.]

Toutefois, quiconque gratte la surface constate les dégâts, à commencer par la rationalisation des dépenses en électricité qui commande, en juillet, une climatisation minimale. Ensuite, un interlocuteur le moindrement éveillé capterait chez son vis-à-vis japonais une intense inquiétude face à l'avenir : l'économie qui se dégrade, le vieillissement inquiétant de la population, une jeunesse peu attachée aux valeurs traditionnelles, et, par-dessus tout, la certitude qu'un *Big One* s'en vient, je veux dire LE tremblement de terre avec son épicentre à Tokyo. Ce qui fait qu'ils sont déchirés par la sempiternelle question posée par notre Pauline Julien nationale : Déménager ou rester là ? Quitter le pays parfait, nid de la perfection, ou y attendre un cataclysme imminent ?

Cette angoisse, ils ne l'expriment qu'exceptionnellement, c'est-à-dire dès qu'ils se permettent de relever le rideau des convenances le temps d'un moment d'intimité. Ou d'ivresse.

Pour le moment, franchement, Tokyo, c'est la grosse ville martienne par excellence. En posant le pied à l'extérieur de l'aéroport pas si moderne que ça, j'ai eu la sensation d'avoir atterri au... Brésil. Le bruit, les crieurs, les autocars en métal léger qui résonnent comme des boîtes de conserve, la conviction que l'entité qui détient la manette de contrôle sur la vie s'amuse avec le bouton *Fast Forward*, la chaleur et l'humidité qui étouffent, l'impression de foutoir total — alors que tout est réglé au métronome —, les gens stressés, les employés révérencieux envers la clientèle, les relents d'essence. Viendront s'ajouter dès le lendemain les bouffées d'urine qui montent d'on ne sait où, les commerces partout, l'architecture plutôt bâtarde qui favorise la maximisation de l'utilisation du territoire, la circulation folle, quoique très respectueuse des feux, les vélos qui déboulent sur le trottoir, les policiers armés, mais de bâtons. [Je crois qu'ils sont à triple usage : y poser un bras pour se reposer, repousser une foule compacte et taper sur quiconque le mérite.]

Les gens ont l'air fermé, concentrés sur leur maigre espace personnel, le regard fixé sur le bitume à deux mètres devant eux. Ceux qui ont parlé de l'élégance proverbiale des Japonais ont vu ce qu'ils voulaient bien voir. En fait, la hiérarchisation par la tenue vestimentaire ressemble à celle des Parisiens. Un Tokyoïte peut avoir une bonne idée du CV de son vis-à-vis en détaillant ses fringues. D'ailleurs, les hommes qui portent le complet semblent tous porter le même. Il y a sûrement un tailleur dans cette ville qui fait une fortune. Coupe impeccable, beau tissu, très classique, noir.

Viennent ceux en chemisette blanche et immaculée, des *salary-men*, comme ils disent, c'est-à-dire des employés de bureau. Suivent les ouvriers et simples travailleurs, en t-shirt et pantalon de toile beige ou bleue, les jeunes, parfois en jeans, puis les miséreux. J'ai été surpris, je ne m'attendais pas à voir des mendiants ou des SDF :

eh bien, j'en ai compté par dizaines. Il paraît qu'il y a même quelques petits bidonvilles, le long de la rivière Sumida. Je planifie d'y faire une « croisière » pour vérifier.

Les femmes, c'est pareil, sauf que les plus élégantes semblent appartenir à la catégorie des oisives. Elles ont en commun, avec leurs consœurs cadres et les jeunes lolitas, l'escarpin tue-peton. Les contempler qui s'aventurent sur la chaussée et dans un métro au pavé irrégulier provoque une bouffée d'admiration. Certaines marchent comme ces pantins des années 70, du genre *Joe 90* ou *Les Sentinelles de l'air*. Jusqu'ici, j'en ai vu trois qui ont failli se casser la margoulette en posant un pied le moindrement de travers.

Je suis sorti deux soirs pour me promener dans le quartier Shibuya, l'un des paradis du magasinage à Tokyo. Un samedi et un mardi. Ce n'est plus l'Empire du Soleil levant, mais le royaume du *Shopping Frenzy*. Tout est à vendre, et des employés de magasin se jettent sur les piétons pour leur refiler un éventail *cheap* en plastique, un paquet de kleenex, une circulaire, un menu, une petite carte, tout ça en leur criant à la gueule de la voix la plus aiguë possible.

Le métro, c'est une comédie loufoque. Quatorze lignes, je crois, aux mains de l'entreprise privée : un trajet devrait vous guérir des PPP quelque chose de solide. Relier le point A au point B peut revêtir des allures d'épreuve olympico-kafkaïenne, surtout si vous ne vous êtes pas muni d'une Pasmo [une passe de métro et d'autobus] chargée *full-tilt*, parce que le prix varie selon la distance : il faut glisser sa carte au départ et à l'arrivée. En plus, certaines compagnies ne s'aiment pas et la transaction est parfois refusée ; si vous passez les tourniquets de la mauvaise compagnie et voulez rebrousser chemin, vous devez le signifier au guichetier et ça coûte un petit quelque chose. Ça t'apprendra, connard. Mais les rames, je dirais trois fois plus longues que celles de Montréal, sont ponctuelles. Les heures d'arrivée y sont affichées, contrairement à ce qui se trame chez nous où l'écran indique un temps d'attente dont les minutes semblent élastiques. À la STM, une minute dure parfois 120 secondes. M'enfin.

Tu sais, je ne veux pas être rabat-joie, mais je suis un urbain total, j'ai visité plusieurs métropoles sous divers parallèles et méridiens, et Tokyo a ses traits de caractère comme les autres. Et ses excès. Mais, pour l'heure, pas de lutteur sumo harnaché en cuir rose qui poursuit une grand-mère attriquée en femme-chat. Le plus évident, ce sont ces jeunes qui se déguisent en héros de manga, d'*anime* ou de série télé, dont ces filles de vingt ans en baby-doll et aux cheveux bouclés à la Shirley Temple, coiffées d'un bonnet blanc, ou encore ces jeunes hommes aux toupets et aux collants multicolores. D'ailleurs, les jeunes Japonais semblent vraiment faire une fixation sur leurs cheveux, écoute, parfois ça frise — sans jeu de mots — le Bauhaus.

Moi, j'ai le caillou chauve, mais j'ai les yeux bleus et ça, ça les intrigue plus qu'un poil — franchement, je ne m'en sors pas de ces calembours pileux. Et ça fait bien mon affaire. Ce qui m'amène à...

————

ENCADRÉ TOKYO CUL NUMERO UNO

Je vais faire l'impossible ici pour ne pas scandaliser les lecteurs et lectrices des éditions La Mèche, tous gens d'excellente réputation.

Bleus iris aidant, j'ai pu tester la faune primesautière de Tokyo à quelques reprises, et se dégagent de ces expériences strictement scientifiques quelques observations bonnes à prendre en considération.

Primo, il semble qu'une autre façon de situer hiérarchiquement les spécimens soit le recours ou non aux services d'un orthodontiste. Je suis tombé sur la classe ouvrière dès le début, je pense. Pour aggraver la situation, l'hygiène buccale n'est pas toujours au rendez-vous, et un petit relent de décomposition filtre entre les bouffées d'air. Ça commence mal, disons.

De plus, leur stratégie linguale est on ne peut plus dépaysante. Cette technique sûrement millénaire, je l'ai baptisée pour moi-même celle de «l'horloge-chat avec de gros yeux». Ma tante Yvonne avait accroché au mur de sa cuisine une de ces horreurs, tu sais, une horloge encastrée dans le ventre d'un matou dont les yeux battent les secondes. Tic, yeux à gauche, tac, à droite. Les Japonais font le même truc avec la langue, sauf que ma tante aurait branché son horloge sur le 220. Tic-tac, tic-tac, rapido. Appelons ça la technique «serpent à sonnettes». Pas fort.

Puis, la peau. J'y ai laissé courir ma langue — mon *forte* — et, au final, je note que l'arrière-goût évoque le lait caillé. L'image est tellement juste que je me demande si je ne l'ai pas prise quelque part. Moi qui m'attendais à des épidermes trempés longtemps dans l'eau parfumée au jasmin... *Niet*. Disons que t'as envie de t'envoyer une cuillérée de sucre derrière le collet après quelques va-et-vient bien intentionnés[1].

Finalement, l'attitude : il semble que nous devions convaincre le spécimen de se laisser aller à la chose. C'est que, je viens de loin, mon pit, et t'as mis la photo de ta queue sur Internet, fait que, les

---

1. A posteriori, cette impression est fausse. Grâce à sa détermination, ledit auteur a pu constater qu'il en va des techniques labiales comme des parfums épidermiques, c'est-à-dire que plusieurs spécimens nippons embrassent comme des dieux et, conséquemment, leur peau acquiert un goût divin. Ah, libido ! (NDA)

manières... Mais je crois qu'ils sont encore sous l'emprise d'une vue très traditionnelle de la sexualité, même chez les gays. Alors que moi, je suis plus du genre égal à égal, donne ton ticket, embarque.

Mais je poursuis mon enquête, pas de problème. Ce soir, un hispano-nippon. Qui sait? J'ai un Brésilien du Cirque du Soleil en joue, aussi. Ça dépanne toujours.

———

Bref, je pourrais vivre ici. Sans blague. Ne me manque que la langue, détail. Que veux-tu, j'adore les villes, elles me nourrissent. Si je me retrouvais à Saint-Liguori, je crois que je me décomposerais. Remarque, ça va venir un jour, mais je ne suis pas pressé. Surtout que j'aimerais bien être inhumé : je préfère engraisser la terre au lieu de cochonner l'atmosphère. La campagne, c'est mon projet de vieillesse : quand je serai trop ratatiné et laid, j'y déménagerai avec deux chiens. Et une chèvre.

Le géant inerte et le sourire extraterrestre

Cher Pierre au caillou chauve,

J'adore ton humour caustique trash.

Certes, je ne suis pas en campagne parce que je suis devenu laid ni parce que je fuis la ville. Tout banalement, j'ai suivi une lectrice dont je me suis entiché. Publier des romans, c'est un peu, parfois, comme offrir son monde intérieur en guise d'agence de rencontre impromptue. Grâce à *Lectodôme*, j'ai eu la chance de vivre d'abord une expérience déroutante, une *fatal attraction* mêlant sexe hyperbolique, masochisme et délire de persécution, puis de rencontrer, un an plus tard, une femme merveilleuse, de qui je suis tombé amoureux et avec qui la vie quotidienne est devenue une oasis paisible, respectueuse, tendre et sereine. Je sonne comme une carte Hallmark, mais c'est ce que j'ai vécu. Je ne suis pas Bret Easton Ellis ni Buckowski. On s'entend, il n'y a aucune fan suédoise blonde à la charpente de Photoshop Expert qui est venue sonner à ma porte de demi-sous-sol sur Sherbrooke seulement pour avoir la chance de se vanter d'avoir sucé mon engin. Mais à mon échelle, c'est-à-dire plutôt humble, j'ai pu constater chez la gent féminine intelligente et lettrée l'effet que produit un roman bien reçu au ton radical et aux personnages pittoresques. Il faut, par ailleurs, saisir le train quand il passe. De la publication dudit roman jusqu'à la déhiscence de ce miracle d'intérêt pour ma personne, il ne s'est sans doute pas écoulé plus d'un an. D'octobre 2008 à octobre 2009, disons. Mais dans ce laps de temps, j'ai eu la chance de tomber sur ma lectrice-copine actuelle.

Je vais te décrire une photo, en fait un laminé, qui est devant ma table de travail, sur le mur qui sépare la chambre du salon. Ce n'est pas un coq-à-l'âne, tu vas voir.

J'ai acheté, au Musée d'art de Joliette, la reproduction d'une photo de Clara Gutsche, une artiste qui s'est intéressée aux communautés religieuses du Québec. Cette photo, profondément drolatique, saisit un moment de détente chez les Sœurs du Précieux-Sang. Elle montre une salle de repos où quelques-unes d'entre elles jouent aux cartes. La pièce a des murs jaunes et un plancher turquoise. La robe des sœurs de cet ordre est d'un rouge vif. L'agencement de ces couleurs me fait penser à un tableau fauviste. Il pourrait se dégager de cet ensemble un sentiment de ridicule ou de platitude. Mais il n'en est rien. Certes, ces dames sont âgées, mais leur sourire recèle une paix extraterrestre qui me sidère.

C'est un peu ma conception de la vie à la campagne.

De l'extérieur, pour les néophytes, on a l'instinctive conviction qu'il y a là une masse de platitude, d'ennui ou de ridicule qui pèse sur ses habitants. Mais il n'en est rien. Ceux-ci développent peu à peu un sourire, une conviction bienveillante qui surmonte toute monotonie pouvant venir gâter leur perception du monde. J'ai moi aussi développé ce sourire extraterrestre.

Comment j'explique cela ? D'une part, parce ce qu'il y a en général peu de monde dans les villages éloignés : nous sommes donc relégués assez vite à notre rôle de témoin de la nature, ce qui enclenche le processus du sourire illuminé. D'autre part, parce que la nature ne nous juge pas. On peut péter dehors, tuer un oiseau, grimper aux arbres, courir dans la forêt, chier sur une talle de fraises, crier devant une rivière, faire l'amour dans les buissons ou dormir sous un arbre, aucune engeance bête, au regard de policier ou à la bouille sympathique cherchant désespérément à converser, ne viendra interrompre notre expérience d'acclimatation à l'infini. Ne t'inquiète pas, je ne chie pas sur les talles de fraises, ce serait un peu contre-productif, les fruits des champs étant rares et toujours appréciés, mais ce que je veux dire va au-delà de la caricature.

C'est qu'en campagne, je suis effectivement déconnecté du 220 volts de la ville. C'est un cliché, mais je me sens vraiment moins nerveux, moins fébrile, moins agacé, moins angoissé. Tu me diras : c'est l'amour et son bel effet de sécurité maternelle qui fait ça. Je te répondrai : oui, en partie, mais il y a plus que ça. Une ville, c'est des millions de personnes qui désirent en même temps des choses différentes. En campagne, c'est notre désir confronté à celui de la nature. En fait, la nature ne désire rien ; elle est, tout simplement. Et on doit faire avec cette réalité parfois cruelle mais souvent roborative : la nature est un gros corps de géant qu'on maltraite quelquefois, qui écrase des gens à d'autres moments et qui, la plupart du temps, ne fait que s'étendre devant nous. Je regarde ce géant inerte toute la journée et je me dis que nous sommes effectivement petits et étriqués.

Ne t'en fais pas, je ne suis pas en train de devenir religieux fanatique ni sur le point d'entrer dans une secte d'écologistes enragés. Je constate seulement l'effet que la nature a sur moi.

Je vis avec un géant inerte et aphone tout à côté de moi. Ce qui transforme petit à petit mon sourire en une moue intriguée, heureuse et extraterrestre. Je ne sais pas pourquoi je ne féminise pas le mot «géant», il s'agit bel et bien de «la nature». Mais j'ai en fait pensé aux contes de Grimm et au géant vert du maïs en grain. Nature bisexuelle, travestie, en collant.

La vie de célibataire appelle d'autres dispositions.

Je dois t'avouer que mon passé de coureur de jupons s'est très bien accommodé de la ville. Tu parles dans ta lettre du *deus ex machina* qui agite les badauds au Japon. Tu dis qu'il doit s'amuser avec le *Fast Forward* de son appareil de manipulation des gens. Je pense que toutes les grandes villes du monde ont le piton collé à *FF*. Le désir humain n'a que deux vitesses : inertie ou *Fast Forward*. Il faut le réveiller ou bien on nous tape sur la tête avec.

Les villes ont été conçues par des échangistes, des hommes mariés qui trompaient leur femme, et des célibataires richissimes qui considéraient que baiser équivalait à manger un repas différent et gastronomique à chaque soir. Bien manger, bien baiser, bien boire, irradier la richesse, obtenir un certain standing et le conserver coûte que coûte, être plus en forme que la moyenne, exceller dans un domaine, voilà une hygiène de vie qu'adoptent les plus nantis ou les plus délurés. Toute cette chasse se déroule en ville, bien entendu.

Le désir, en campagne, cesse de s'extérioriser chaotiquement pour revenir dans sa niche intérieure. Cette niche, je la visite sans cesse en écrivant. Je la visite quand je réponds à tes lettres, quand j'écris des poèmes ou quand je songe à mon prochain roman. Mes rêves sont eux-mêmes devenus si épiques, rocambolesques, cinématographiques, que j'ai l'impression que ce surplus de désir, généré par ma *persona* urbaine refoulée, s'est immiscé dans mes tiroirs oniriques, relevant la saveur de mes rêves.

Bref, la nature humaine est bien conçue et distribue en tout temps les stimuli sexuels et les zones de repos.

En ville, on se repose dans nos rêves, en campagne, on s'agite dans ceux-ci.

Je reste donc incidemment le même. Il y a aussi Rawdon et Joliette, où je peux me réfugier si je veux retrouver une agitation semi-urbaine. Sauf qu'ici, à Saint-Liguori, j'ai développé une nouvelle grimace : le sourire extraterrestre.

Araignées, poulpes, cigales, Éden et odeur corporelle

Bertrand, quand même !

Caustique ? Je ne trouve pas que j'ai l'humour caustique. Je vais me servir d'un terme que tu as utilisé à quelques reprises : astringent. Ça picote au contact de l'épiderme, tu fais brrr, puis tu es tout pimpant pour une couple d'heures.

Je suis heureux, et je ne suis pas astringent pour cinq sous ici, que l'écriture t'ait apporté de l'amour. Je suis en bonne partie d'accord avec ton assertion que nous nous servons parfois de notre monde intérieur comme d'une agence de rencontres. J'ajoute que, en ce qui me concerne, j'espère que le récepteur y comprendra quelque chose et éclairera ma lanterne, parce que, franchement, je ne sais pas où je pêche mes idées et je ne suis pas sûr de vouloir l'apprendre, d'ailleurs.

Si la littérature m'a servi à séduire des gens qui me sont chers aujourd'hui, c'est « périphériquement » : je suis sensible, j'ai l'œil, un visage est un roman, un être humain, c'est aussi un recueil de nouvelles qui ne dévoilent que des bribes de réalité intérieure. Dans *Alibi*, j'ai écrit que je ne goûte pas vraiment la nouvelle québécoise — je généralisais —, car je trouve, en effet, qu'elle ne reflète que superficiellement ce sentiment d'étrangeté de l'homme en société et qu'elle n'est souvent qu'un roman avorté.

[Écoute, je dois faire un aparté, ici : dehors, en plein cœur de Tokyo, j'entends les cigales qui chantent à tue-tête — elles doivent être de la sous-espèce *Célinæ Dionnens* — et je suis au vingtième étage.]

Bref, je suis vraiment attentif aux êtres devant moi qui manifestent le désir d'être lus. Mais je ne crois pas qu'un gars se soit jeté dans mes bras après avoir acheté un de mes romans. Et je ne suis pas certain que j'aurais apprécié : je me méfie de moi-même, de l'ogre égocentrique qui risque de prendre le contrôle de ma personne en un claquement de doigts, je redoute les flatteries et, collègues exceptés, je n'aime pas vraiment qu'autrui me parle de mes textes. Pour moi, ce sont des cadavres de créatures que j'ai adorées, et réveiller leurs spectres me donne des frissons glacés.

[Les cigales se sont tues. Peut-être devisaient-elles d'*Arabesques* et m'ont-elles entendu penser ?]

Une idée cocasse m'est venue à l'esprit en te lisant : tu as effectué un retour à la terre et, depuis, tu as adopté un sourire d'extraterrestre. Ajoute à cela que, dans ma lettre précédente, je qualifie Tokyo de « martien », et nous avons un trifecta.

Il me semble que tu t'es trompé sur mes sentiments par rapport à la campagne. Je ne la méprise pas du tout. De fait, la nature me terrorise, je trouve que les vaches sont des créatures terribles avec leurs yeux vides et leur mastication ininterrompue. On dirait Denise Bombardier ruminant une... vacherie. J'ai l'impression que je n'ai pas d'affaire à m'y promener, que je profane un sanctuaire. Bref, je crois que je suis un Adam moderne, expulsé de l'Éden. Et je m'en accommode très bien. Aussi, je ne comprends pas ces gens qui veulent aller tripoter une baleine à Tadoussac. Foutez-lui la paix, merde! Elle se débrouille à merveille sans vous et elle n'a pas besoin d'une petite tape sur le dos et d'un coup d'hélice pour remplir sa journée. Qui a dit qu'elle vient vous regarder par amitié ou par curiosité? Moi, quelqu'un sonne chez moi à l'improviste, je me penche à la fenêtre pour identifier le connard qui ose m'interrompre dans mon dur labeur [dont «ne rien faire» fait partie].

Les baleines n'ont pas de fenêtres. Tu en penses quoi, comme titre de roman? Boréal ou Libre Expression?

Non, moi, j'adore la ville. Quiconque en a envie peut péter dehors, écrabouiller un écureuil, se pendre à un arbre, courir dans le métro en se tripotant l'entrejambe, chier dans un stationnement, crier devant les vitrines de MusiqueMoins — instance *Number One* de crétinisation ET d'anglicisation des masses —, faire l'amour sous une bretelle d'autoroute, il trouvera toujours quelqu'un pour lui taper sur l'épaule et lui demander: «T'as-tu du change?»

[Note à moi-même: ne pas acheter de fraises cueillies à Saint-Liguori.]

J'aime ça, être énervé, fébrile, agacé, voire angoissé. Et sur Sainte-Catherine, je suis confronté à la nature: des fourmis, des rats, des fleurs en pot, des humains qui désirent. Et je nous trouve grands. Oui, la ville m'est naturelle. Et je ne crois pas qu'elle a été créée par des hédonistes défoncés au gros *cash*: je suis persuadé que s'y retrouvent les écorchés vifs du monde. Vivre en ville, c'est aimer son prochain et rechercher sa proximité. Oh, je ne suis pas dupe, je sais qu'il s'agit de multiplier par cinq ou dix le taux de productivité d'un territoire donné, mais l'humain y trouve ce dont il a besoin. Y fait son nid.

Et j'y ai installé ma niche, sauf que, contrairement à toi, je ne la visite pas en écrivant : je cogne à sa porte et je m'enfuis en courant. Comme je le faisais enfant sur la rue Notre-Dame, angle Joliette, avant que le gouvernement ne vienne tout démolir pour construire l'autoroute Ville-Marie. Que nous attendons toujours. Mais, bon, je peux parler de Mirabel, aussi...

Mais en ma qualité d'homosexuel mûrissant [c'est presque une litote, ça, pour « sacoche en devenir »], je serai bientôt mis au ban de la société arc-en-ciel et devrai choisir mon exil : la campagne aveugle ou les clubs de danseurs. Ma décision n'est pas encore prise. Surtout que je continue à poigner. D'ailleurs :

———

ENCADRÉ TOKYO CUL NUMERO DUE

Dans ma dernière lettre, je te parlais de ma *date* avec un Hispano-Japonais ou un Nippagnol, je ne sais plus.

Leçon numéro dix-huit, j'imagine, car j'ai perdu le compte, destinée à celui ou celle qui se sert d'Internet pour danser le boogie-woogie horizontal : exiger une photo de la face. Ce n'est pas une question de beauté plastique, mais de simple compatibilité.

Bon, j'ai eu un mauvais pressentiment en chattant avec mon partenaire de danse exotique. Il veut boire du vin chez moi, dans mon immeuble, pour admirer la vue qui s'offre de ma fenêtre. Il me demande ce que j'aimerais qu'il apporte. Je lui réponds que, perso, je préfère le bordeaux dans le rouge, le sancerre dans le blanc. Je suis un gars sec, j'imagine. Et il est tout impressionné : enfin, dit-il, un homme avec de la classe, sous-entendant que lui aussi en a et qu'il se sent seul de sa tribu à Tokyo. C'est-à-dire, j'imagine, les personnes de bon goût qui apprécient les panoramas.

Moi, sur la Toile cul, j'affiche ma face croquée récemment, comme ça, pas de demi-tour blessant au moment de la rencontre. Lui, pas : il veut préserver le mystère. C'est vrai que, sur sa page, tout ce qui est étalé, c'est son corps dans des positions qui rivalisent d'adresse acrobatique. Il me donne rendez-vous à deux pas de chez moi, au Mori Tower, sous la grosse araignée. «Ah, j'ajoute, la *Maman* de Louise Bourgeois ?» Court silence, puis réplique : «*No, the spider.*» Je commence, d'ailleurs, à sentir une tarentule qui me grignote les couilles : plus vraiment envie.

Toutefois, en bon garçon, je m'y rends. Il est en retard. En passant, la ponctualité japonaise est un mythe. Les métros, oui, leurs usagers, moins. Pas grave, je suis habitué d'encaisser ce genre d'indélicatesse, je suis un écrivain québécois. Il se pointe en s'excusant. Immédiatement, c'est une seiche qui se trimballe de mes sacs à ma cervelle.

Il porte un complet luisant. On dirait de l'aluminium, mais côté mat ; et je me dis, lui, faut pas le mettre au micro-ondes. Son kit, ça hurle le «j'ai du succès», et moi, en écho, je lui renvoie «on s'en câlice». Il a hérité de quelques défauts criants de son patrimoine espagnol : le cheveu hyperplacé du playboy des années 1970, la voix rauque des joueurs de roulette, la manie de tout replacer sur sa personne : la mise en plis, la montre, les manches d'aluminium, la cravate, l'iPhone sur la table. Comme s'il vérifiait qu'il existe réellement.

Je suis rendu avec une pieuvre gigantesque qui me comprime tout ce qui pend. Je me demande comment je vais faire pour baiser avec lui. Heureusement, j'ai une réserve d'urgence de grossièreté mâle dans laquelle je puiserai turgescence. Soldat Samson, garde-à-vous !

Conversation? Zéro. Normal, il travaille en IT [Technologie de l'information]. Le resto qu'il a choisi est un *meat market* pour hétéros en rabette. Je me croirais chez Alexandre, rue Stanley. Des tapas, par-dessus le marché. On mange bien des sushis à Madrid. Bref, on grimpe jusqu'à mon appartement.

Ça commence pas mal. Il embrasse « normalement », quoiqu'un peu raide. Une goutte de lait caillé ne fait de mal à personne, alors va pour quelques coups de langue sur la peau. Encore une fois, je dois jouer la carte du séducteur qui convainc son partenaire de lui abandonner sa dignité et, trente secondes plus tard, c'est mission accomplie. Et il se fourre un petit flacon de poppers [nitrite d'amyle] dans les narines. Une névralgie menace mon cerveau. Puis, il se déchaîne, et là, dans le feu de la passion, il me fait le coup de l'horloge-chat aux gros yeux. Je sens que l'aiguille de ma réserve se rapproche dangereusement de la zone rouge, mais, bon, je mène le paquebot à bon port. Tout le monde descend.

Il doit rester pour la nuit, il n'y a ni métro ni autobus passé minuit, le syndicat des taxis y veille, et une course jusqu'à chez lui lui coûterait 400 $. Il ronfle. Je nous réveille à 7 h 30 : je dois travailler, lui dis-je, et il prend la porte sans que je le lui demande. Il doit être habitué.

———

Pourtant, cette nuit passée à combattre poulpes et arachnides n'a pas été totalement perdue.

En effet. De cette escapade raisonnablement éprouvante, j'ai retiré un épisode solide, je crois, pour mon prochain roman : je me suis levé, suis allé vérifier l'heure, me suis rendu aux toilettes et, soudain, j'ai été franchement écœuré par ma propre odeur corporelle.

[Non, madame Bombardier, ma déliquescence morale ne doit pas en être tenue responsable.] Émanait de mon corps un terrible relent de moisi, et j'ai dû me précipiter sous la douche. Pour moi, ce qui est potentiellement riche, ce n'est pas la qualité de l'odeur en tant que telle, mais... Mais quoi, exactement?

Je ne sais pas. Je cherche. Voilà ce qui compose un vrai roman.

[Ça y est, les cigales ont recommencé. Tu crois qu'elles en profitent pour tenter de prédire le résultat sur papier de ma mésaventure nocturne? On dirait qu'elles rient.]

Le 30 juillet 2011

Le mystère de la mangeoire à bruants

Cher Pierre le séducteur,

Je sursaute. Je ris.

Tu fonctionnes tout à fait sur le 220 de l'urbanité la plus libertine, et le récit de ta baise avec un Nippagnol ferait un excellent épisode de sitcom gay, du style *Absolutely fabulous!* mais en version masculine.

Je me rends compte, en discutant sportivement avec toi, puisque nous avons appris à saisir la balle tex(sex)tuelle (oh! jeu de mots des années 80!) de l'autre au bond, qui en service As, qui en revers habile, qui en un smash vertigineux, que je ne m'en tirerai pas si facilement avec ma campagne à défendre.

C'est qu'il faut y penser longtemps avant de trouver des arguments pour la campagne. Ce n'est plus naturel, pour nous, nés citadins, élevés dans des cours d'école bondées, habitués au bourdonnement ordinaire des autres, de leur désir, d'apprécier spontanément la ampagne. Nous restons en général interloqués quand le niveau sonore de notre monologue intérieur (apparu en littérature à la fin du XIXe siècle, en même temps que les grandes villes industrielles, en guise de système de défense sophistiqué contre les bruits ambiants) rejoint celui de notre environnement. C'est ce qui se passe dans la nature. Cette incongruité déstabilise quiconque a déjà été branché à la prise de 220 volts des villes modernes.

Mais là, je serai plus précis. J'habite dans un village de presque deux mille habitants. Saint-Liguori, c'est pas Joliette. Il y a des camions et une flopée de véhicules de toutes sortes qui passent sur la route 346, devant chez nous, c'est même périlleux, à certains moments de la journée, de sortir de notre entrée. J'ai des voisins. Discrets. Mais j'ai des voisins. En somme, si je veux être plus juste, il faudrait que je parle de banlieue. Je vis dans une banlieue qui s'adonne à contenir beaucoup de campagne. Le géant inerte, c'est tout ce qui traîne entre les maisons et les champs de patates et de maïs. La nature ici est partout, mais sous forme d'entre-deux, de paquet-cadeau fourni avec le paysage, de surplus de banlieue tellement abondant qu'on peut employer le mot « campagne » pour parler sans mentir de l'endroit où nous sommes.

Je suis donc en campagne, mais aussi en banlieue.

Ça ne me dépayse pas trop. J'ai vécu si longtemps à Saint-Lambert (je sais, je sais, l'Outremont de la Rive-Sud, le quartier général de Marc Labrèche, la ville de Micheline Lachance [biographe du frère André, du cardinal Léger et auteure des *Filles tombées*], le comté de Maka Kotto, le parangon de la banlieue cossue et du dortoir snob) que je ne suis pas terrorisé par les banlieues en général. J'aime la ville, j'aime les banlieues. J'ai appris récemment à aimer la campagne.

J'haïs autant les Fred Pellerin de ce monde (magnifier la campagne en y inventant du merveilleux, en y faisant mousser honteusement les bons sentiments, en cousant des fictions fantaisistes et bon enfant, des contes sirupeux aussi souffrants qu'une appendicite) que les ramasseux de gogosses, écologistes fous, tisseurs de chaussettes en chanvre et extatiques de la vie bio, du sperme bio, de la culotte de cheval bio et de l'araignée bio qu'il ne faut pas toucher, car elle mange les autres bibittes. Je ne verse pas dans ce paradigme. À la base, la campagne, c'est un peu comme une feuille blanche. Si tu sais pas quoi y écrire, ça va être plate longtemps et durablement. Je l'admets, je me contredis : Fred Pellerin et certains autres conteurs ont trouvé comment habiller leur feuille blanche. En soi, ils se sont libérés du poids de la platitude campagnarde, mais je prétends qu'il est possible de rester réaliste, de s'intéresser à la campagne et à son mode de vie sans passer par le rayon des enfants chez Zellers ni en fouillant dans le bric-à-brac d'Halloween dans les Dollarama.

Avec mon livre de poésie *Cascadeuse*, dont j'ai terminé la rédaction et dont j'ai situé l'action (on peut écrire un livre de poésie qui se déroule dans un lieu) à Saint-Liguori, j'ai essayé de fuir ces facilités narratives reliées à la campagne pour tâter d'un réalisme abrupt, qui ne se veut ni bête ni enfantin. Je ne sais pas si j'ai réussi. Le livre sortira en 2012. On verra ce que les gens en diront.

Bref, c'est un peu pour ça qu'il faut apprendre à la connaître, la campagne, à s'intéresser à ce qu'elle nous dit (oui, oui, la nature, ça parle, ça peut dialoguer… si on parle «wouaiseaux», sol, engrais, fruits ou légumes ou brebis ou hébertisme ou sport ou *guns*). J'ai donc cherché à appliquer ce principe en m'intéressant aux volatiles. Les oiseaux me fascinent. Ils m'ont toujours fasciné. J'ai toujours eu une grande admiration pour saint François d'Assise et sa psychose aviaire. Il croyait parler aux oiseaux, et cela me l'a toujours rendu sympathique. Quelqu'un qui parle aux oiseaux, ce n'est pas quelqu'un qui va se mettre une ceinture de dynamite pour aller faire sauter cent personnes placides dans un Walmart. On est bien loin du terroriste. Quelqu'un qui parle aux oiseaux, pour moi, c'est un fou formidable, un poète métal-mental.

Alors bon, je n'ai pas appris à parler aux oiseaux, mais je me suis acheté des jumelles Bushnell en spécial chez Canadian Tire (le magasin utile en campagne), et ma blonde est allée chercher chez ses parents un vieux guide d'identification des oiseaux du Québec qui date de 1972. Les oiseaux n'ont pas trop changé depuis, mais certains noms, oui, et les petits dessins pâles en noir et blanc... enfin... disons qu'il y a mieux.

Donc, j'installe ma mangeoire (achetée chez Canadian Tire) dans l'arbre qui fait face à la grande fenêtre du salon, immense géant. Elle ressemble à une lanterne chinoise ; elle est très chic, ma mangeoire. Elle est en plastique brun, mais elle est de très bon goût. Un achat avisé, je te dis.

Je ne connais pas trop le mode d'alimentation de ces bêtes aériennes, j'y vais d'abord au pif, j'achète un gros sac de graines de tournesol, d'arachides. En l'espace de six ou sept heures, un bataillon de quiscales bronzés (j'ai appris à les démêler des corneilles), vague après vague, bouscule ma petite mangeoire, attaque les réserves de graines. Ces oiseaux turbulents en viennent à bout avec une férocité qui me surprend.

Je ne comprends rien à tout ça. Mais en regardant bien sur les paquets de graines, je remarque qu'on y identifie le type d'oiseaux qu'elles peuvent attirer. Je cesse de regarder les sacs sur lesquels on peut lire «attire tous les types d'oiseaux». En somme, ça veut dire : les quiscales vont vous faire chier, pis vous n'aurez pas le temps de profiter du truc. On m'explique à la boutique de nourriture à oiseaux de Rawdon que les graines de chardons attirent les chardonnerets, ces si beaux oiseaux jaune et noir, et qu'un autre sac de minuscules grains va allécher les mésanges et autres bruants.

Voilà que je repars avec ces deux sacs sous le bras.

Je remplis à nouveau ma mangeoire. Extase, émerveillement, chaleur humaine, miracle : la même journée, j'identifie un gros-bec à poitrine rose, des mésanges, des bruants familiers (ça m'a pris du temps à les démêler des moineaux), des chardonnerets, des pics communs et plus aucun quiscale bronzé !

C'était trop beau, la nature dialoguait finalement avec moi. Enfin, tous mes bons préjugés à son égard se voyaient renforcés. Bref, j'exultais.

Mais, il y a une semaine, un malheur curieux (c'est toujours étrange, le malheur) est venu s'abattre sur ma mangeoire Canadian Tire.

Le jour, tout allait bien. Les ti-oiseaux venaient, je les regardais avec mes jumelles, je répondais à tes lettres, je lisais, j'allais faire de la bicyclette sur les rangs, j'allais me baigner au pied du courant, près du pont Richard, bref, je profitais de la campagne à plein.

Mais un matin, j'ai retrouvé ma mangeoire vidée, par terre, au pied de l'arbre.

Un voleur de nuit s'était ingénié à subtiliser le contenu de mon bel objet campagnard.

C'était mystérieux. Je n'ai pas suspecté les quiscales bronzés, ils font trop de bruit. Ça m'a tarabiscoté, mais je suis resté optimiste, je me prenais pour saint François d'Assise, faut pas oublier, et même que je me voyais dans celui de Zeffirelli, super kétaine, avec des illuminations mises en images de façon hyper romantique, très *freak* (cela date de 1972 aussi). Je préfère, en fait, le saint François de Rossellini, qui ne déguise pas la folie du saint, la souligne, parle de ses improvisations, de son manque de connaissance.

Alors j'ai ouvert le couvercle de ma mangeoire, j'y ai déversé une bonne quantité de nourriture pour petits oiseaux, puis, dans le doute, j'ai replacé la mangeoire sur la même branche, mais en pliant cette fois-ci les crochets qui la retiennent et en l'éloignant encore plus du tronc de l'arbre.

Le lendemain, j'ai commencé à avoir peur, il n'y avait plus de nourriture dans ma mangeoire et celle-ci avait été tirée vers le tronc. Mais la mangeoire tenait néanmoins encore sur la branche.

Je me suis senti floué, trahi par la nature.

Le surlendemain, j'ai repéré une branche en *y*, j'y ai coincé la mangeoire, qui s'est trouvée éloignée du tronc d'au moins quatre mètres. Les petits oiseaux sont revenus dans la journée. J'étais content. Je me suis couché.

Mais le matin, plus de bouffe d'oiseaux dans la mangeoire! Et un des crochets a été presque scié.

Voilà où j'en suis aujourd'hui.

C'est ça, la nature, aussi. Des choses inexplicables qui nous pompent le sang.

Ma copine et moi, on pense qu'il s'agit d'un ratoureux raton laveur. Ces bêtes peuvent grimper dans les arbres et sont d'une intelligence redoutable.

Je ne sais pas trop quoi faire mais, vois-tu, aujourd'hui, après t'avoir écrit, je vais tenter de trouver un moyen de régler ce problème de vol de nourriture à volatiles.

La campagne, c'est aussi une émission de *NCIS* ou de *Colombo* pour quadrupèdes.

It's quite a mystery sometimes, indeed!

Quiscales, sombreros et kimonos

Bertrando!

Suis-je un urbain ou pas? Je croyais que tes quiscales bronzés étaient les travailleurs mexicains qui viennent ramasser les fraises de Saint-Liguori, les pauvres.

Il y avait un côté « mezcal » pas déplaisant du tout au mot. Pas que je consomme des trucs hallucinogènes — à part *Lectodôme* dernièrement —, mais disons que j'ai roulé ma bosse et enfariné mes sinus, il fut un temps.

Mon premier emploi d'adulte a été caissier dans une banque. Après quatre ans passés en état de veille intellectuelle à brasser les millions de la famille Bronfman et à contempler les galeristes de la rue Sherbrooke qui blanchissent de l'argent comme Muriel Millard peint des clowns, c'est-à-dire sans gêne aucune et avec la complicité de l'institution financière, je décide de vivre un brin. Je plaque tout — la sécurité d'un emploi pourri, les ulcères garantis, les courbettes devant les nantis, la retraite en papier mâché —, je vais travailler comme serveur au *delicatessen* Ben's, le défunt roi du smoked-meat, puis la nuit chez un concurrent sur Sainte-Catherine et, enfin, dans un bar, La California. Là, j'en ai appris des choses. Par exemple, quand un client te demande «*man*, as-tu du papier à rouler?» tu ne réponds pas «oui, mais juste pour les vingt-cinq cents.»

Je gagne ma vie ailleurs [Hydro-Québec, restaurants, bref retour à la banque], puis je me retrouve barman au Lézard, rue Saint-Denis, propriété — officiellement — de deux... Colombiens. Tu comprendras que la marchandise *numero uno* de la place, ce n'est pas l'alcool. Mon premier client me laisse comme pourboire un petit papier plié qui renferme assez de poudre de perlimpinpin pour deux rails. Je l'ai foutu aux poubelles, je croyais que c'était son numéro de téléphone et je trouvais que le type avait l'air un peu négligé. C'était le dealer officiel de la place, un mec trrrrès occupé et au teint cadavérique. L'autre barman, Alain, s'est chargé de me mettre au courant avant de tout aspirer. Je n'ai pas tâté de la coke avant six bons mois.

Puis, je me suis laissé tenter par la neige d'intérieur. Je ne crois pas vraiment au concept «d'erreurs», dans ces cas de choix, car cela supposerait qu'il n'y a qu'une façon de bien faire les choses. Toutefois, je juge que j'ai alors perdu une quantité phénoménale de temps à cause de ce nouveau dada. À part des abcès dans la bouche — parce que je me rongeais frénétiquement l'intérieur des joues pendant que je cherchais une autre idée géniale qui s'évaporait pendant mon sommeil — je ne retiens rien de cette période: c'est comme mon enfance. Un trou gris où percent quelques éclats flous de souvenirs, des visages et, finalement pour la poudre, la sensation de bitume froid et mouillé contre ma peau. J'ai fait, me dit-on, une surdose, un Vendredi saint: je me rappelle du jour *because* je suis tombé trois fois. Une expérience christique ET psychotropique. J'ai été déglingué pendant huit jours et n'ai jamais retouché à la chose depuis. [Bon, d'accord, à une reprise quinze ans plus tard.]

La conclusion à tirer, c'est la suivante: je suis peut-être un type en pleine forme, je n'ai aucune résistance aux cochonneries chimiques, une cuillérée de sirop Benylin sans codéine me rend groggy pour la semaine, je m'évanouis après deux *tokes* de pot, une de haschisch. Je suis condamné à vivre une vie saine et j'imagine que la littérature est la non-substance qui me rapproche le plus efficacement du gouffre. De plus, je me suis rendu compte que sniffer, fumer, gober ne sont que des échappatoires à l'ennui qui me saisit quand je sens que je n'ai plus rien à apprendre d'une situation, quelle qu'elle soit. La littérature me passionne toujours, donc j'ai les sinus, les poumons et la cervelle libres.

J'ai dit plus tôt que *Lectodôme* figurait parmi mes expériences hallucinogènes, et je ne faisais pas seulement le smatte. De mon point de vue, dévorer ce livre, c'était comme me laisser emporter par les obsessions d'un frère écrivain — en fait, je me demande s'il ne s'agit pas d'une fixation de ta part que je résumerais par «une délimitation forcenée d'un territoire». La liste des auteurs qui font un *cameo* dans ce roman est pratiquement exhaustive, et tu multiplies par, quoi? cinq cents ma Danielle Roger de *Catastrophes*. Il y a quelque chose du ventilateur compulsif, chez toi — enfin, pour moi, constricteur avoué —, je veux dire, je suis baba devant ta force de projection et… d'aspiration. Saisir *Lectodôme* et se laisser prendre par son flux narratif, c'est comme une bernache qui rencontre un réacteur de Boeing. Whouf!

Il ne faut pas oublier non plus le regard extrêmement affûté que tu portes sur la vie quotidienne. Je crois qu'une des forces d'un bon roman, c'est le pouvoir de rendre l'ordinaire exceptionnel ou étrange, car, sans vouloir faire de l'ésotérisme à rabais, notre passage sur notre grand caillou est un satané mystère qui se résout par un *fade out* plus ou moins lent.

En fait, *Lectodôme* est un terrible vortex qu'il ne sert à rien de combattre. Il faut donc s'abandonner à son courant fou, voire plonger au cœur de sa spirale et profiter du voyage vers les abîmes de ton imaginaire.

D'ailleurs, apprivoiser ton écriture peut ressembler à tenter de comprendre Tokyo. J'irais même jusqu'à dire qu'il faut une satanée dose de volontarisme pour trouver à cette ville une quelconque profondeur, ce qui n'est pas le cas avec ton roman.

Je ne sais pas où se promenait Barthes avant d'écrire son *Empire des signes*, mais je le soupçonne d'avoir batifolé dans l'Edo moderne en chic compagnie ou dans les quartiers les plus riches en «phénomènes» proprement japonais. Mon impression après un mois d'errance dans ces ruelles et ces boulevards? Une catastrophe culturelle s'est abattue sur la ville. Les Tokyoïtes ont cette capacité de phagocyter les grands mouvements artistiques de l'Occident et de ne pas pousser plus loin l'aventure: ils rongent l'artefact de l'intérieur et ne laissent derrière eux qu'une coquille vide, comme des larves de guêpes qui éclosent à l'intérieur d'un puceron et se nourrissent de l'animal. La métropole est semée d'édifices anonymes, sans caractère, du genre Place Crémazie, hormis certains morceaux de bravoure architecturaux qui, en fait, ne semblent jouer qu'un rôle d'épices ou, soyons généreux, de joyaux sur un chapelet de grains en toc.

En fait, tout me semble vide de sens, et les quelques Japonais avec qui j'ai eu une conversation sont d'accord avec moi: ils ont adopté l'*American way of life* sans le comprendre vraiment, comme un abonné de Weight Watchers en rechute qui se mettrait au sumo en se disant qu'il est fait pour la chose, surtout si le prix à gagner est le port d'un maillot ridicule et une coupe de cheveux des années trente.

En fait, il y a eu un tsunami culturel au Japon, je sais que c'est de très mauvais goût comme image, mais je ne suis pas d'Outremont, alors pfft. Ils ont vraiment perdu la guerre en 1945 et, depuis, le déferlement de la culture états-unienne n'en finit plus de noyer l'identité japonaise. Toutefois, pour la propreté et le civisme, chapeau ! Les téléphones cellulaires doivent être éteints dans le métro, au gym, dans certains restos. La paix. Tu ne te retrouves pas avec un bavasseur qui s'imagine que, parce que son téléphone n'a pas de fil, il doit crier à tue-tête dans le pauvre appareil.

Oui, il y a un raffinement propre à cette métropole, mais la même chose peut être dite à propos de Montréal. Pas de Québec. Wouahhhh ! C'est une blague. Une certaine sophistication relaxe règne sur mon île natale, et le Montréalais typique adopte un style qui lui est personnel. Ici, il s'agit, me semble-t-il, de refléter ses lectures de magazines de mode ou sa consommation culturelle : l'hypercostume de manga, la madame Vogue, la Lady Gaga qui tangue sur des chaloupes — c'est Dominique Robert qui m'a fait remarquer que les femmes portent souvent des chaussures deux pointures trop grandes —, l'homme d'affaires quasiment corseté dans son complet, la fillette, le héros d'*anime* bâti sur un *frame* de chat et doté de cheveux hallucinants, etc. Rien qu'à les regarder, on sent que chacun fait partie d'une secte vestimentaire, des mormons de la guenille.

Le soir venu, ils se mettent à boire comme des éponges, et là, leur personnalité affleure à la surface brouillée de leur être. Brefs, ils sont comme des Torontois, mais avec du nerf.

O.K. Je vais marcher, me perdre dans la ville qui fond sous le soleil. Nous sommes dimanche : journée kimono, d'ailleurs, très amusante, passée à regarder les jeunes couples en tenue traditionnelle. Je me demande ce qu'ils lisent un jour sur sept.

La quiétude assumée (mais pas le quiétisme)

Cher Pierre marcheur,

Ce sont des Guatémaltèques qui s'occupent de la cueillette intensive d'asperges à Saint-Liguori. J'en ai vu un sortir du dépanneur du village avec une caisse de Coors Light. Je leur ai souhaité à quelques reprises une bonne journée dans mon espagnol d'autodidacte, «*Buenas tardes*»! Enfin, il était tard, cette fois-là, et ça s'appliquait. Il semblerait même que leur séjour ici se déroule fort bien. Il y a beaucoup de violences à Guatemala City, des kidnappings, alors sur les terres de Lanaudière, la quiétude doit leur apparaître un peu surréaliste. D'où leur sourire perpétuel (sans doute un trait culturel que je ne décode pas).

Cette quiétude assumée me fascine, ainsi que la tolérance compassée, l'indifférence aimante, bienveillante, l'entrain normal. Tout ce qu'un être humain peut ressentir quand il ne souffre pas, n'a pas de problèmes financiers, pas de préoccupations gênantes, lorsqu'il se met à constater qu'il est habité, parfois, par un bien-être égoïste, momentané et bénéfique, lorsqu'il comprend soudainement qu'il existe parmi les siens, tout à côté de la foule, avec une réalité relative qui le dépasse. Ce n'est pas ésotérique que de se poser des questions sur notre condition. Je ne parle pas non plus de «quiétisme», ce mouvement spirituel défendu par Fénelon et qui prônait une espèce d'attentisme passif, de cheminement vers Dieu sans effort conséquent. Quand tu écris «*car, sans vouloir faire de l'ésotérisme à rabais, notre passage sur notre grand caillou est un satané mystère qui se résout par un* fade out *plus ou moins lent*», je ne peux qu'abonder dans ton sens. D'une nature pessimiste ou fataliste, je me suis posé mille fois cette question : pourquoi, si le nihilisme est la réponse la plus adaptée à notre mystère, suis-je toutefois heureux, quiet, pendant de longs moments ? Pourquoi ai-je expérimenté à des milliers d'occasions, même plongé dans les pires atermoiements, cette espèce de quiétude, un peu bête, lénifiante même ? Pourquoi ai-je ressenti lors de ces moments ridiculement ordinaires une réponse vague à mes interrogations métaphysiques sombres ?

Si on ne met pas de nom là-dessus, tout ça reste foncièrement étrange, et c'est à cette enseigne que la littérature m'intéresse. Elle est bel et bien un laboratoire d'expériences humaines. On peut tout y tenter, sans doute même plus qu'au cinéma, parce que plus personne ne la croit subversive ou dangereuse.

La littérature est là, disponible comme un jouet pour hommes et femmes alphabétisés, éduqués, légèrement oisifs ou préoccupés par de vieux fantômes de gloire qui ne tiennent plus. C'est une belle pute pas trop chère, vraiment abordable, à qui on peut tout faire. Elle ne rechigne pas, elle s'en fout un peu, elle encaisse parce que c'est sa condition de «recevoir». On dit dans votre milieu «c'est un *bottom*», pour signifier que l'amant en question est plutôt passif, soumis, préférera sans doute recevoir que donner. Elle est bonne, la littérature, et on l'aime parce qu'elle nous permet tout.

Tu as été caissier de banque !

Comme le destin fait de drôles de détours! Ça m'intéresse beaucoup, les petits métiers que les écrivains ont déjà pratiqués. Je ne dis pas que caissier est un petit métier, on s'entend, ça demande du doigté, de la patience et beaucoup de contrôle de soi pour ne pas envoyer chier les clients ou pour se retenir de voler le contenu du coffre!

J'ai lu dans tes confidences de barman et de caissier une espèce de *Bildungsroman*, si tu veux, une histoire d'apprentissage.

Mon apprentissage de jeune homme, je l'ai fait dans les cuisines. À dix-neuf ans, j'ai trouvé un emploi comme garde-manger dans les cuisines de l'ancien restaurant La côte à Baron, entre Sherbrooke et Ontario, sur Saint-Denis. Là, un chef belge, d'ailleurs particulièrement ésotérique (il collectionnait tout ce qui touchait de près ou de loin aux ovnis), m'a tout appris sur le métier! Je ne suis pas devenu une armoire dans laquelle on conserve la nourriture, bien entendu, mais on m'a formé pour occuper ce poste dans la brigade classique d'une cuisine de resto. Le garde-manger s'occupe du froid, des mets froids. Il coupe les salades, prépare les entremets, dresse les assiettes de dessert, tranche les légumes pour le chaud.

Ce chef belge, bizarrement, m'avait engagé sans expérience, dans une équipe exclusivement formée de Vietnamiens ultrarapides. Dans toute ma naïveté, j'ai cru qu'on m'avait choisi pour occuper un emploi digne qui ne serait pas trop forçant. Erreur de ma part. Si le chef belge ésotérique m'avait engagé si rapidement, c'est que le Festival de jazz s'en venait à grands pas et qu'il lui fallait aux cuisines une bête de somme pour assurer la rapide cadence de confection des assiettes, allure bien propre à un bistro achalandé.

Nerveux comme un écureuil fou, mais sachant à l'occasion jouer au paternel, ce cuisinier a réussi à faire de moi un garde-manger potable, paniqué, angoissé, stressé comme cent cochons qui vont à l'abattoir, mais, au bout du compte, quand même fonctionnel.

Je voyais mes collègues vietnamiens courir partout dans le *walk-in* (frigo immense dans lequel on range tout), revenir, tripoter un ou deux aliments, puis servir leur œuvre en un temps record aux clients. J'avais des croûtes à manger. J'ai été le mauvais élève bien longtemps, celui qui traîne un peu, échappe des contenants, s'enfarge, panique devant une commande. Mais, petit à petit, je suis devenu un peu plus «homme», j'ai cessé de monter sur mes ergots pour un rien et, surtout vers la fin de mon séjour à cet endroit, j'ai appris à être «au-dessus de mes affaires». Une expression qui dit bien qu'on n'a plus le nez dans notre propre caca. Je ne te parle pas des métaphores scatologiques qui circulaient en cuisine. C'était la norme. L'atmosphère y était un peu militaire (le chef belge avait exercé son métier dans l'armée); camaraderie, taquinerie sur notre efficacité, bière après le service, fierté macho après avoir survécu à un *rush*.

Je présente cette aventure comme particulièrement formatrice, mais j'exagère un peu. J'ai plutôt paniqué tout du long. Ça ne faisait même pas un mois que je travaillais là, encore en profond apprentissage, que j'ai été noyé une première fois par une affluence «ésotérique» de clients pendant le Festival de jazz (ou était-ce le festival Juste pour rire, j'ai soudainement un doute, mais bon, c'était un festival fortement fréquenté). Je me souviens de l'extraordinaire bon de commande d'une tablée énorme. Les serveurs l'avait noté sur l'endos d'un gros poster du Festival, au marqueur Sharpie. J'ai d'abord eu envie de pleurer en voyant cette tâche herculéenne qui s'ajoutait déjà à tout ce qu'impliquait un *rush* de deux cents clients.

Je repense parfois à cet envers de poster quand j'ai une charge de travail déprimante à abattre.

J'ai retenu mes larmes devant la commande. Puis, j'ai regardé mes mains. Je me suis dit que je ne pouvais pas aller plus vite que mes appendices à dix doigts et que mon cerveau qui fumait. C'est là que j'ai appris à reproduire artificiellement ce moment de «quiétude simple», de «tolérance compassée», afin de venir à bout d'un obstacle organisationnel.

D'une certaine façon, c'est un peu là que j'ai compris que tous les mystères sont également des outils.

Haut les mains, la tolérance veut votre bien

Bertrand, 'stie!

Ça y est, tu me parles encore en latin. Tolérance compassée, indifférence bienveillante, entrain normal... *Quid est*? Je commence à te trouver franchement ésotérique, cher garde-manger littéraire, je crois que ta fréquentation des fraises de Saint-Liguori te trouble au plus haut point.

S'il y a une chose contre laquelle je me rebiffe depuis des années, c'est la tolérance. Je joins une lettre sur le sujet que j'ai écrite il y a plus de cinq ans, publiée dans l'hebdomadaire *Ici* en 2005, si ma mémoire est bonne. Je ne blogue pas, mais je crache par intermittence. Je dénote une mauvaise odeur de conditionnel dans ce truc, une épée de Damoclès suspendue au-dessus de la liberté d'être et d'aimer. Les gens qui me tolèrent, je les emmerde. Les Canadiens nous tolèrent, c'est-à-dire que, dans le meilleur des cas, ils nous méprisent. Tant que nous nous conduisons comme de doux agneaux, ils nous encaissent, sinon les menaces affleurent illico. Ou c'est Octobre 1970.

Quant aux différents avatars altruistes de l'indifférence, là, j'en reste bouché. Il y a quelque chose de contradictoire là-dedans, je ne vois pas comment je pourrais aimer une chose ou vouloir du bien à une personne qui me laissent indifférent. Je ne suis pas assez bouddhiste pour ça, j'imagine. Et ce benêt souriant enveloppé de Chiffons J, je le «tolère» comme un Jojo Savard moins les cheveux, mais pas plus.

Entrain normal. Par rapport à quoi et selon qui? Non, je suis trop sphinctérien pour y comprendre quoi que ce soit, l'antinomie est hors système solaire pour bibi. Plus loin, tu te demandes pourquoi, si le nihilisme est la réponse la plus adaptée à notre mystère, tu es toutefois heureux et quiet pendant de longs moments. À mon avis, il y a plusieurs explications possibles:

A. La désespérance n'est pas exempte de joies.

B. Le nihilisme n'est pas la bonne réponse.

C. Si tu es heureux et quiet pendant de longs moments, ça sous-entend que tu ne l'es pas la majorité du temps.

Perso, je vote pour A et B. Et je ne crois ni au bonheur ni à la quiétude. Je n'aurais pas dû me lancer sur ce sujet, c'est trop lourd à expliquer, j'en aurais pour au moins trois romans trop compliqués pour notre Fanfreluche et ses amis, et je m'emmerde rien qu'à y penser. Que faire? Effacer ces lignes? Hmmm.

En trois coups de cuiller à pot, disons que je considère que l'homme en fait beaucoup en se posant ces sempiternelles questions, tu sais, d'où venons-nous, que sommes-nous... gnangnangnan? Gauguin était sûrement un gros con. Nous sommes là, avec notre cerveau hyper réglé, convaincus d'être les maîtres de la Terre comme si c'était la chose la plus importante qui soit. Pendant ce temps-là, les rats et les cafards sont dodus, les ours polaires nous font un bras d'honneur, *adios amigos,* avec les tigres du Bengale et les geckos à queue feuillue. Notre force, c'est-à-dire ce questionnement incessant, cette analyse constante des événements, est aussi notre talon d'Achille. Si ça devient trop compliqué, désormais je dis merde avant d'enclencher le processus de réflexion, juste pour me garder du bon côté des choses.

Les Tokyoïtes, je le pressens, ont gardé contact avec cette quiétude que tu sembles chérir. Grâce à l'alcool, c'est évident : un Tokyoïte soûl est un Tokyoïte qui danse. Ce qui les rassérène, c'est — roulement de tambour — la famille et le renouement avec les coutumes ancestrales. Je les vois, le samedi et le dimanche, en kimonos traditionnels, tout aimants et relax, avec leurs enfants qui règnent en maîtres monstrueux sur leur univers et ceux qui gravitent autour.

Famille et traditions. La quiétude peut être un phénomène d'extrême droite, j'en suis convaincu. Un homme de gauche sensible est inquiet, il ne peut faire autrement, car il se méfie de tout, il suranalyse le moindre tic tac de l'horloge universelle. En attendant, mes voisins de Roppongi Hills [où se situe mon appartement] ont des chaussures trop grandes, des toilettes à geyser et du papier cul aux fruits des champs. Et nous, quelles sont nos névroses ? L'illusion que nous formons un peuple exceptionnel ? Que les Québécois sont progressistes ? [Oups, tremblement de terre pendant que je t'écris. Ou sensation qu'il y en a un, car quiconque en a connu un fait ensuite la somme des signes propres au séisme et s'imagine qu'il s'en produit un. Ex. : craquements de la structure, silence dans la rue et, aussitôt, l'estomac ressent un tangage. Réel ou non.]

Bref, à chaque peuple ses névroses. L'une des miennes tourne autour de ma pratique de la littérature, cette geisha encrée. Mais, moi, je la considère comme étant un top, en *full* contrôle des pauvres types qui se croient maîtres d'un monde. La littérature, elle sait tout. Elle joue la paresse, la langueur, elle fait la facile, mais elle ne prend pas n'importe qui comme clients, qui paient très cher la performance, surtout s'il s'agit d'une fréquentation assidue. Son prix, c'est la lucidité. C'est pour ça que nos télés et radios publiques désormais privatisées ne veulent pas d'émissions littéraires et leur préfèrent des entrevues de câmiques débiles : et si les mononcles et les matantes effoirés sur le *chesterfield* se mettaient à devenir lucides ? Tu crois qu'ils et elles voteraient toujours pour Harper, Charest, Marois, ADQ et autres ? [En passant, je ne parle pas de la lucidité tiers-mondiste de Lucien Bouchard et Cie, qui ont réussi à faire d'un mot honorable un slogan putassier.] La littérature, c'est la liberté au bout du nez, enfin c'est l'image qui me vient. C'est la naissance et la perpétuation de l'idée de liberté : peut-être est-ce plus juste ? Et elle m'obsède, je la fouille, je la tourne et retourne comme un cube de Rubik pour essayer de trouver la faille. Et quand je suis sur le point de câlicer la bébelle sur le mur avec l'espoir de la voir exploser en mille miettes, c'est signe que le roman est prêt.

Ton expérience de garde-manger me touche, car, au bout du compte, j'étais garde-*money*. [Je crois que tu t'es fait trop de mauvais sang pour ton *rush* en cuisine. Surtout si c'était pendant le festival Juste pourri : ces pauvres bougres avalent n'importe quoi, *anyway*.]

J'ai eu des madames richissimes du clan Bronfman qui ont pleuré devant moi parce que le monde ne les appelait que pour leur parler d'argent. À l'une, j'ai offert une solution béton : *Give it to me*. Elle n'a plus jamais braillé en ma présence, non, mais ! Je faisais une misère comme salaire et elle se plaignait, elle qui recevait un million *US* par mois en dividendes de Seagram.

Mes moments préférés étaient les hold-up. J'en ai eu quatre. Après chaque vol, ils fermaient la succursale pour le reste de la journée

[Vive les braquages matinaux!] et nous versaient 100 $ en comptant. Et puis, ça me donnait l'occasion de mieux connaître mon prochain selon ses réactions.

———

ENCADRÉ HOLD-UP

Il est huit heures et demie, un lundi matin. Les employés arrivent au compte-gouttes, pas contents, parce que c'est une grosse journée au Cavendish Mall avec les dépôts de nuit de la fin de semaine et les madames blasées du coin qui viennent retirer quarante piasses dès dix heures, en redéposer quinze à midi et en reprendre vingt juste avant la fermeture pour aller se faire peindre les ongles : ça nourrit une file d'attente, ça.

Je suis assis dans la cuisine des employés. Je relace mes chaussures fraîchement cirées, en compagnie de deux filles qui sirotent un café imbuvable. Drelin à la porte, une collègue demande l'accès. [Je suis le seul homme de la place à part le directeur, un Polonais antisémite, ce qui est vraiment le fun à Côte-Saint-Luc, et un autre caissier, blond, gay et dans le placard.]

Tout à coup, Helen, une anglophone en surpoids évident, lâche un grand cri, je dirais un *fa* très aigu et soutenu. Je me dis, ça y est, quelqu'un en a poussé une bonne, Helen a éclaté de rire et ne trouve pas encore l'endroit de sa partition où iodler son hilarité. Soudain, une voix grave tonne : *Shut up, bitch.* Helen se la ferme, et je juge que le directeur dépasse vraiment les bornes, cette fois, mais sans lui donner entièrement tort, car Helen n'est pas toujours agréable comme personne. Mais ça, c'est une autre histoire.

Bref, nous nous rendons compte, les deux filles et moi, que nous baignons au beau milieu d'un hold-up — à la mitraillette, apprendrai-je — et que nous sommes pris dans la cuisine. Que faire? Aller aux renseignements? *Duh.* Fermer et verrouiller la porte? Pas fort, surtout s'ils sont armés, ce qu'ils sont toujours. S'échapper par la sortie de secours? Alors, notre fuite déclenchera l'alarme de feu, et là, ça pourrait saigner et, dans ce cas, nous en aurons lourd sur la conscience. Nous restons donc dans la cuisine, et voilà comment nous réagissons:

Moi, je continue à lacer mes chaussures, très lentement, comme s'il était d'une importance cruciale que je ne me trompe pas d'œillet. Une des filles, assez ronde, tente de se cacher dans un casier à peine assez profond pour contenir ses seuls vêtements et elle me demande, dans un souffle, de l'aider à fermer la porte. *Yeah, right.* L'autre se lève, saisit son sac à main, le fout dans l'évier et actionne l'eau. Comme s'il renfermait une bombe, va savoir. Je la questionne du regard, et elle semble me répondre: Je le sais-tu, pourquoi je fais une connerie pareille?

Les témoins visuels m'ont relaté la scène: un braqueur saisit une superviseure, lui plaque le canon de sa mitraillette sur le front et lui ordonne de lui donner les deux combinaisons du coffre sous peine de se faire sérieusement aérer le cervelet. [Ma traduction de *Give me the combs or I blow your fucking brains out.*] Elle n'en connaît qu'une, tout le monde le sait sauf les intrus, personne n'ose parler et attirer une attention non sollicitée, mais peu importe: la superviseure reste muette, bouche bée, paralysée par la frayeur. Sa réponse: elle urine dans son pantalon.

Au bout du compte, les connards étant entrés trop tôt, ils ont raté l'ouverture du coffre des dépôts de nuit et ils ressortent bredouilles. Aurait fallu que quelqu'un les renseigne, il me semble, sur l'art de bien planifier son travail.

J'ai reçu mon cent piasses pareil, même si je n'ai rien vu. La super-viseure en a eu deux cents, ce qui m'a fait dire : la prochaine fois, je me pisserai dessus.

Je n'ai pas de cœur.

———

Bon, j'ai encore perdu un temps et un espace remarquables avec mes histoires, je n'ai pas parlé de la visite de Dominique Robert à Tokyo [ça va venir, j'imagine], ni fait mon encadré Parano [*idem*]. Mais ce que tu écris me nourrit, m'inspire et me fait écrire des lignes et des lignes. Il y a pire comme reproche.

ANNEXE

La tolérance : lâchez les chiens !

Lors du débat d'août 1789 sur l'article 10[1] de la Déclaration des droits de l'homme, le pasteur Rabaut Saint-Étienne déclare : « Ce n'est pas la tolérance que je réclame, c'est la liberté. » Plus de deux siècles ont passé et la formule porte encore. Si, à l'époque, le député se portait à la défense de l'égalité entre les religions, il me plaît de croire qu'il approuverait d'entendre sa phrase détonner — et détoner, d'ailleurs — parmi les âneries actuelles autour de la *cause* homosexuelle.

Ma réflexion sur la situation des homosexuels en Occident, exacerbée par l'annonce de la tenue des *Gay Games* à Montréal, a récemment atteint un tel paroxysme que je m'empresse ici de la partager avec mon prochain.

---

1. Article 10 - Nul ne doit être inquiété pour ses opinions, même religieuses, pourvu que leur manifestation ne trouble pas l'ordre public établi par la loi.

On s'étonnera peut-être d'apprendre que, peu grégaire, la venue d'athlètes, sportifs, artistes et tutti quanti de la planète irisée me laisse parfaitement indifférent. De surcroît, ma sexualité ne dicte plus mon style de vie, et ma solidarité est acquise à tous les exploités, peu m'importent leurs exercices de copulation.

Toutefois, le discours de certains militants et hommes politiques, réjouis par la nouvelle, me fait grimacer. Quels arguments apportent-ils pour galvaniser l'enthousiasme de la population? Qu'il s'agit d'un événement sportif et artistique encourageant les activités tant physiques qu'intellectuelles? Non. Que les *Gay Games* font figure de dignes héritiers des Olympiques qui, à leurs débuts, réservaient une part de leur calendrier à des activités artistiques? Nenni. Que les drag-queens n'ont rien à envier aux meneuses de claque empomponnées? Que le dopage y cède la place à une saine compétition? Qu'il s'agit d'un événement communautaire que plusieurs Québécois gagneraient à imiter? *Niet! Niet! Niet!*

Quel argument nous sert-on? Que la présence de 250 000 homophiles laissera quelques centaines de millions de dollars dans les coffres de la Ville. Ainsi, j'ai vu un autre des très brillants ministres du PQ avancer que l'investissement d'un million en valait fièrement la chandelle. Nous y voici donc: la tolérance, ça rapporte. Vous détestez les homos, vous rêvez d'en tabasser un? Rongez votre frein, la poule est bien grasse et pond encore.

Cette stratégie débile a vu le jour il y a une dizaine d'années quand des génies de ma sous-communauté nous ont intimé l'ordre de barbouiller de rose les billets de banque qui nous passaient entre les mains, histoire de signifier au bon peuple que les homosexuels itou faisaient tourner la roue économique. À l'époque, je trouvais l'initiative puérile vu que ceux qu'on aspirait à convaincre étaient des imbéciles; aujourd'hui, je m'inquiète.

En invoquant la tolérance, attitude méprisable, et le profit, nos écervelés sur-américanisés et myopes nous concoctent un avenir plutôt sombre, merci. Car l'histoire illustre les caprices de la prospérité, et les jours difficiles, qui ne manqueront pas d'affluer, pourraient, en toute logique, sonner l'ouverture de la chasse. Advenant un krach, les homosexuels, dépouillés de leurs charmes économiques, devront-ils prendre le maquis, c'est-à-dire le placard? Après des décennies de réclamations égoïstes au cours desquelles les homosexuels vociférateurs auront tourné le dos aux autres démunis pour cogner à la porte des privilégiés, où seront nos alliés, s'il en reste? De poule aux œufs d'or à bouc émissaire il n'y aurait donc qu'un pas : l'économique? J'en ai bien peur.

Personnellement, j'adopterais le discours suivant : il y aura des *Gay Games* en 2006 ; cinq minutes de *lip-synch*, juché sur des talons aiguilles, valent facilement trois heures sur un terrain de golf ; on accueillera des milliers d'homosexuels, de lesbiennes, de toutes les cultures ; il y aura des excès, Dieu merci, comme dans toute manifestation humaine ; ceux que ça indispose, je les emmerde.

Mais je rêve.

Si les porte-parole — autoproclamés, d'ailleurs — de notre indéfinissable sous-groupe s'obstinent à traiter leurs contemporains en idiots, la récolte sera amère. Et la tolérance — dilution malodorante de la liberté et du respect — se croisera les bras dans les gradins quand les chiens seront lâchés.

Pierre Samson

Romancier

— Extrait du discours de Rabaut Saint-Étienne —

«Je réclame pour deux millions de citoyens utiles leurs droits de Français. Ce n'est pas la tolérance qu'ils demandent: c'est la liberté. La tolérance! le support! le pardon! la clémence! idées souverainement injustes envers les dissidents, tant il est vrai que la différence de religion, que la différence d'opinion n'est pas un crime. La tolérance! je demande qu'il soit proscrit à son tour, et il le sera, ce mot injuste qui ne nous présente que comme des citoyens dignes de pitié, comme des coupables auxquels on pardonne[1]!»

---

1. Extrait du discours du pasteur Rabaut Saint-Étienne prononcé à l'Assemblée constituante de 1789.

La tolérance est la note de passage sociale

Cher Pierre Rabaut Saint-Étienne,

Ton papier sur la tolérance m'a secoué !

Ce matin, je n'ai pas envie de me laisser couler dans mon for intérieur, parce que tu me demandes, implicitement, de sortir de là, de confronter ma pensée, ma plume, à la réalité, à la concrétude de notre rapport au monde. Ça me fait violence, car j'aime bien le confort de la philosophie approximative, de l'image un peu libre, du trait littéraire laissé là, sans explication, sur la page, belle fiente d'ambiguïté sortie tout droit de mon esprit et soulagement pervers de mon entendement retors et pas toujours clair.

Je te l'accorde, je peux être diffus. Mais je ne suis jamais gratuit.

Si je trouve une image qui me convient ou un lien entre deux mots qui me fascine, c'est que j'y ai pensé avant, plus que moins. Je suis un professionnel de la réécriture, et même si plusieurs scories subsistent dans mes manuscrits, détails que l'on ne voit plus mais qui sautent hors de la page au moment de la révision des épreuves (ce qui m'est arrivé avec tous mes livres, incluant mon dernier roman), il y a de ces mariages rhétoriques entre deux termes que je ne saurais annuler.

En te lançant ces jumelages de mots, j'essayais de justifier cette belle dose de bonheur qui nous tombe parfois dessus. Je revendique le bonheur des gens intelligents, non pas que je sois si intelligent que ça, mais je ne me considère pas comme un idiot et je ne suis pas d'accord avec une certaine posture intellectuelle qui n'accorde le bonheur qu'aux «imbéciles heureux». Ce point de vue philosophique m'indispose. Tout le monde peut être heureux à divers degrés. Pas seulement par insouciance, inconscience ou imbécillité profonde, mais aussi par méditation, quiétude simple, tolérance compassée, indifférence aimante, bienveillante, ou entrain normal. En fait, ce que je tentais de décrire sont les états pendant lesquels nous faisons «un» avec le monde, pour le meilleur ou pour le pire, sans souci de bonne conduite, de vertu communautaire, d'amour véritable ni de travail sur soi. Il n'y a pas que l'amour, la justice sociale, le désir, le sexe qui rendent la vie intéressante. Une multitude d'états ordinaires, de moments que l'on ne mentionne pas, que l'on ne valorise pas nous permettent d'éprouver un peu de plaisir métaphysique dans notre quotidien le plus trivial.

On ne triche pas dans le cadre de cette correspondance, et je suis bien d'accord avec toi au sujet des exigences de la liberté. La liberté ne tolère pas la mollesse, le laisser-aller, la bouderie, le temps d'arrêt. La liberté n'admet que la révolution perpétuelle. C'est un sport follement exigeant, qui demande une dose d'engagement hors du commun. Laissons les forces progressistes du changement au repos, et les herbes puantes de la morale passéiste et du conservatisme attardé repoussent partout. Laissons les forces progressistes du changement dans le garage, et on verra réapparaître le mot «royal» dans les documents administratifs fédéraux, on assistera à la défense des privilèges des riches et à la renaissance des principes seigneuriaux et de la sympathique oligarchie des nantis.

En politique, le relâchement n'est pas une option stratégique intelligente ni recommandée. Mais un instant, deux secondes, suis-je un traître à la nation et à mes amis progressistes si je me contente de voter et de me plaindre par roman interposé, Twitter ou Facebook? J'en fais peu, mais si j'encourage modérément ceux qui en font beaucoup, est-ce que ça fait de moi un poltron débile, un sépulcre blanchi, une Castafiore du cynisme dangereux? Voyons!

Oui, la désespérance est une très bonne amie, qui visite sans frapper, sans sonner, aux moments les moins prévisibles; non, le nihilisme, personne ne peut l'appuyer sincèrement qui ne se suicide pas, je l'admets. Je veux dire, est-ce si superficiel que ça, le nihilisme, comme conclusion à mon examen épistémologique de la vie en général? Rien ne se perd, rien ne se crée, alors le néant règne. L'homéostasie est ainsi de la matière noire qui entoure la lumière et nous empêche de comprendre que tout ce que nous entreprenons sera détruit pour être recyclé. Éternel cycle. Les bactéries ont existé avant même que l'oxygène envahisse notre atmosphère et que les êtres pluricellulaires se mettent à proliférer. Les bactéries nous survivront. Pour le moment, elles vivent en communautarisme avec nous, dans nos corps. Nous portons ainsi notre propre néant. Je ne sais trop, je suis peut-être en train de confondre des concepts philosophiques, je brandis peut-être le «nihilisme» en pensant plutôt à un équilibre stoïque, à une espèce de détachement bénéfique des bonheurs terrestres, quelque chose comme un mysticisme humaniste, sans au-delà?

Tu m'écris: «Quant aux différents avatars altruistes de l'indifférence, là, j'en reste bouché. Il y a quelque chose de contradictoire là-dedans, je ne vois pas comment je pourrais aimer une chose, vouloir du bien à une personne qui me laissent indifférent. Je ne suis pas assez bouddhiste pour ça, j'imagine.»

Je crois qu'il faut apprendre à apprécier ces moments où l'indifférence bienveillante vient nous soulager de nos angoisses momentanées, de nos peurs ridicules ou de nos colères trop nombreuses. Aimer les autres est un principe trop fort, un don de soi trop demandant, trop risqué, trop artificiel, trop difficile à mettre en pratique continuellement dans nos vies de tous les jours. Le sacrifice continuel que cela exige n'est pas compatible avec, justement, mon désir effréné de liberté. Greffons donc une dose de sérénité concupiscente à des sentiments impurs, des sensations plates, des demi-engagements et de molles passions!

La quiétude simple, c'est apprendre à tolérer ce qu'on a, ce qu'on nous offre, mais en sachant bien qu'il serait tout à fait possible d'obtenir davantage si on se battait, si on revendiquait encore plus, si on se relevait les manches dès maintenant.

Je n'essaie pas de rivaliser avec le constat que faisait Denys Arcand dans son film *Le confort et l'indifférence* ni de remettre à la mode une chanson optimiste comme *C'est beau la vie* de Jean Ferrat.

J'essaie seulement de dire: «Criss, j'peux-tu dire que j'suis heureux, parfois, pas nécessairement pour des raisons vertueuses ni un surplus de vivacité d'esprit ou de réalisation sociale ou personnelle, mais parce que j'accepte de vivre le moment présent en prenant tout ce qu'il représente et en m'en satisfaisant, égoïstement, à tout le moins quelques minutes?»

La tolérance, c'est toujours une lutte impitoyable. Ce l'était au XVIIIe, ce l'est encore au XXIe. Mais, sans elle, sans cette note de passage sociale, cette soupape fragile, sans cette tolérance, qui contient autant de mépris que de retenue et de quant-à-soi, on ne peut rien établir de progressiste ni de foncièrement neuf.

Je ne crois pas aux motivations désintéressées des hommes. L'amour n'est pas un sentiment, c'est un talent très rare, une figurine de porcelaine dans une galette des Rois. Les élus de l'amour ont des dispositions d'esprit exceptionnelles. Jack Layton était sans aucun doute un homme que l'amour préoccupait sincèrement. Mais les hommes du commun préfèrent les rapports de force. En général, c'est ce qui détermine tout.

Alors bricolons-nous donc une forme de quiétude non imbécile, avec tous les matériaux ordinaires, sans vertu, mixtes, plats, banals de notre rapport au monde. Ce sera plus facile, ainsi, de sortir de l'impasse de la désespérance tout en évitant de devenir un imbécile heureux.

Après avoir lu ton segment sur le hold-up de banque, avoir pissé de rire et avoir vu le film de l'événement (entre Denis Côté et Buster Keaton), je me suis dit que ça ne servait à rien de fouiller dans mes souvenirs de garde-manger : ton anecdote *upstage* tout ce que je pourrais trouver. Mais j'ai déniché cette chronique non publiée pour renchérir sur le comique de situation.

ENTREVUE LIBRE AVEC DES DANSEUSES NUES À BALTIMOREOU LE BONHEUR PERVERS DE SE FAIRE ESCROQUER ÉHONTÉMENT

Contrairement à certains d'entre vous, j'ai accepté ma crétinerie. Je la cajole parfois. J'aime bizarrement quand l'on cherche à m'exploiter, je me laisse faire, je vous anticipe souvent, je vous devine à d'autres moments trop tardivement, mais j'aime que vous cherchiez à me soutirer toujours un peu plus de dignité, toujours un peu plus d'argent, toujours un peu plus de confort social. Je fais semblant, pour le plaisir. Je m'adapte à la folie générale.

Baltimore. Maryland. J'y débarque à la fin août 2009 dans le but d'effectuer quelques repérages pour mon prochain roman. Entre Washington et Philadelphie, sur la baie de Chesapeake, Baltimore est un peu la sœur abandonnée des grandes villes américaines. En ce qui me concerne, elle a toujours été la ville de Poe et de John Waters. J'y suis d'ailleurs venu chercher des traces de ce dernier, des personnages de ses films, des lieux mis en valeur dans son cinéma kitsch. Devant l'immensité de la ville, je reste déboussolé.

Mais c'était sans compter l'existence du bar topless The Goddess, situé au coin de Lombard et Eutaw, quelques rues au nord du stade des Orioles. Tout près de l'endroit où Poe a été retrouvé, en 1849, ivre mort et battu. Je m'approche. Je crois d'abord qu'il s'agit d'un pub irlandais, considérant les boiseries extérieures et les immenses pots de fleurs à l'entrée. Je constate que je me suis trompé. Il est environ trois heures de l'après-midi. Je retourne à mon hôtel (ancien YMCA), le Mount Vernon, sur la rue Franklin. Je prends une douche. Je me vêts proprement. Je ressemble à un touriste habillé de noir. Je suis une proie en or. J'ai mon costume de naïf, ma patine de séducteur de quatre sous. Je ressemble à un acteur de film noir qui se serait perdu dans le vortex de la mode des années 90. Le tour de passe-passe est réussi. Je suis prêt.

Après un repas dont je ne garde aucun souvenir, je me retrouve devant le *club*. La musique est étouffée, la noirceur pénétrante. Il est environ 21 h 30. Je m'assois au bar. Le comptoir forme un *u*. Au centre de cette lettre, il y a un îlot à spiritueux, qui est en fait aussi une table, solide, sur laquelle se dandine une jeune femme dans la vingtaine. C'est la scène. Les danseuses, dans ce bar, se produisent sur un *stage* central, encastré dans le comptoir du bar. Bref, le décor se résume à quelques chaises capitonnées, des tables, des isoloirs pour les danses contact et un bar, centre d'attraction complet incluant le tréteau à corps sexués et la vente d'alcool. La conception du lieu m'amuse. Bien entendu, cette scène étroite ne permet pas toutes les poses osées auxquelles nos merveilleuses danseuses montréalaises m'ont accoutumé. Je reste sur mes gardes. Je veux encore comprendre.

La barmaid russe à l'œil filou m'aborde. Je prends un premier verre. Je la drague, par réflexe. De l'autre côté du *u*, devant moi, un client obèse, partisan des Orioles, discute avec la fille qui vient tout juste de s'acquitter de sa corvée de danse. L'atmosphère est artificielle. Tout le monde le comprend, mais tout le monde fait semblant.

J'envisage sérieusement la probabilité que ce bar ait été conçu pour les amateurs de mollets, d'escarpins sexy et de chevilles érotiques. Puisque la fille danse debout, devant nous, au centre du bar, notre regard capte surtout la zone du bas de son corps, à partir des genoux. En tant que clients, nous sommes en quelque sorte transformés en Lilliputiens, en nourrissons grimpant aux jambes de leurs toutes jeunes mères. Je saisis mieux le concept quand la fille qui vient alors tout juste de terminer son numéro se met à marcher sur le bar, allant de client en client pour recueillir des encouragements pécuniaires. Chaque danseuse procède de la même manière. Elle fait reluire devant nos yeux ses souliers en plexiglas, se penche légèrement vers nous, puis nous tend le côté de son slip ou de son string. À ce signal, nous devons glisser de l'argent sous la cordelette qui délimite ses fesses. Après consultation, on me suggère de laisser au plus cinq dollars dans la culotte ainsi offerte.

Je paye plusieurs *shooters* à la barmaid russe aux yeux de renard, puis me rends compte qu'elle me facture la bière à un prix raisonnable, mais qu'elle exige trente dollars pour son *shooter* ou pour n'importe quel autre *drink* que je commande aux filles avec qui je discute. Je bois une bière, ça me coûte dix dollars; je paye n'importe quoi aux filles, ça me coûte trente dollars.

L'attirail de pitié séductrice que mettent en branle les danseuses nues pour détendre nos sphincters à monnaie relève d'un art consommé de la courtisanerie contemporaine. Bref, elles nous exploitent avec une sophistication qui prend des airs de candeur; ce sont des professionnelles.

Plusieurs danseuses sont venues récolter à tour de rôle leurs trente dollars de boisson, en me consacrant, en moyenne, dix minutes chacune, moi, discourant sans cesse dans un anglais de garage, leur posant des questions sur leur vie à Baltimore, leurs études, leur demandant si elles ont croisé un jour John Waters, cherchant à connaître leurs intérêts, leur offrant gratuitement mon haleine de Bibendum. Je suis arrivé avec deux cents dollars américains dans mes poches. Je n'ai plus rien à minuit dix. Vers minuit trente, complètement bourré, je sors du bar, frénétique, à la recherche d'un guichet automatique, que je trouve finalement dans un hôtel attenant. Je retire un autre deux cents dollars *US*. Je reviens au bar. Exalté, excité par cette exploitation éhontée, presque drogué par cette attention artificielle. Je suis bêtement heureux de caresser plusieurs tailles fines, de presser des genoux, de saisir des doigts, de frotter des joues, de passer ma main sur des cuisses chaudes, dociles, tout en cherchant à décoder subrepticement, entre les divers mensonges, le caractère réel des jeunes femmes typiques de Baltimore.

Les confessions se succèdent, sans trop de surprises, jusqu'à ce qu'une danseuse me confie avoir rencontré John Waters dans un dépanneur.

Celui-ci, discret, aurait sorti de sa poche une photo promotionnelle qu'il lui aurait subito presto dédicacée. Je veux tellement croire cette jeune femme...

L'apex de ma soirée survient lorsque je rencontre une jolie Cubaine qui me montre longuement sur son iPhone une vidéo d'elle et de son frère en *bicitaxi* dans les rues d'Holguín. Ayant visité l'endroit en 2004, je me mets à relater sans gêne mes souvenirs de séjour. La conversation prend alors un tour moins figé, plus naturel. À un tel point qu'elle m'invite, attendrie, avec des airs de starlette cochonne, le lendemain, à midi pile dans un restaurant hyper chic du port. Je lui fais part de mes appréhensions quant à sa sincérité, elle me répond tout de suite qu'elle est très sérieuse et que, pour me le prouver, elle va m'envoyer un courriel, là, devant moi, avec son iPhone. Ce qu'elle fait. Ce n'est d'aucune façon un argument recevable, mais sa brume sophistique a perpétré son méfait. Elle m'a séduit.

Le lendemain, dégrisé, détroussé de quatre cents dollars, je me suis bien entendu présenté au rendez-vous à l'heure convenue. Mais seule une mouche agaçante qui persistait à vouloir atterrir dans mon sauternes m'a tenu compagnie. C'est en croquant dans un excellent burger de crabe que j'ai constaté qu'il n'y a que ce type de rapport d'exploitation éhonté qui rend les échanges humains aventureux. Sans tromperie sauvage, nous baignerions constamment dans l'effroyable illusion que les autres nous considèrent vraiment, au-delà de leurs propres intérêts.

Lettre sur lettre, suivi de La grande visite

———

ENCADRÉ « FAUSSE LETTRE »

Cher Écureuil-à-fraises,

Tes lettres me troublent grandement, comme qui dirait. J'essaie de les comprendre, j'y parviens en grande partie puis, patatras, je dois déclarer forfait. Dans la part malfaisante de mon for intérieur — et je crois que nous en possédons tous une, comme des pommes ont des cellules amères nichées dans un tas de fructose —, certains passages de tes missives sont automatiquement classés dans la catégorie «Nébulosité croissante», comme nous l'entendons souvent pendant un bulletin météo. Je me demande, alors, à quel moment une nébulosité cesse de croître, je veux dire, existe-t-il vraiment un ciel saturé de nuages et, si oui, comment se fait-il que la voûte ennuagée soit toujours différente, et ce, de seconde en seconde? C'est comme les «accidents de la circulation»: en vérité, ce sont des conclusions parfaitement logiques à des conditions particulières jumelées à des maladresses. Excès de vitesse + chaussée glissante + courbe x arbre = gueule cassée. Je ne vois pas l'accident là-dedans.

Pour en revenir à toi, ce qui ne veut pas dire que tu sois un accident, tes paroles me dépaysent, ce qui n'est pas une chose facile à accomplir dans mon cas : je ne me sens chez moi nulle part, donc mon pays est le NoWhereLand. J'habite une contrée dématérialisée.

Pour moi, « nébulosité croissante », c'est ce que le recoin acide de mon esprit qualifie d'approximatif dans tes propos. S'ensuit le clignotement furieux de mes circuits qui pondent au final la seule réplique prévue dans le cas d'un *rush* d'informations de cette catégorie : *Enter Password. Enter Password. Enter Your Fucking Password.*

Mon cerveau refuse de traiter des données comme « philosophie approximative », « quiétude simple », « vertu communautaire », « états ordinaires », etc. Il tilte. Surtout quand il repère le mot « tolérance ». Dès son apparition, le coupe-feu se déploie. Le système se met en mode veille, le temps de néantiser au laser les termes qui l'incommodent.

Je crains, Écureuil, que je ne sois trop prosaïque pour y comprendre quoi que ce soit. Je ne crois ni en Dieu, ni au bonheur, ni à l'amour, ni à la pure bonté ; mais je chéris cette soif que nous ressentons pour ces idées de pureté. En vérité, en vérité je te le dis, un homme doit être dupe et conscient de l'être s'il veut supporter ce passage sur terre sans faire chier son entourage.

Donc, je pulvérise cet influx d'informations trop ésotériques à mon goût, j'admets n'y rien comprendre, je fais un *mea culpa* d'impénitent hypocrite et je passe à un autre sujet, non sans t'accorder que, quelque part, caché dans le ventre d'une des milliards de mes puces informatisées, un cœur bat un peu plus fort, un brin plus vite quand je tente de te décoder, il hésite, puis, *bzzzt,* disparaît en lâchant un nuage minuscule.

Signé : Coucou d'horloge

———

Je craignais le pire du pire à mesure que la visite de Dominique Robert, poète, romancière, redoutable essayiste en puissance et amie, se rapprochait. Pas de sa part. De la mienne.

Moi être gros bloc de granit. Pas vouloir changer habitudes. Vieux garçon, version moune, c'est-à-dire le gym en plus.

Puis, non. Ça s'est remarquablement bien passé. Bon, d'accord, j'aurais dû faire des exercices d'assouplissement quelques jours avant le jour D, mais, pour dire vrai, j'ai mieux que survécu : j'ai grandi.

Car, permets-moi de te dire que nous sommes deux personnalités franchement différentes : Dominique, c'est la fille hyperorganisée avec une liste de sites à visiter — normal, vu son séjour d'à peine treize jours. Moi, je ne planifie rien à part la routine quotidienne et un vague projet de journée.

Dominique ne marche pas : elle laisse le trottoir glisser sous ses pieds sur un rythme remarquablement lent, puis elle s'arrête, réfléchit à ce qui lui est passé devant les yeux, fouille dans son sac, saisit son appareil-photo, le tripote un petit peu, vise, prend la photo, une autre, ah, puis une petite dernière pour le fun, remise l'appareil, lâche un soupir et, un sourire radieux imprimé sur les lèvres, vient me rejoindre qui patiente huit cents pas plus loin ; tu l'as deviné, je suis le *Shinkansen,* le TGV en plein centre-ville. Zoom vers le point A, shazam jusqu'au point B, vavavoum direction C, et ainsi de suite.

Le soir tombé, Dominique s'installe sur le balcon et elle dresse une liste d'exploits à accomplir le lendemain, de véritables travaux d'Héraclès que, le lendemain, elle ne parviendra jamais à accomplir avant 20 heures ; moi, si j'en ai une, de liste, je la règle avant le lunch.

Dominique se couche quand ses jolies paupières sont lourdes comme des rideaux de plomb ; moi, c'est dodo à 21 heures parce que je dois, IL LE FAUT, me lever à 5 h 30.

Enfin, tu saisis le danger, non ?

Au début, j'ai cru craquer, faire une Agatha Christie de moi, genre prendre le train et le bateau pour, je ne sais pas, Okinawa et, une fois retrouvé par la police nationale en état d'alerte maximale, prétexter une amnésie mystérieuse. Hein ? Dominique Qui ? Inquiète ?

Mais je me suis raisonné. Parce que, en plus de ses qualités humaines, la fille est brillante et elle sait regarder les choses. Moi, j'absorbe, point. Je dois être un bloc spongieux, en fait.

Alors, nous nous sommes promenés. Nous avons déambulé dans le vrai sens du mot. Et discuté. Dominique n'a peut-être apporté qu'une petite valise de vêtements et un sac à dos assez grand pour son ordinateur portable, la fille a du bagage dans la tête pour une croisière autour du monde.

Quelle joie de réfléchir à voix haute sur ce qui se déroule devant soi et d'avoir à portée de sourire une personne sensible et généreuse qui, si elle le voulait, pourrait terrasser chacun de vos arguments avec une phrase lestée de mille lectures. Non. Dominique discute comme elle marche : en laissant le temps au sujet — ou à l'idée — de respirer. Peut-être se dit-elle, hum, le patient n'est pas fort, mais elle lui prodigue les meilleurs soins et trouve moyen de lui procurer un sursis honorable.

Mon amie enrichit les choses et les êtres.

Mais, parfois, elle se choque. Et là, c'est fantastiquement fantastique. Je lui reconnais ce point en commun avec moi. Dominique n'est pas une tiède. Elle n'est pas dupe pour une miette, et sa franchise, sa droiture lui ont joué de sales tours au Québec. Ainsi, les cliquettes de festivaleux littéraires sans bon sens qui s'échangent des steppettes en compagnie de bruiteurs épileptiques lui ont tourné le dos. [P.-S. avant la fin : je ne parle pas de toi. Elle a assisté à *Veuillez signaler un poème* et a adoré, A-DO-RÉ sa soirée.]

Dominique frappe juste, sans hargne, de façon presque clinique avec un pouvoir de pénétration intellectuelle redoutable. Son esprit tranche comme un scalpel manié avec assurance. Zip. Pas de cruauté, elle fend, écarte la plaie, expose le bubon, le définit succinctement et, pour elle seule, l'extrait et le dépose dans un bocal de formol pour observation ultérieure si quelqu'un est intéressé. Mais au Québec, personne ne veut voir les bubons extraits de nos entrailles bénies, alors la D^{re} Robert est en punition perpétuelle, reléguée à un pavillon obscur de l'asile national où somnolent, édentées et marmottantes, nos obsessions séculaires.

Alors, j'ai grandi. J'espère que je lui ai apporté en retour quelque chose qu'elle n'avait pas. J'ai bien peur que ce soit une candeur intellectuelle dont je ne suis pas très fier, comme des propos de bambins de cinq ans que certains adultes trouvent rafraîchissants. Une sagesse accidentelle et illusoire. Dans le laboratoire des idées, je suis un Glade aux petits fruits des champs qui parfume légèrement l'atmosphère entre deux réflexions. Nous avons tous un complexe d'infériorité quelque part. Moi, il est là. Certaines personnes que je croise auraient intérêt à m'imiter, ça les rendrait moins pathétiques. [Tu veux des noms, hein ? Sèche.]

En attendant, Dominique est repartie avec un bout de Japon sur lequel elle travaille encore sûrement. Un Japon qui n'existe plus pour moi, sauf dans mes souvenirs. Et je me suis ennuyé d'elle. Depuis, je vais m'asseoir sur le balcon où, des heures durant, elle compulsait des guides touristiques, les coudes plantés sur un plan de Tokyo. Gitane au bec, elle préparait cette satanée liste qui — je le comprends maintenant — n'était que la rampe de lancement vers une exploration plus profonde et aimante de l'humain. Je la revois penchée sur le réseau de rues serpentines non identifiées et j'ai une boulette dans la gorge. Ce moment de douce tristesse terrasse le bougon solitaire qui menace de se réveiller en moi, ce grincheux qui, lui aussi, aime se perdre dans Tokyo, non pas pour approfondir son amour de l'autre à vitesse grand V, mais avec l'intention de se semer lui-même, de s'étourdir dans le magma grouillant de ses semblables, de tourner et retourner dans les ruelles, au point de faire fondre les points cardinaux dans son petit creuset cervical, puis de lever les yeux au ciel en espérant voir les nuages danser quand c'est sa tête, sa pauvre tête bourrée de bruits incessants, qui tournoie.

La poésie « nébuleuse », l'apparition de l'intelligence et Micheline Lanctôt

Cher Bonobo aux cuisses bondissantes,

Pas toi, non, Pierre, mon épistolier préféré, grand auteur, homme de conviction et pourfendeur patenté de tous les « obtus », « asséchés », « cassants hypocrites de notre société du spectacle permanent » !

Pas toi, non. Tu ne vas pas me servir l'argument de la « nébulosité croissante », du « pas clair », du « je refuse de pactiser avec l'inconnu » de mes contemporains poètes ! Nous sommes Batman et Robin et nous avons décidé d'enfiler nos capes de superhéros de la littérature pour défendre la dignité du jugement, la belle candeur de nos complexités d'hommes, l'expression de nos désirs sans détour ! Je t'accorde tout de suite le statut de Batman, tu es d'ailleurs beaucoup plus athlétique que moi, et, tel ce vengeur masqué, tu sillonnes la ville (selon ce que tu m'en écris) avec une célérité surnaturelle. Bref, tu cours, tu voles, tu écris sans pudeur tout ce que tu penses (honorant en cela la mémoire de Rousseau, de Sade et de Genet, pas les moindres), et tu viens me dire que je suis « nébuleux » parce que j'accole à certains mots des adjectifs qui ne sont pas dans le *Dictionnaire des cooccurrences* de Jacques Beauchesne ?

What the fuck ?

Je sens que je parle à la partie de toi-même qui mime l'anti-intellectualisme, qui se refuse (pour des raisons que j'ignore) à jouer le jeu du «allons plus loin, explorons encore plus les arcanes de la langue» quand, bizarrement, tes livres, ainsi que tes lettres, sont remplis de poésie!

C'est quoi ça, d'ailleurs, ce passage, si ce n'est pas de la poésie «nébuleuse»:

«Au point de faire fondre les points cardinaux dans son petit creuset cervical, puis de lever les yeux au ciel en espérant voir les nuages danser quand c'est sa tête, sa pauvre tête bourrée de bruits incessants, qui tournoie.»

J'y suis moi aussi dans le «creuset cervical» et je ne viens pas te peloter la noune littéraire en essayant de faire le finfinaud sur l'approximation de ce passage! L'adjectif «cervical» ne peut être utilisé qu'en lien avec le col de l'utérus ou les vertèbres du cou, mais j'ai bien compris que tu voulais parler du «cerveau», à moins que tu aies souhaité annoncer que tu as un utérus. Je serais prêt à le croire, parfois. Mais ne t'en fais pas, j'ai des ovaires gonflés, je suis un homme enceint en permanence, irritable, inconséquent, puéril et exigeant à la fois! Mon utérus est sans doute aussi bandé que mon pénis de chasse. Tiens, l'utérus bandé, j'aime ça. J'en ai rencontré des filles avec l'utérus bandé, d'une rigidité mentale exceptionnelle, vrai terrain de squash sur le mur duquel toutes les balles de ma conversation rebondissaient, invariablement.

Bon, je sais, tu prenais une pose théâtrale, tu as bien compris ce que je voulais dire et tu l'as reformulé en quelques mots moins «ésotériques». Je te l'accorde, c'est au romancier que tu t'adresses, nous écrivons pour être lus, en considérant que nous n'avons pas le temps de tomber dans l'introspection philosophique, que si ça arrive, ce ne sera que dans une portion congrue de notre correspondance, qu'il faut livrer de l'anecdote, des portraits, rester vifs et divertissants! Je n'ai rien contre ces diktats qui nous prémunissent contre l'ennui, d'ailleurs, et si ça fonctionne entre nous, épistolairement parlant, c'est que nous sommes des êtres humains qui abhorrons l'ennui, qu'il soit littéraire, social ou artistique.

Je crois qu'on a ça en commun : l'ennui, ça nous fait chier.

Mais tu es un écrivain, et pas une Fanfreluche, à ce que je sache! Tu n'es pas obligé de jouer le sketch d'un *Gala Juste pour pourrir* qui mettrait en scène un gars pas con qui rit de la «nébulosité» du discours des poètes! Maudite figure de Raôul Duguay qui a tant fait de mal à toute une cohorte de poètes contemporains qui méritaient, eux, d'être lus sérieusement! Câliçons les câlice de clichés du poète abscons à terre! Les discours des économistes, des comptables, les fêlés au cerveau scientifique sont *fucking* «nébuleux» par obligation, parce que la pratique de leur métier leur impose ce jargon professionnel délirant, mais nous, les poètes, nous ne sommes toujours qu'à deux doigts de la langue commune, qu'à deux ou trois tournures de pensée de la philosophie. Il suffit, en général, de réfléchir deux ou trois minutes autour d'une image pour dénouer l'apparente «nébulosité» de notre style. Je ne comprends pas tout, en poésie contemporaine, c'est effectivement bien ainsi, car qui pourrait se vanter de comprendre tout de la vie? Je saisis par ailleurs intuitivement ce qui se déroule dans le texte, je relis pour confirmer mes intuitions ou les démentir, je gobe des métaphores qui passent parfois de travers, mais j'en bâfre d'autres qui restent évocatrices tout en présentant un aspect, au premier abord, «nébuleux». Je sais que nous faisons dans les «variétés» littéraires en rédigeant cette correspondance qui nous défoule admirablement, mais là, c'était viser, selon moi, en dessous de la ceinture.

Les images hermétiques ne font pas de mal pourtant, les concepts philosophiques approximatifs ne créent pas un nuage de miasmes non plus. Dans tes livres d'une densité remarquable, tissés à même une langue riche et complexe, tu nous offres des moments de poésie multiples, de nombreuses réflexions, par personnages interposés (sur l'art d'écrire et la figure de l'écrivain, entre autres), tu pénètres sans gêne dans la «nébuleuse» (j'entends ici la formation stellaire) de la grande littérature, touffue, sapide, pleine table de victuailles grammaticales apprêtées avec soin, avec méticulosité, avec art et poésie. En cela, j'ai beaucoup aimé *Un garçon de compagnie*, le moins choral de tes livres, mais un de ceux où tu réfléchis le plus sur l'écriture.

Voici quelques superbes réflexions et passages qui émaillent *Un garçon de compagnie* :

«*La description des êtres humains est toujours incomplète, tout comme ce qui est parole est mensonge. Je crois que le seul souvenir est vrai, puisqu'il survit à l'objet, sans changer vraiment, et que la mémoire pure ne s'intéresse qu'à l'essence des choses*[1].»

«*J'ai cessé il y a longtemps de distinguer les intelligences selon les chairs et si je m'y abaisse à l'occasion, ce n'est que par souci d'extraire quelque moue entendue de mon interlocuteur. Les artistes sont des putains*[2].»

1. Pierre SAMSON. *Un garçon de compagnie*, Montréal, Les Herbes rouges, 1997, p. 115.

2. *Idem*, p. 145.

« *Il se sentit profondément maladroit. En fait il craignait le ridicule, comme tout garçon de son âge qui n'a pas encore appris que les plus grandes décisions d'une vie sont le fruit de l'abandon face à l'absurde*[1]. »

« *Je m'approchai en louvoyant, je suis attiré par les scènes que les passions m'offrent, je m'en repais et, petite pierre philosophale de chair, je les transmute en taches d'encre*[2]. » (C'est le personnage de l'écrivain qui s'exprime ici.)

Tiens, je vais t'appeler « petit Pierre philosopheux de chair », juste pour te bitcher un peu.

J'adore Micheline Lanctôt. Sincèrement, je suis un fan de peu d'artistes québécois, mais je voue un véritable culte à cette cinéaste d'exception, intelligente, courageuse, caustique, sans complaisance, qui nous offre des films durs, complexes, aux thèmes souvent tabous ou peu traités. Bon, tu vas me dire que son dernier film, *Pour l'amour de Dieu*, qui parle de l'amour entre religieux dans les années 60 au Québec, va sans doute ressembler à dix autres films qui mettent en vedette les perversions des hommes de Dieu. Mais je suis confiant, je sais d'instinct qu'elle va trouver un moyen d'éviter les clichés, de dévoiler un autre pan de la complexité des êtres humains. Micheline Lanctôt se bat contre la pensée unique, fustige la *political correctness* depuis ses débuts. Son œuvre n'a rien à envier à celle des plus grands réalisateurs européens, et sa présence dans les médias, un baume d'intelligence, me fait toujours le même effet.

---

1. *Idem*, p. 151.
2. *Idem*, p. 218.

Lanctôt, qui venait présenter son film, avant-hier, au talk-show de Pénélope McQuade (une fille follement sympathique, mais pas une intellectuelle), a pris place dans son fauteuil d'invitée, et j'ai eu tout de suite l'impression que l'intelligence venait d'apparaître, farouche, calme, souriante, intransigeante et belle, à la télévision. Assise à côté de Renée-Claude Brazeau, l'auteure de la télésérie *La galère* (pas mon genre, mais je respecte ses intentions dramatiques et son franc-parler), elle me faisait penser à une reine bourrue qui sait bien en quoi les êtres humains sont faits et ne s'en laisse jamais passer une.

Sur l'affaire Bertrand Cantat, sur les dérives du féminisme, sans jamais tomber dans le masculinisme, elle a dit des choses que je pensais, que beaucoup d'intellectuels pensent, mais qu'elle seule, foncièrement souveraine, porteuse d'une parole libre sans aucune affectation, digne et convaincante, trouve le moyen d'exprimer en ondes.

L'apparition de l'intelligence est une chose rare en télé. Non pas parce que les gens qui y sont convoqués sont épais (il y en a, je l'admets), mais parce que la majeure partie du temps, ils rangent leur outil à penser dans leur poche, ne sortent pas leur point de vue le plus virulent ou le plus radical, parce qu'ils ont peur de disconvenir à une règle tacite qui veut que, à la télé, il ne faut pas froisser madame Brossard ou monsieur Lepage, ne serait-ce que parce que c'est eux qui ont le porte-monnaie qui intéresse les publicitaires.

En général, si l'intelligence apparaît, c'est bien souvent dans un contexte humoristique, où on peut dire, quelques secondes plus tard, le contraire de ce que l'on vient d'affirmer pour gommer un peu cet affront aux idées reçues des payeurs de taxes qui soutiennent la société d'État.

De même, au Québec, on associe souvent l'hystérie ou le spectacle à la révélation de l'intelligence. Feu Courtemanche ou feu Falardeau, deux êtres remplis de convictions, ont usé mon cœur d'amant de la vérité en multipliant les gestes d'éclat et les sorties théâtrales.

Micheline Lanctôt ne fait pas ça. Elle dit posément ce qu'elle a à dire, sans flafla, énonce même des vérités difficiles, entre autres sur l'agressivité des mères, l'imbécillité du mythe de la bonne mère, sans passer à l'humour tout de suite après pour excuser son manque de tact médiatique.

La pensée unique est une prison sans barreaux, sans gardiens, totalement construite avec les matériaux de la liberté apparente.

Si je te respecte tant comme écrivain et épistolier, c'est que je sais que tu t'en méfies autant que moi et que Micheline Lanctôt.

Littérature, chirurgie et magie noire

Docteur Bertrand,

Non, ne t'inquiète pas, doux correspondant, mon silence relativement long n'a rien à voir avec un passage sur le billard ou une malédiction.

Si je ne t'ai pas répondu dare-dare, comme je l'ai fait la dernière fois, c'est que j'étais en état de choc. Pas parce que tu me tançais comme on le fait avec le méchant garnement qui a glissé son doigt sous la culotte de sa voisine Angèle à la faveur du jour déclinant dans une ruelle déserte du quartier Hochelaga, celle qui reliait — car elle n'est plus là — les rues Joliette et Aylwin.

Non.

Je suis entré en état de catatonie digne d'un neurasthénique giflé trois fois parce que tu m'as pris en défaut : je me suis servi d'un mot sans réfléchir suffisamment, emporté par l'excitation d'écrire, et ça a donné «creuset cervical», alors que j'aurais dû choisir cérébral, peut-être, voire osseux, ou tout simplement bazarder cette image-là pour en pondre une plus juste et, comme j'aime le dire, «qui chante», c'est-à-dire qui sonne mieux que bien. Ça m'apprendra à vouloir te battre sur la piste de course à obstacles de la correspondance.

You're the king! Toutefois, je dois avouer que c'était vachement excitant de me lâcher lousse et de peinturlurer des mots et des idées après avoir désarmé la garde. Résultat : un caca sans les fraises.

Je ne le ferai plus, du moins pas en habits d'écrivain.

J'ai considéré cette faiblesse comme impardonnable, je me suis racotillé sur moi-même comme une chenille blessée en me demandant si j'allais survivre. Puis, je me suis raisonné parce que, quand même, comme dirait Céline — la criarde, pas l'autre — *Take a kayak*! Ou un timbre de LSD, quelque chose.

Une chose est nette : je suis un herborubéolien, c'est-à-dire un membre de la secte fondée par les frères Hébert il y a plus de quarante ans. Pour nous, de cette tribu d'irréductibles muscasodomites — enculeurs de mouches — le mot est un katana : un sabre japonais tranchant vers le haut. Si tu gaffes, sors tes diachylons.

Ce que tu sembles me présenter comme approche poétique me fait plutôt penser au Noroît, qui publie de très bons recueils, notamment ceux d'Élise Turcotte, mais aussi des très faibles, surtout quand la spiritualité suinte de chaque putain de ligne. Au bout du compte, ce qu'il faudrait que le monde sache au Québec, c'est que le territoire littéraire de la Belle Province, comme les Parisiens s'obstinent à la désigner dans leurs articles débiles à notre propos, est divisé en bastions esthétiques comme philosophiques.

Pour moi, Les Herbes rouges représentent l'approche pratiquement clinique de la poésie et du roman. Les autres, moins ou pas du tout. La belle formule pour la belle formule qui vous ramollit la cervelle ne m'intéresse pas, le coquetel de mots fait en se croisant les doigts non plus, pas plus que les accidents vaguement prémédités : ça enlève du piquant à l'exercice, quand même. Un ordinateur peut faire ça les digitaux dans les circuits, il y a même des sites qui génèrent des titres de roman vendeurs.

De plus, j'irais jusqu'à affirmer que les poètes doivent être moins nébuleux que les romanciers, qui ont des pages et des pages de circonvolutions narratives à leur disposition pour rajuster le tir et asseoir d'aplomb l'axe focal. Ainsi, les œuvres d'André Roy et de Dominique Robert m'interpellent en *vingt yens*. C'est composé au scalpel, cette poésie-là, sa lecture n'est pas faite pour rêver, mais pour se réveiller. J'en ai plein mon casque de certaines personnes bien intentionnées qui évoquent le chargement d'émotions que la littérature leur livre à chaque lecture. J'ai déjà enguirlandé Françoise David de Québec solidaire à ce propos. Écrire, c'est d'abord et avant tout une entreprise intellectuelle. Lâchez-nous les jarrets avec vos émois de matante. C'est vrai, ils sont comme des chihuahuas qui ne lâchent pas prise avec leur braillage obligé.

Avant que j'oublie : c'est quoi ce hochet Raôul Duguay ? Tu t'ennuies des années 1970, en admettant que tu les aies connues ? Laisse ce brontosaure ruminer dans ses verts cantons, seuls quelques aficionados du batik l'écoutent encore et lui commandent un hymne national involontairement truculent [mais qui serait beaucoup moins drôle en Bavière en 1934, disons [1]].

Bref, un creuset cervical est une connerie, il faut que je l'admette et que je passe à autre chose. Micheline Lanctôt n'aurait jamais écrit un

---

1. *Ô Kébèk*
Kébèk c'est nous gens d'ici gens de cœur
Pays unique du nord de l'Amérique
Grand peuple uni sous le fleurdelisé
Nation qui fleurit et aspire au bonheur
(http://www.hymnenationalokebek.com/2011/06/paroles-de-la-version-longue.html)

truc pareil, c'est sûr. Moi itou, je l'aime bien, elle a du nerf et du souffle, sans oublier ce truc de plus en plus à la mode avec la population qui vieillit et son gourou Languirand : la résilience. Je n'irais pas jusqu'à la sanctifier, mais disons que je la respecte plus que la moyenne. Quand elle passe à la télé, c'est comme contempler un Shredded Wheat : un côté pur, un côté pute. Côté pur [la réalisatrice], le petit écran l'emmerde, elle le méprise, elle fait la promo de son film ou d'autre chose, elle encaisse son chèque, au revoir et merci. Côté pute [l'actrice], elle veut y aller, elle doit même râler si on ne l'invite pas quand, selon elle, vient son tour de faire une steppette sur un plateau.

Tu vas me dire que tout le monde est un Shredded Wheat et tu as raison, mais peu sont aussi savoureux que notre Micheline. D'ailleurs, je l'imagine au Japon, elle les ferait suer quelque chose de majeur avec ses interrogations incessantes : pourquoi vous faites ceci et pas cela ? Où est la logique de vos us et coutumes ? Pourquoi êtes-vous fous amoureux de vos petits chiens pomponnés et massés par des jolies filles en vitrine d'un spa canin ?

Elle rigolerait, Mimi, aux dépens de la réputation de délicatesse de la culture nippone en voyant un bonhomme se racler la gorge avant d'envoyer un gros crachat bien gras au pied d'une colonne, ou un autre qui expectore par le nez dans un lavabo. Et puis, il faudrait qu'elle aille vérifier leurs bobettes, parce que, franchement, si je me fie à mes rencontres et à mes visites au gym, qu'est-ce qu'ils ont tous à choisir des boxers pathétiques au magasin, des trucs indescriptibles ? Ce n'est quand même pas parce qu'ils ont un gros barda à leur confier, si tu vois ce que je veux dire.

De plus, les Tokyoïtes sont d'une grossièreté exemplaire dans certaines circonstances. Les cyclistes sont les meilleurs. Par masochisme, j'ai écouté le remplaçant de Renié Homer-Roy, le type des sports qui risque, comme ses collègues, de faire passer l'adjectif «idiot» du côté des pléonasmes s'il est accolé à «journaliste sportif de Radio-Canada». Il râlait contre les cyclistes de Montréal. Viens ici, mon petit chou, tu vas chialer pour quelque chose. Ils dévalent le trottoir comme des fous — en fait, des folles, car ce sont en majorité des femmes —, ils foncent dans le tas et vous jettent un de ces regards furibonds quand ils vous arrachent la moitié du coude en passant.

Toutefois, et peut-être que je me répète, ils sont d'une gentillesse hors-norme si vous leur adressez la parole avec un air de touriste déboussolé. Quand les femmes sont élégantes, la mâchoire vous en tombe à se décrocher : la peau de satin, les pommettes circonflexes, le maquillage top niveau, la jambe longue, la mise impeccable et sobre, la robe minimale. Et l'escarpin tue-peton. Et elles sont coquines avec les mâles occidentaux, peut-être parce que ceux-ci font preuve d'une galanterie inusitée au Japon.

Parfois, l'œil attrape un mec vraiment *hot*, aux traits délicats mais bien ciselés, habillé nickel et, comme l'a remarqué Dominique lors de sa visite, doté d'une voix à faire fondre ce qui reste de l'Antarctique. Mais tu dois te contenter d'assumer un rôle de simple spectateur du défilé, parce que la drague dans la rue, tu n'y penses même pas.

Coq-à-l'âne : Pourquoi écris-tu en Cambria ? T'es Gallois dans l'âme, comme Richard Burton ? Avant, je tapais en Palatino, parce que je trouvais ça joli, puis j'ai élu Times New Roman pour son caractère — c'est le cas de le dire — impersonnel : quand je me relis, je ne suis plus relié à ce que j'ai écrit par ce mince lien esthétique qui menace de me faire relâcher le stylo rouge. Imagine si j'écrivais à la plume dans un calepin.

Bon, j'arrête. Demain, madame Tabata vient faire semblant de faire le ménage. Car :

ENCADRÉ PARANO

J'ai un côté parano, je n'y peux rien. J'imagine que mon souci de la perfection doit en être tenu pour responsable. Ce n'est plus une surprise pour toi après ce que tu viens de lire. Donc, le premier mardi du mois marque la visite de la femme de ménage, madame Tabata. Je ne peux oublier son nom, il évoque celui de la fille de Samantha dans *Ma Sorcière bien-aimée*, une blondinette qui se servait de son index pour agiter son nez minuscule. Quelqu'un devrait pondre une thèse sur l'appendice nasal des sorcières télévisuelles et tracer un parallèle avec une partie plus secrète de l'anatomie féminine.

Revenons à Tabata-san. Je crois qu'elle est, en fait, une espionne à la solde de la Délégation sérénissime. Tu ne peux pas me blâmer de la suspecter d'être une Mata Hari nippone avec la liste de cossins dont je suis tenu criminellement responsable en cas de perte ou, pourquoi pas? d'usure. Elle vient faire son tour, passe l'aspirateur rapido, change mes draps, *that's it*. Toutefois, je la soupçonne de faire une inspection générale des lieux et de se rapporter au doge québécois ou à l'une de ses assistantes empressées.

Ouais, je vois la taupe à époussette qui transmet son rapport au cheuf, surtout que j'ai appris qu'elle passe également le torchon chez lui. Elle dirait probablement que c'est impec, là-dedans, *because* l'auteur a fait le ménage la veille, en vrai parano.

Toutefois, je lui ai joué un tour. Mouahhh! J'ai brûlé la cafetière, tu sais, une *macchinetta* italienne que tu visses avant de la crisser sur le feu. [P. 1 du document *Responsabilité*: Rubrique Cuisine, No 5. Cafetière espresso. Achetée au magasin Tokyu Hands.] Ici, je cuisine au gaz et je l'ai oubliée sur les flammes pendant que je niaisais sur Internet. Résultat : tout ce qui était en plastique avait fondu, et les composantes en métal étaient prêtes pour un décollage imminent. Je suis allé au magasin, en ai acheté une autre, mais deux fois plus grosse.

RAPPORT DE TABATA-SAN

OBJET : Le loser de Roppongi Hills

• L'appartement semble en bon ordre.

• Les draps étaient propres, comme si l'objet les avait déjà lavés. Traces graisseuses sur la table de chevet. Nous suspectons une activité sexuelle. D'après le garde en poste à l'entrée, le sujet a reçu la visite de quelques jeunes hommes très bien peignés, dont un en complet d'aluminium.

• Les articles de la liste *Humiliation* semblent intacts.

• Nous redoutons que notre spécimen se livre à une activité illicite du genre magie noire ou alchimie : la cafetière italienne est toujours là, mais elle a doublé de volume. Pour cette raison, je vous donne ma démission : l'énergumène est dangereux.

———

Sauf que je viens de péter le limonadier. Si je veux garder la pression, je devrai le remplacer par un derrick. [Ouf, il n'est nulle part sur le document. Ils ne sont pas fous : tu connais un artiste qui peut se passer d'un tire-bouchon, toi ?]

O.K. Je vais lire ton addenda. C'est pas juste, ça ! Je devrais pouvoir corriger mon « creuset cervical » et ça foutrait toute ta dernière lettre en miettes. Magie noire, je te dis !

Déambulation

Cher Bertrand plus vite que son ombre,

J'ai pris une décision agressive, si je peux dire : au lieu d'attendre ton prochain smash, je monte au filet. Si tu préfères la métaphore villeneuvienne, j'écrase la pédale et je tente de te doubler sur notre circuit épistolaire. Vrrroum ! *See you later, alligator* ! Je m'étais pourtant juré de ne pas écrire à la va-vite, mais la tentation est trop forte.

Je vais te raconter ma journée tokyoïte, un vrai itinéraire de touriste.

Je me lève tôt : la veille, l'Agence de météorologie japonaise a annoncé une belle journée. Pour une fois, elle a dit vrai. Je m'envoie derrière le gorgoton un petit-déjeuner rapide [baguette grillée et confitures sans sucre], je me douche, saisis mon appareil-photo *slash* caméra et, à neuf heures, je suis dans la rue. Un matin idéal, avec une petite idée de fraîcheur derrière le ciboulot solaire [oups, poésie ?], un vent modéré et ma cuisse étonnamment légère au vu de sa massivité.

Les appareils numériques ont les qualités de leurs défauts : si les clichés sont de moins en moins songés, préparés ou sciemment voulus parce que le prix est le même que vous en preniez trois ou sept cent douze, ils permettent de reconstituer aisément le trajet du touriste clic-cliquant jusqu'à l'épuisement des piles ou de ses propres batteries.

Je décide de me débarrasser d'une mission : grimper dans la Tour de Tokyo. J'abandonne derrière moi le complexe de riches qu'est Roppongi Hills et je rejoins la rue Gaien Higashi, tourne à droite et me laisse descendre tranquillement vers ladite tour, un hybride de madame Eiffel, pour la forme, et de la fusée de Tintin dans *On a marché sur la Lune*, pour les couleurs. Clic, première photo : une enseigne du magasin Gaga Milano sur laquelle figure une montre supposée chic dont le chiffre neuf est remplacé par un six. [Tu peux la voir sur ma page FB, non traitée ni redressée.] Je trouve que ça représente bien l'aspiration à la distinction occidentale du peuple japonais : il manque un p'tit queue-que chose.

Je croise ensuite un édifice pachydermique et pyramidal coiffé de deux anneaux que personne ne parvient à identifier, y compris les gardes à bâton postés devant l'ambassade de la Fédération de Russie qui l'ont dans la face à longueur de journée. Une fabrique de *cockrings* ?

Je passe l'immeuble Noa, qui me fait penser à un gigantesque bâton d'antisudorifique design. Arrive la Tour, plus haute de neuf mètres que son ancêtre parisienne, mais deux fois plus légère. Elle a été érigée en 1958, année de ma naissance. Je crois que les hôtesses portent le même costume qu'à l'inauguration : tailleur marine sur blouse blanche et lacet bleu autour du collet, jupe aux genoux, bibi rond, style bol à salade renversé, blanc et liseré d'un ruban bleu, gants immaculés. Je paie [20 $], je prends les ascenseurs postmodernes version yéyé, je fais le tour, clic, clic, clic. Grosse ville, blabla, juché, blabla, fourmis, blabla, questions existentielles.

Je redescends, passe par les étages de boutiques et d'attractions d'un autre âge : petite foire d'enfants déserte, musée de cire, musée Guinness des records qui n'intéressent personne. La dernière fois que j'ai frôlé la Tour, c'était en compagnie de Dominique Robert. Nous avions ensuite pris à gauche. Cette fois, je choisis à droite, cap au sud sur Uchibori Dori [*Dori* veut dire *rue*, mais de toute manière, c'est inutile de connaître leurs noms : même les habitants les ignorent. Il faut demander les immeubles ou les îlots cadastrés pour avoir un index qui vous indique la bonne direction. Une fois sur dix, tu as les noms en caractères romains.] Je longe un parc plutôt moche, comme le quartier qui prend la relève, cruellement impersonnel, composé de bretelles d'autoroute et de travailleurs pressés : l'heure du lunch a sonné.

Je prends à gauche, vers la baie de Tokyo et, soudain, j'ai l'impression d'avoir franchi un portail temporel pour me retrouver dans une ville modèle des années 1960. Ce sont les quartiers — pour la plupart des îlots artificiels — Kaigan, numérotés jusqu'à 5. On dirait des villages jouets sauf pour les plans d'eau, putrides. Le degré zéro de l'architecture, ce qui est infiniment mieux que le campus multisatellitaire de l'UQAM, sauf que des accidents se produisent et donnent du joli : cet immeuble mammouthien sur lequel se réfléchit son voisin nous offre une illusion d'optique plaisante, cette méchante sculpture formant un objectif, ce mur à languettes derrière des vélos. En effet, il arrive que des choses ordinaires acquièrent, si on se place au bon endroit avec une disposition de jovialiste désespéré [!], une qualité qu'elles n'ont pas. Mais assez parlé de l'écriture de Dany Laferrière et revenons à Tokyo.

[Élève Samson, au tableau. Vous copierez cent fois : « Je n'irai pas contre le consensus. »]

Finalement, je quitte les Kaigan Islands, laissant derrière, tout de même, quelques réussites architecturales, dont un cube et un ovale.

Je retrouve la terre ferme du quartier Shinagawa après m'être laissé aller à une petite photo à prétention «artissetique»: parapluie et applique. Le noir et blanc, ça ne rate jamais.

Surprise finale, des restes du vieux Tokyo ont survécu au rouleau compresseur de la modernité: des bateaux de pêcheur, une maison traditionnelle, la lessive mise à sécher au balcon.

Je rejoins la gare de Shinagawa et son métro providentiel: je me suis tapé une randonnée d'une quinzaine de kilomètres sur l'asphalte, au soleil, et je ne compte pas les détours et le chemin rebroussé au moins dix fois parce que je me retrouvais à l'opposé de ma destination. D'ailleurs, j'ai un petit conseil au Québécois qui irait déambuler à Tokyo, le nez au vent: si son sens de l'orientation lui télégraphie l'ordre de tourner à gauche pour rallier le point X, qu'il prenne à droite. Sinon, il est fait comme un rat.

Donc, je saute dans le métro, je change de ligne [un autre kilomètre de marche juste là dans le ventre de la ville], je remonte Azabu-Jûban, modeste rue commerçante de mon quartier, achète deux filets de poisson étrange, rouge sang et, si je me fie à la nuit que je viens d'endurer, indigeste.

Je me glisse sous la douche, frotte bien fort les ampoules flambant neuves que je me suis offertes aux pieds, je veux lire, mais les yeux me claquent tout seuls dans la face, comme on dit. Dodo à vingt heures.

J'adore me lancer à l'assaut d'une ville comme Tokyo: c'est comme avancer dans un roman sans véritable itinéraire, sauf pour une destination et quelques points de passage: ainsi, me rendre à Shinagawa en passant par la Tour de Tokyo et la baie du même nom. J'ai beaucoup de difficulté à comprendre les écrivains qui te font des plans du tonnerre avant d'ébaucher le moindre texte. On dirait qu'ils programment la progression inéluctable d'un cancer ou, au siècle dernier, du VIH. Je me souviens qu'on prenait des nouvelles d'amis atteints : la grippe, puis le pied d'athlète, le candida jusqu'au sarcome de Kaposi ou la démence, puis les oubliettes, comme un traumatisme refoulé.

Ouais, un roman est une ville inconnue, comme je l'ai sous-entendu dans mon troisième livre [*Il était une fois une ville*]. Je me laisse distraire par ses beautés et ses horreurs, elles sont des manifestations du passage des hommes. Je répète l'exploit, mais à rebours, en créant des avenues et des sites où viendront se promener mes amis éphémères : les lecteurs, *of course*.

Bon, ça y est, j'ai reçu un courriel. Ça doit être toi avec ta nouvelle lettre. Merde, on ne peut vraiment pas te dépasser, toi !

P.-S. — Je me suis trompé. C'est pire : mon Brésilien du Japon m'apprend qu'il a un feu sauvage. Re-merde !

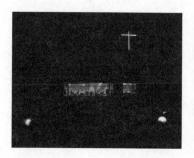

Le catwalk de la rentrée littéraire

Cher Pierre, tennisman à la raquette agile,

Voilà, c'est fait. Je suis revenu. J'ai eu quarante-quatre ans mardi dernier et j'ai décidé de fuir. De me couper du monde pendant deux jours, avec ma blonde, pour aller ailleurs, question de me dépayser convenablement.

Bon. Les cahiers littéraires de la rentrée sont tous sortis et, dans chacun d'eux, mon roman *Bureau universel des copyrights* a été retenu comme une curiosité intéressante. Chantal Guy de *La Presse* me dit «original»; Danielle Laurin du *Devoir* me place dans les «nouveaux auteurs» (erreur plate, mais je comprends que «j'émerge» depuis quatorze ans) qui la titillent; dans le *Voir* je suis dans la «mire», c'est-à-dire que je retiendrai sans doute leur attention, et dans *Le Libraire* «on craque pour mon roman» (nouvelle formule associée aux titres de la rentrée pas encore lus mais attendus) et on en dit ça:

> «Dans ce roman éclaté, le narrateur se démembre littéralement et renaît de ses propres petites morts, tout en continuant d'énoncer des constats éclairés sur la vie, le monde. Tout aussi hilarant qu'intelligent.»

La rentrée littéraire me fait l'effet d'un *warm up* avant de courir le 100 mètres de la réception. Il s'agit d'un exercice protocolaire journalistique, un étirement avant de passer aux choses sérieuses, soit la recension des romans. Je laisse ici mon cynisme au vestiaire. Donnons un peu de crédit aux journalistes qui ont à se taper la pile de livres québécois de la rentrée. Ce n'est pas toujours drôle. Nous avons déjà parlé de la critique au Québec, elle a reçu bon nombre de coups de fouet, passons maintenant au baume.

Quoi qu'on en dise, ils font un travail ingrat. Qui aimerait être à leur place? On a le beau jeu de leur donner du bâton, de souligner leur ridicule, de pointer leur manque de profondeur, mais qui d'entre nous serait prêt à lire ses contemporains, à dire tout ce qu'il pense de leurs livres et à être à peine payé pour ça? On offrirait des postes dans des quotidiens de renom qu'il n'y aurait pas beaucoup de mains levées à une assemblée de l'UNEQ. Mal considéré, mal payé, pris entre l'arbre et l'écorce, conscient que le milieu de la littérature au Québec tient sur un demi-mouchoir de poche, c'est une occupation professionnelle qui ne cache pas son penchant masochiste.

Mais il faut s'y faire et carburer à l'indulgence si nécessaire, laisser les premiers lecteurs médiatiques, à la rentrée, user leur engouement, fourbir leurs goûts, écrire presque n'importe quoi sur des livres qu'ils n'ont pas encore lus, aidés par des attachés de presse coriaces et des communiqués tout autant laudateurs.

J'avoue que c'est un exercice qui ne me dit rien, mais qui est passé dans les mœurs. Tellement d'ailleurs que, je dois l'admettre, ce premier examen des titres de la rentrée est souvent perçu comme une promesse d'articles positifs par l'éditeur. Ce qui n'est pas toujours le cas. Dans les faits, il ne s'agit que d'un passage rapide sur le *catwalk* des médias écrits. Notre nom circule, tourne, s'imprime un peu partout. Mais nous savons tous que, ce qui compte vraiment, c'est l'article qui en résulte. Cette rencontre corps à corps, journaliste et texte, qui ne change absolument rien (ou si peu) aux ventes, mais qui construit, si nous sommes favorisés par ces messieurs et ces mesdames du commentaire, nos carapaces égotistes d'écrivains adoubés.

On aura beau dire, je ne connais aucun écrivain qui se fout des mauvaises critiques et qui rejette du revers de la main les papiers dithyrambiques. On peut en rire ou en pleurer. Mais il y a toujours une partie de nous qui en jubile ou en pâtit.

Je connais un peu les « herborubéoliens », les membres de cette secte, pris en charge par les gourous Hébert & Hébert (François et Marcel, ce dernier étant maintenant « feu »). Je crois que nous avons déjà parlé un peu de tout ça. J'ajouterai ici, toutefois, deux ou trois autres réflexions à ce sujet. Oui, vous faites partie d'une secte : tirage confidentiel, personnalité des auteurs (pour la plupart) confidentielle, secrète, culte considérable voué à votre éditeur. De l'extérieur, du point de vue d'un nouvel auteur qui a lu des livres des Herbes rouges dans son cursus d'étudiant, il s'agit bel et bien d'un mythe. Nous n'en avons pas beaucoup, des « mythes », en littérature québécoise. VLB est un mythe, Nelligan est un mythe, Miron est devenu un mythe, la revue *Parti pris*, Denis Vanier, Josée Yvon (incidemment publiés aux Herbes rouges) et Anne Hébert l'ont toujours été, mais en ce qui a trait aux maisons d'édition, peu d'entre elles peuvent se vanter d'un statut légendaire comme celui des Herbes rouges. Des gens comme Éric de Larochellière au Quartanier, Benoit Chaput à L'Oie de Cravan et Antoine Tanguay chez Alto pourraient également se qualifier dans cette catégorie d'éditeurs qui fascinent leurs auteurs.

Littérairement parlant, la plupart des maisons d'édition québécoises sont moins ambitieuses que généralistes ; elles gèrent leur cheptel d'auteurs en suivant la fluctuation des modes, en ménageant la chèvre et le chou, en publiant parfois des livres exceptionnellement « grand public » pour engranger quelques deniers. Mais certaines petites maisons lèvent la barre de l'exigence littéraire plus haut, accompagnent sans fléchir leurs auteurs jusqu'à ce que leur manuscrit atteigne une norme littéraire ISO 9002, compromettent si peu leur vision de la littérature que cette passion devient contagieuse, enclenche la machine à potins, à anecdotes. Plus ces maisons d'édition vieillissent, plus elles se métamorphosent en sectes curieuses. C'est le cas des Herbes rouges, qui existent depuis plus de quarante ans.

Je dois l'avouer ici, j'aurais bien aimé faire partie de cette secte à un certain moment de ma vie littéraire. Je ne sais pas combien de manuscrits François Hébert a reçus de ma part. Peut-être dix. Oui, je crois, environ dix. Généralement, je recevais une lettre-type de quelques lignes, à peine un paragraphe, mal cadré, avec sa signature un peu poussive. Jusqu'à ce qu'un jour, en 1996, je reçoive une lettre manuscrite de la part de monsieur Hébert, insérée sous la page de garde de l'énième livre que je lui avais soumis. Cette lettre, en bref, me signifiait qu'il associait ma démarche à celle de René Lapierre et qu'il avait assez d'un René Lapierre dans sa maison. D'une part, j'ai été flatté par cette comparaison ; j'associe peu mon travail à celui de Lapierre, mais je respecte beaucoup son œuvre. D'autre part, je saisissais, intuitivement, que ces quelques mots rédigés à mon intention seraient les derniers qu'il me réserverait au sujet de mes livres.

Je ne m'étais pas trompé. Les quelques autres manuscrits que je lui ai fait parvenir ne me sont même pas revenus. Pire, le silence est devenu sa méthode de refus privilégiée. Considérant toutefois le jugement de ce grand éditeur, je n'ai cherché à publier ailleurs aucun des livres que je lui ai soumis. Non sans frustrations multiples et douleurs narcissiques notables.

Oh! que j'ai envié mes collègues, plus jeunes que moi, qui ont eu la chance de publier leur premier ouvrage à cette adresse littéraire. Puisque le premier livre donne le ton, annonce l'arrivée d'un nouvel écrivain, établit les bases de notre vie littéraire future, être né sous l'étoile des Herbes rouges facilite la respectabilité institutionnelle au Québec. Étais-je mal représenté au Noroît? Non, pas du tout. Mais ce genre de préjugé que tu me sers en riant, un peu par-dessus la jambe, «mystique, etc.», je l'ai entendu à plusieurs reprises, m'en suis d'abord fâché, puis j'ai compris que c'était aussi inévitable que de parler avec dévotion et ironie douce de François Hébert quand on faisait partie de sa bande. Chaque maison d'édition véhicule des clichés sociolittéraires, et j'ai dû faire les frais de ceux réservés aux poètes publiant au Noroît. Le trop grand nombre de livres de poésie que cette maison publie a pu miner quelque peu le sérieux des choix éditoriaux qu'on y pratique. La parcimonie des Herbes rouges a toujours été un facteur stimulant leur image de marque.

Quelle est la profonde différence entre les maisons d'édition généralistes et les éditeurs comme Hébert ou De Larochellière? C'est simple: ces éditeurs veulent influer sur l'histoire littéraire de leur nation, ils sont là pour semer des livres, des œuvres fortes, coloniser le territoire symbolique de l'imaginaire québécois. Ils ne le diront pas en ces termes, trop grandiloquents et impropres, sans doute, mais ils n'en penseront pas moins. Ils veulent parier sur la pérennité de leur fonds, l'excellence et l'originalité de leurs auteurs.

Je suis maintenant un peu plus libre-penseur. Si je crois en un livre que j'ai écrit, je vais d'abord chercher un éditeur qui y croira autant que moi, le défendra avec tout l'enthousiasme nécessaire. Je suis un écrivain qui évolue, change, mute. Je serais prêt à retravailler avec tous les éditeurs avec lesquels j'ai déjà travaillé, mais si des gens de La Peuplade (merveilleuse rencontre avec Mylène Bouchard et Simon Philippe Turcot) ou des gens de La courte échelle ou de La Mèche sont prêts à mener à bien et à réaliser certains de mes projets littéraires, j'en suis tout autant honoré!

Mon livre de cet automne, *Bureau universel des copyrights*, est un roman qui a été écrit sur une période de deux ans. J'ai commencé sa rédaction en résidence, à Bruxelles, en 2009, pour terminer la première version à Saint-Liguori, à l'hiver 2011. Il y a un hiatus de plusieurs mois entre la suspension de la rédaction du livre, à l'hiver 2010, et la régénération de mon inspiration, en juin de la même année. Ce n'est pas habituel chez moi. Je n'abandonne pas aussi longtemps un manuscrit. En fait, j'étais presque sûr de laisser de côté ce texte pour me consacrer à un autre ayant pour thème l'obsession sexuelle. Le titre de travail de cet autre roman était: «Mémoires d'un obsédé sexuel en route vers Baltimore». Voici la première page de la dernière version travaillée de ce manuscrit, avec la citation d'Apollinaire:

MÉMOIRES D'UN OBSÉDÉ SEXUEL
EN ROUTE VERS BALTIMORE

«*Les neuf portes de ton corps sont les entrées merveilleuses du plus beau, du plus noble palais du monde. (...) Neuf portes, ô mes neuf muses, quand vous entrouvrirais-je encore?*»
— Guillaume Apollinaire,[1]

Mes pouces sont ankylosés.

Je reviens de Baltimore. Il se fait tard. Je lis 22h34 sur le cadran numérique de la Toyota Corolla 2009 de location.

---

1. Guillaume APOLLINAIRE. *Lettres à Lou*, Paris, coll. L'Imaginaire, Gallimard, 1990, p. 120.

Un panneau indique «Plattsburgh 40 miles».

La nuit est une librairie immense. Je choisis mes rayonnages, légère tachycardie. Tout le folklore du cinéma gore peut maintenant agir sur mon humeur.

Si je veux me consoler de mes idées noires sur les rapports humains, je pense au sexe. Vous me direz que c'est commun d'avoir ça en tête, que l'imagination a mille autres facultés à mettre de l'avant, qu'en fin de compte cette frénésie érotique cache maladroitement notre paresse intellectuelle. Mais je ne me chante plus la pomme. J'ai terminé hier soir un livre de Richard Millet, *L'Orient désert*, dans lequel j'ai souligné une phrase qui résume bien le fond de ma pensée: «Tu ne seras jamais libre; finis-en avec ce leurre.»

Tous les mots qui nous vendent de l'espoir me désespèrent. Je dois vous confier que les roulements de tambour émotifs ne me touchent plus. En ce qui me concerne, tous les êtres humains sont devenus des catalogues à orifices. Neuf pour être plus précis. Vous ne serez donc pas étonnés si je vous dis que tout ce que j'anticipe pour le moment est mon arrivée au Cabaret Doric, boîte notoire de danseuses nues, sur le boulevard Taschereau. Presser des fesses, palper des seins, frôler des vulves, c'est tout ce que je demande, c'est tout ce que j'exige de la vie. Je suis un obsédé sexuel commun. Si mon existence vous choque, libre à vous de barbouiller mon effigie ou de m'écrire du *hate mail*. Je ne dédaigne pas l'opprobre.

J'étais bien content de cette entrée en matière et j'avais déjà au moins une vingtaine de pages qui suivaient celle-ci. Mais je me suis rendu compte, en passant de *Bureau universel des copyrights* à *Mémoires d'un obsédé sexuel en route vers Baltimore* que j'écrivais, en fait, deux livres sur la liberté. De plus, j'avais, la même année, écrit un roman à quatre mains vraiment trash avec le poète, *performer* et romancier expérimental belge Antoine Boute[1], que nous avons fini par intituler *100 % Ergonomique*, dans lequel je m'en donne à cœur joie dans la catharsis sexuelle. Tu comprendras que je bandais alors moins à la perspective de passer plus d'un an dans un récit centré sur les obsessions d'un libraire québécois ayant une double vie de maniaque du sexe. Obsessions sexuelles de haut niveau sans être déviantes, un peu sous le mode du film *Autofocus* avec Greg Kinnear et Willem Dafoe, sorti en 2002. Excellente étude sur la lente déchéance sociale d'un sexaholic, avec les messages moraux d'usage.

De même, Richard Millet apparaissait dans les deux livres, dans mon *Bureau universel*, sous la forme d'une citation en exergue, et dans cet autre roman sexualiste, en référence intégrée. D'une certaine façon, c'est un peu la lecture de cet écrivain qui avait stimulé l'émergence de ces deux projets parallèles.

Finalement, *Bureau universel des copyrights* a eu le dessus, et après une dizaine de versions, bien des repiquages, des coupures, des ajustements de dernière minute, c'est sa carcasse de cent trente-six pages qui sera exposée publiquement, cet automne, peut-être vilipendée, honnie, peut-être admirée, appréciée. Les lecteurs seuls me le diront, que ce soit les professionnels des rentrées littéraires ou les anonymes qui nous picossent parfois sur les blogues ou nous lancent à la sauvette des commentaires de lecture plus importants qu'ils ne le croient, entre deux verres dans un cocktail ou un party des fêtes.

Le retour à la ligne me semble ici tout à fait opportun pour te relancer la balle. Comment vis-tu, en général, cette attente de la réception

---

1. Antoine Boute a pris part à ce projet sous le pseudonyme de « Ariane Bart ».

de ton livre et quels sont les gens qui émettent les commentaires qui t'importent le plus?

Cette lettre-fleuve est une exception éléphantesque dans ma feuille de route. Je retourne aux lettres-rivières à ma prochaine sortie.

La nouvelle urine des forêts
[pipi, copie, papier][1]

Cher nouvel auteur,

Je te trouve bien clément avec nos pisse-copie de la chose littéraire. Tu es œcuménique, même. Toutefois, tu es plus méchant que moi, comme le sont involontairement les gens généreux, avec les Fanfreluche de notre bout de caillou.

Ils doivent « se taper la pile de livres québécois » ? Il y a pire comme sort, il me semble. À ce compte-là, autant béatifier les chroniqueurs de télé. Suggères-tu que, s'ils sont si médiocres, si paresseux intellectuellement parlant, s'ils écrivent comme des pieds, c'est parce qu'ils sont mal rémunérés ? Donc, je ne rêve pas ? Ils sont vraiment nuls ? Ils seraient plus intelligents, plus vigoureux, moins pathétiques au clavier si leurs employeurs doublaient leur pitance ? Ah ? Heureusement qu'ils ne sont pas ceux et celles dont ils évaluent le travail, car, je vous jure, composer des romans au Québec, c'est pas le pactole !

Personnellement, je les trouve privilégiés, même si je concède que la disparition progressive des bouquineries — ces receleurs de

---

1. Rien ou peu à voir avec Denis VANIER, *L'Urine des forêts*, Les Herbes rouges, 1999. (NDA)

l'imaginaire — complique la gestion des textes qu'ils ont à peine regardés avant de les crisser dans la boîte « À revendre ». Qu'est-ce qu'ils vont en faire, de ces épaves de papier ? Pas les lire, quand même !

Non, mais, tu te rends compte ? Ils reçoivent pratiquement la production romanesque québécoise au grand complet, ils ont le bonheur d'observer une culture écrite en marche, ils peuvent, si la tentation les saisit, tracer l'axe littéraire de la société qui les entoure, et que font-ils ? Du papotage. Lire un article de Fanfreluche Duras est une gifle molle qui se répercute paresseusement jusqu'à la base du cerveau. Grâce à elle, nous apprenons que Marie Laberge écrit comme Marie Laberge, sans nous dire vraiment ce qu'elle en pense, sans doute parce qu'elle pressent que les lectrices d'*Elle Q* sont des fans de notre manufacture de téléromans en prose. En passant, je ne méprise pas *Elle Q* « outre mesure » — enfin, pas plus qu'il ne méprise les femmes —, mais, donnons-lui ça, il ne prétend pas être le magazine des intellectuelles.

Ce genre de paresse, déguisée en posture pédagogique — démontrer que tout livre est bon à lire et possède des qualités rédemptrices, mais en en parlant le moins possible pour ne pas avoir l'air trop smatte, genre maîtresse d'école —, cette approche mielleuse, cette sensibilité aux mièvreries propres aux témoignages romancés, cette tendance à ouvrir un livre comme on allume un téléviseur — à la recherche du *human interest* et des émotions cheaps à tout prix — cette profonde ignorance de la littérature en tant que phénomène historique qui agit sur eux en terrible œillère critique — et leur permet de qualifier de « nouveau » un auteur qui publie depuis au moins 1994 —, ce mépris pour la chose écrite qui leur interdit d'être sévères quand le besoin se présente, cette faiblesse de caractère qui les rend flagorneurs et myopes [Tu as lu la chronique littéraire du *Voir* qui, pleurant le départ ad patres de Gil pas de L-E-S Courtemanche, le traite de « grand homme de lettres » ? Tu es témoin de cette hystérie puérile entourant le cas Nelly Arcan vs Guy A. Lepage? Quelqu'un a-t-il le droit de dire que Nancy Huston commet souvent des conneries et devrait se limiter à écrire des trucs avec le mot «ange» dans le titre?], puis lâches : histoire de prouver qu'ils ont un semblant de nerf, ils sélectionnent un écrivain peu connu — je ne parle pas de moi — et ils se déchaînent comme des hyènes, réduisent son travail en charpie, ou sinon l'empoisonnent à petites doses de leur venin insipide, puis ils passent à une autre ronde de bêtises, assouvis pour une couple de mois.

D'un côté, je comprends ton inquiétude, je partage ton appréhension. Qui sait comment ils réagiront à ton roman? Leur ligne esthétique est tellement instable, c'est un fil de coton qui volette au grand vent des modes. Autofiction depuis quinze ans, greffée depuis au trash jerry-springerien, tout ça mêlé à une soif inextinguible de ce qu'une autre génération aurait appelé le scabreux, nourrie de surcroît par une misogynie crasse qui, chez les lectrices, se métamorphose en masochisme imposé. Femmes jouets, putes et nunuches passent en tête de peloton, suivies des frustrées du cul dépeintes par les gros machos qui se déguisent par intermittence en agneaux sensibles, mais entre deux traits réputés subtils.

Alors, pour panser leurs plaies, ils se tournent vers la poésie fleurie et niaise, petits oiseaux et Jésus en caoutchouc. Personnellement, je n'attends plus rien ni d'eux ni d'elles, je les laisse saborder notre chaloupe en mer d'Amérique. Notre cas sera réglé d'ici trente ans et nous pourrons, en partie, les en remercier : ils auront contribué à notre avachissement intellectuel et, en ce qui me concerne, ils seront toujours trop payés pour faire la job.

Qui voudrait être à leur place? Je le fais déjà, en participant à des jurys littéraires, soit pour les demandes de subvention, soit pour les prix du GG, et laisse-moi te dire que les risques sont encore plus élevés : certains auteurs ont la mémoire longue, et gare à ceux qui leur ont refusé un chèque ou une banane. Oui, j'irais au front, mais qui veut d'un chroniqueur qui ridiculiserait 80 % de la production boréalienne ? Adieu les pubs ! Car, je l'avoue, je suis herborubéolien malgré moi. Et, pourtant, chaque fois que je publie un roman aux Herbes rouges, je me jure que ce sera le dernier et je pense alors à putasser un peu, quitte à aller ronronner sur les genoux de Pascal Assathiany[1] et à lui faire des areu areu sous le menton. Puis un flash-back me happe :

———

ENCADRÉ BORÉAL ROUGE

Le 20 janvier 1994, pour mes 36 ans, je poste mon manuscrit du *Messie de Belém* à six éditeurs : un français, car je sais qu'une publication en France anabolise le produit sur le marché québécois [refus] ; VLB, pour une raison qui m'échappe [refus] ; un franco-ontarien, puisque j'ai choisi de vivre en Ontario ; Triptyque, dont j'attends toujours ne serait-ce qu'un accusé réception, Herbes rouges et Boréal.

Dès février, le directeur littéraire de Boréal m'appelle. Selon lui, le comité de lecture a recommandé à l'unanimité — ses paroles — de publier le roman. Je trépigne de joie. Imagine : LA maison des bestsellers dont tout le monde parle. Toutefois, il me demande de patienter un mois, le temps qu'un deuxième panel se penche sur mon cas. D'accord.

---

1. Pascal Assathiany est éditeur et directeur général des éditions du Boréal.

Le lendemain, François Hébert des Herbes rouges me signifie son intérêt. Je l'arrête, lui parle de mon entente avec son concurrent.

— Très bien, fait Hébert. Vous respectez votre parole, j'apprécie. Quand ça ne marchera pas, contactez-moi.

Je raccroche en l'envoyant promener, mentalement parlant. Le mois prend tout son temps pour passer. Au bout de quarante jours, je n'en peux plus, j'appelle Boréal. Mon interlocuteur, clairement embarrassé, m'informe que ce deuxième comité recommande une possible publication sous condition d'apporter des modifications au manuscrit. Lesquelles ? Bof, des vétilles : éliminer le héros — qui s'adonne à être un homosexuel — et se débarrasser de la structure trop compliquée — une construction « biblique » annoncée par le titre.

— Bref, fait-il, ce « qu'ils » veulent, c'est le *Livre de Mercedes*, votre chapitre d'une soixantaine de pages, mais qui en ferait environ deux cent tente dans la nouvelle version.

Je suis baba.

Quel mépris pour la littérature ! Un roman, une saucisse, même combat. Si le texte n'est pas bon, qu'ils le refusent ! De surcroît, sait-il, ce comité promo, que *Le Livre de Mercedes* est un pastiche du roman quétaine, mielleux, à la limite du Harlequin ?

Je réponds que je vais y réfléchir. Je rappelle François, qui croit que je délire en lui demandant s'il veut que j'élimine le héros et que j'aplatisse la structure.

— Mais voyons ! Ils sont la raison d'être de l'œuvre.

Il me conseille fortement de renoncer à un chapitre écrit en alexandrins — composés par un personnage peu éduqué, d'où la faiblesse du texte que mon futur éditeur qualifie de «vraie merde». Je suis d'accord, cette partie me semblait artificiellement greffée au corps du roman.

Voilà pourquoi je suis herborubéolien.

———

Depuis, je refuse de payer pour un Boréal, cimetière de la littérature formatée. Si l'idée me vient en tête de vérifier l'étendue des dommages, je me rends à la BANQ et j'emprunte une de leurs saucisses. J'ai l'impression que, pour être publié chez eux, il faut répondre oui à la question suivante: «Est-ce que ça passe au cégep?» Pas que les cégépiens soient faibles de la cervelle, mais que les ceusses qui choisissent les livres qu'ils leur glisseront sous le nez ne veulent pas de trouble de la part de maman et papa qui paient encore les frais de scolarité. Donc, pas de cul, sauf s'il est malheureux, et plein de bons sentiments. Et des structures pas trop compliquées.

René Lapierre l'a répété lors d'une table ronde rectangulaire: un éditeur sérieux est quelqu'un qui sait dire non. François Hébert est de ceux-là. Et, après l'avoir dit, il ferme la porte. Tu en sais quelque chose. D'autres susurrent «peut-être» et se fient au penchant pute des écrivains prêts à tout, quitte à dénaturer leur œuvre, pour être publiés. Les tâcherons trouvent à acquiescer même si ce qu'ils ont sous les yeux les révulse, mais semble vendable ou leur permet de boucler leur année avec un nombre magique de titres sur les tablettes. [Je suspecte qu'il y a une fourchette de subventions à l'édition, définie selon la quantité de titres publiés.]

Avant de clore ce sujet, je tiens à préciser que je n'ai jamais puni un auteur de Boréal qui demandait une subvention. Je les juge au cas par cas, comme on dit, et si leur travail est bon : adjugé ! C'est rarement mon genre, mais il y a une qualité plancher chez eux. C'est juste que le plafond est beige.

Tu as raison pour Alto. C'est une maison solide et s'y dessine une politique éditoriale nette. Je la trouve un brin proprette, BCBG, mais je n'ai pas tout lu, alors je la ferme. Mais c'est d'excellente tenue. *Du bon usage des étoiles*, de Dominique Fortier, a été mon roman favori, cette année-là. Leméac est une grande maison, mais il lui arrive de hoqueter et — je lui souhaite mille bonheurs —, avant de remettre un manuscrit entre les mains de Jean Barbe, je vais me faire danseur pour gérontophiles. XYZ, c'est de la bouillabaisse à l'encre, un jour au thon rouge, le lendemain au crapet-soleil. Son équivalent du 7e art serait le Festival de Losique. Mais, bon, je ne passerai pas toutes les maisons au moulinet.

Donc, bonne chance avec tes nuls, moi, mes trucs ne les excitent pas : mes livres sont des projets littéraires. Je ne cherche pas à être aimé ni plaint, je ne veux pas les convaincre que je suis un coquinet du bocal avec un plan de narration en trois dimensions : j'écris les romans qu'il me plairait de lire, c'est-à-dire qui s'adressent à des esprits adultes, pas à des hystériques de l'émotion à tout crin. Je fouille dans la matière littéraire, comme un archéologue passe au crible un site mille fois parcouru, et je relève un artefact négligé, ou oublié, comme j'ai fait dans *Arabesques* avec les vertus de la digression. Sur cinq cents pages. En plus, je l'ai publié chez Robertneveutpaslire.com en version électronique, avec lesdites digressions en hyperliens. Si vous ne déclenchez pas ces liens, vous restez avec le squelette — l'histoire principale —, ce qui est une formidable bêtise et un coup de pied au cul à l'édition électronique en tant que manifestation du progrès techno pur et bêta. Je me suis servi du média pour le ridiculiser ou pour dénoncer l'usage que certains technophiles en font. Lire la version tronquée d'*Arabesques* équivaut, en arts visuels, à n'accrocher aux murs que les cadres d'une peinture, chacun assorti d'un détail de l'œuvre. L'expérience artistique est pire que nulle : elle est ridicule.

Un roman vit et respire grâce à ces détours qui donnent au récit son oxygène, nourrissent ses muscles et, au bout du compte, font que ce n'est pas un Harlequin ou une de ces sagas historiques imbuvables publiés à la chaîne. J'allais plus loin, même, en neutralisant la sempiternelle hiérarchie des narrations, histoire principale vs intrigues subordonnées. Désormais, pour l'esprit éclairé et branché sur son temps, la lecture est une fin en soi. Il me semble que la morale comme destination de lecture, omnipotente quand la narration est uniquement au service d'une histoire, relève d'une habitude propre à une époque révolue. La trame d'un roman véritablement contemporain ne représente plus qu'un support à plaisirs de lecture. Et un formidable exercice d'assouplissement de l'esprit. Et c'est très bien ainsi.

Il y avait itou, et c'est mon dernier argument de ce plaidoyer un peu pathétique pour un roman snobé, un rapport direct entre le titre de l'œuvre et le parcours narratif. Mais ça, Fanfreluche et Cie ne s'y intéressent pas : c'est de la littérature.

Alors, mon prochain — Titre de travail : *La Maison des pluies* — promet d'être un autre best-seller monumental. J'explore encore cette hiérarchie des récits, mais dans la vie d'un homme. En fait, notre vie est-elle la somme de nos souvenirs ? Si oui, qu'en est-il des épisodes que nous avons oubliés, mais dont d'autres se souviennent ? Une fois collés, ces épisodes ne composent-ils pas la même existence que celle que nous croyions la nôtre, c'est-à-dire l'unique ?

J'y aplatis les temps de verbe : tout au présent, sauf peut-être au milieu où je tâterai du passé simple et du câlice de subjonctif pour souligner la profonde vacuité des souvenirs en tant « qu'objets personnels ». Je pressens, Bertrand, que notre lectrice-éditrice se tape le front sur son pupitre en ce moment, découragée, la langue retroussée sous le nez, le stylo correcteur prêt à darder le papier de requêtes d'éclaircissement ou... d'effacement.

Bref, j'en suis rendu à cent cinquante-cinq pages, soit à mi-chemin, je crois. Dans cinquante pages, je devrai me faire violence pour ne pas le finir en catastrophe, parce que totalement épuisé par les soins que le texte me réclame.

Alors, écoute, je ne vais pas pleurer sur le cas de nos papoteurs littéraires. Laisse-les dire, de toute manière, tu en sortiras gagnant : s'ils adorent, prends l'oseille et tire-toi sans te poser de questions. S'ils détestent, c'est signe que tu as visé juste. S'ils t'ignorent, c'est que tu tiens sûrement quelque chose de gros.

Chéris-le.

Balzac et la petite complainte du misanthrope

Pierre,

Tes mots me font penser à du papier de verre. Tu mets en marche une force de conviction brutale qui me sidère toujours, me fascine et, parfois, me fait peur. Nous savons, par ailleurs, qu'il n'y a pas d'issue facile à cette aporie de la réception littéraire. Nous ne sommes pas des vedettes, nous n'avons pas à être plébiscités par une foultitude de personnes. La littérature est un art confidentiel, et toute autre conception qui l'en détourne ressemble à une tentative vaine de faire avaler du foie de morue à des amateurs de spaghetti bolognaise ou de barres tendres. Je repense à Michaux et à Jarry qui se foutaient sans doute de leur public, sans nommer Gauvreau, Artaud ou plus près de nous, à la limite, André Gervais. Je te concède qu'il est d'un grand ridicule de se préoccuper du voyage médiatique de nos romans respectifs. C'est vain et fat. Mais, je te le confesse, il y a une partie de moi qui est vaine et narcissique.

Tristan Malavoy-Racine fait du bon travail, Christian Desmeules également. Quant à Chantal Guy, je ne comprends pas pourquoi les intellos lui en veulent tant que ça, elle est people, oui, mais littéraire aussi. Enfin, je ne ferais pas ce travail-là, mais je crois, nettement, que Danielle Laurin, on ne peut pas l'associer à cette catégorie. Guylaine Massoutre, qui traite de littérature contemporaine, tape souvent dans mes goûts, on en parle moins, mais elle traite de Pierre Senges, de Pascal Quignard et de Valère Novarina, elle s'aventure dans le jus d'écriture sans concession. À la limite, tiens, Massoutre devrait passer au roman québécois. Elle serait en mesure de te lire intelligemment, elle. Bon. On stoppe ici la discussion sur les journalistes littéraires. Je sens que tu vas te fâcher. Et je ne suis pas là pour te tirer le boyau des intestins.

Donc, je passe tout de suite à un autre récit.

En 1996-97, j'ai habité à Toronto, seul. Je participais à un échange entre l'UQAM et l'Université de Toronto. De mon côté, j'allais enseigner le français à quelques Torontois nécessitant cette seconde langue, et, en contrepartie, une doctorante de l'UofT, allait tester ses capacités de professeure à l'UQAM. Mon déménagement s'est fait dans la fulgurance et le «broche à foin». Je me suis trouvé un déménageur amateur qui a bien voulu me transporter, moi et tout mon barda d'étudiant, avec mon gros ordinateur de table hyper lourd et mes autres cossins. Durée du voyage : sept heures. C'est long lorsqu'on est assis à l'avant d'un camion de déménagement prévu pour deux personnes et que nous sommes finalement trois. J'ai discuté en anglais (baragouiné avec science), tout le long du trajet, avec ces deux débrouillards 50, deux Africains émigrés au Canada, l'un ayant même déjà travaillé sur une plateforme pétrolière! Bref, le dépaysement complet. Je m'étais trouvé, là-bas, un sous-sol de bungalow, dans le quartier Dundas, chez une dame qui bossait pour la section des décors à la télévision ontarienne. Le dépaysement continuait. Je garde de cette dame un excellent souvenir. Elle m'a laissé la paix pendant tous les neuf mois de mon séjour torontois. Hôtesse impeccable. Je la payais, aussi, je le reconnais, avec une régularité

étonnante si on tient compte de mes antécédents de retards de paie-
ments locatifs à Montréal et à Longueuil, durant mes années de
vaches maigres.

Cette année-là, j'ai écrit *La maison*, un livre de poésie publié
ensuite au Noroît, que je n'aime plus vraiment, sauf peut-être les
deux dernières parties. Mais j'ai beaucoup lu, car je n'enseignais que
quelques jours par semaine, et le reste de mon temps, je le consacrais
à l'écriture et à mes déambulations urbaines (aller voir des films et
bambocher sur Yonge [leur rue Saint-Laurent], manger chez Taco
Bell, à l'express Thaï, et jouer dans les arcades à *Mortal Kombat* ou à
des jeux de golf).

C'est là que j'ai eu une épiphanie en lisant Balzac. J'ai acheté,
dans une maison de la presse francophone à Toronto, un exemplaire
bon marché des *Illusions perdues*. Balzac est pour moi le plus grand
observateur des affres de l'ambition humaine, des désirs de gloire et
des travers normaux des hommes obligés de transiger avec les désirs
des autres, leurs certitudes violentes et leurs identités fortes.

Ce livre est une brique. J'en ai lu les trois quarts. Mon expérience
de lecture a été roborative. En suivant la trajectoire de Lucien de
Rubempré qui quitte sa province et veut «arriver» en littérature à
Paris, j'ai revu, réentendu le déroulement des mœurs littéraires au
Québec, eu cent impressions de déjà-vu. J'étais, à cette époque, un
bleu, un poète qui venait tout juste de publier deux livres au Noroît
et, déjà, j'avais été témoin de la moitié des événements d'ordre émotif
et symbolique qui se déroulaient dans ce roman traitant de la vie
littéraire parisienne au XIXᵉ siècle.

Rien n'avait changé. Rien ne change vraiment dans les rapports humains, à moins que l'on considère une tranche temporelle

beaucoup plus longue, de plusieurs milliers d'années. Comme notre passage du nomadisme à la sédentarité, par exemple. La technologie nous donne l'illusion du changement perpétuel, et c'est dommage, car, en quelque sorte, nous restons des singes intelligents avec des vêtements tendance, des toilettes électroniques et des cellulaires aux mille fonctions et applications!

Je n'écris pas ça avec la douleur sentimentale d'un renfrogné sardonique qui constate que les humains évoluent moins vite que le commerce. Je dis ça plutôt avec un air de «que pouvons-nous y faire». J'ai une forte tendance à la mélancolie et j'imagine que me plonger dans ce genre de constat rassure cette partie de moi-même qui est fondamentalement misanthrope. Il y a longtemps, à une époque où j'étais un peu musicien et où je possédais tout l'attirail pour enregistrer dans le sous-sol non fini de la demeure familiale, à Saint-Lambert (j'ai composé des centaines de pièces, à la même période que ma photo de cuisinier), j'ai d'ailleurs écrit une chanson que j'ai intitulée *La complainte du misanthrope*. Ce texte, risible par bouts, intéressant par moments, était accompagné d'un arrangement musical de type pseudo-folk-western-alternatif avec choristes et synthétiseurs. Style Ferré miniature passé dans un filtre Hubert-Félix Thiéfaine et Étienne Daho. Ça ne s'invente pas, j'avais même requis, en studio (car je m'étais payé des heures de studio), la participation de Mara Tremblay (la blonde d'un de mes amis de l'époque!) au violon dans le refrain d'une autre de mes chansons, qui avait pour titre *Barbara* (chanson qui est devenue un *running gag* et qui le méritait)!

Le refrain était (je m'en souviens encore): «*Et toi, Sibylle, qui as tant de dires à décoder, vois-tu un lien dans l'avenir des hommes, pour les aimer!*»

J'aime bien ce refrain, et la mélodie qui l'accompagnait n'était pas moche non plus. Le mot «lien» est un peu imprécis, émotivement flou, mais bon. Le reste collait à l'émotion principale véhiculée par ce texte.

J'avais vingt ans et je chantais déjà mes troubles misanthropiques, la cruauté des hommes, la difficulté d'être, comme l'écrirait Cocteau. Pour la plupart des gens, ça se calme passé l'adolescence. Moi, au contraire, ça s'est ramifié, étendu, complexifié. Ce vif sentiment d'absurde, sans le côté «psychose corporelle» qu'a vécue Nelly Arcan (bien relatée dans son texte qui porte moins sur *Tout le monde en parle* que sur sa honte existentielle inguérissable), je ne me suis jamais efforcé de le prendre à la légère.

Habituellement, on camoufle ce genre de réflexion sous l'humour, les certitudes agressives, les considérations pratiques, la fuite vers le reste de notre vie.

J'utilise sans cesse ces subterfuges humoristiques, la bonne humeur engagée (et un enthousiasme sain en contexte d'échanges interpersonnels), mais dans le cadre d'un livre ou de notre correspondance, je jette ces procédés au panier. Selon moi, la littérature se doit de sculpter ces angoisses, de les redessiner pour en faire des sculptures graphiques et orales, du granit culturel, afin de constamment nous rappeler, dans une langue souple mais solide, que nous vivons sur des fondations ridicules, éminemment risibles, farfelues, que le sérieux est le début de l'instinct de domination, et que la culture et l'éducation sont les seuls remèdes à l'incivilité et à la barbarie.

Que ce soit dans *Bureau universel des copyrights* ou dans le roman que je m'apprête à écrire et pour lequel j'ai obtenu une bourse du Conseil des arts du Canada, je plante au milieu de ces livres la graine du questionnement sur l'absurde. (Je ne parle même pas de ma poésie, maison construite entièrement sur un solage coulé dans ce caisson métaphysique.)

Le problème ne se pose plus comme à l'époque de Camus, certes, et des écrivains comme David Foster Wallace, Quignard, Mingarelli, Franzen, Perec, Coupland, Queneau ou même Hubert Aquin ont réinventé la façon de déployer cette question dans l'écriture.

Plus près de nous, des écrivains comme Hervé Bouchard et Catherine Mavrikakis s'ingénient à rebrasser les cartes, sur la table de la voyante littéraire (je fais référence à Nelly Arcan qui trouvait que sa voyante était plus efficace que sa psy), qui nous dit toujours la même chose : « Vous allez patauger dans l'absurde, il va vous falloir trouver votre propre style de natation pour en venir à bout. »

Alors, depuis, j'essaie de nager, dans mon propre style hétérogène. Bizarrement, avec le temps, je me suis mis à préférer la nage sur le dos.

Le ventre de la bête, la BBC et la culture

Cher habitant du quartier Roppongi,

Les écrivains et les littéraires sont comme les péquistes. Ils entretiennent des querelles de puristes et d'exigences d'absolu qui minent leur esprit de corps. Les ennemis, comme à l'habitude lorsqu'on parle de souveraineté ou d'un certain mépris pour la littérature qui fait trotter les méninges un peu plus que le raisonnable abêtissement youtubien ou télévisuel, sont à l'intérieur des murs.

En cherchant à lutter contre la Bête, nous nous tirons souvent dans le pied.

Les hommes d'affaires qui possèdent les médias, les politiciens populistes qui font gober à monsieur et madame Tout-le-Monde les arguments qui défendent les intérêts de la classe des nantis, les chroniqueurs comme Martineau qui, sous l'égide du « gros bon sens » font circuler des opinions qui détissent tranquillement notre filet social, outil de justice démocratique gagné après de chaudes luttes, contribuent tous, depuis plusieurs années, à dévaloriser l'image de la littérature. La littérature est un outil qui privilégie la lenteur et l'approfondissement contre la hardiesse et le populisme.

Il y a une partie de moi qui souhaite arrêter l'hémorragie de défoulement contre tous les intervenants qui organisent la réception des lettres au Québec, parce que je trouve que nous véhiculons, en un sens, un certain cliché des intellectuels québécois.

Les personnalités fortes sont de précieux bijoux dans l'écrin d'un pays, et leur valeur est inestimable, mais elles sont rares. Pourquoi frapper sur la majorité des intervenants comme s'ils étaient des pestiférés? Chacun mérite son sirop d'estime, à la mesure de son courage littéraire, de son implication intellectuelle. S'il y a peu de bijoux, il y a un tas de belles breloques qui font ce qu'elles peuvent pour reluire. Ruer dans les brancards et changer les mentalités ne vient pas spontanément à tous.

Tu as tort de ne plus lire le *Voir*, on y parle encore tout de même de vraie littérature. Dernièrement, Douglas Coupland a fait la une (au sujet de la traduction de *Player One*, publiée chez HMH). Certes, on y parle trop parcimonieusement de poésie, mais on peut y lire des papiers sur les derniers recueils d'importance. Tristan a dit quelques mots à l'émission de Télé-Québec sur le dernier livre de poèmes d'Élise Turcotte. C'est bien peu, et je rêve d'une chronique de poésie hebdomadaire. Bon, on s'entend, il y a une marge ici entre le *Voir* et le *Times Literary Supplement*, comme il y a une marge entre Radio-Canada et la BBC. La culture, en Grande-Bretagne, est une affaire d'honneur, une espèce de reste archéologique de l'Empire.

J'aime *Découverte*, à Radio-Canada. On y diffuse beaucoup d'émissions de vulgarisation scientifique concoctées par la BBC. À chaque fois que je tombe sur une de ces traductions de la BBC, je reste éberlué par les budgets incroyables mis en œuvre pour réaliser des émissions culturelles d'une qualité si extraordinaire. Ici, on passe nos budgets télévisuels à rire du monde. À quand une télésérie sur la vie de Jacques

Ferron, sur l'histoire de la littérature québécoise et de ses intervenants? Pourquoi ne pas inventer une émission qui adapterait au petit écran, périodiquement, des romans québécois toujours dans un même format télévisuel, à quand un documentaire sur Pierre Samson et le Brésil? Ce serait pourtant tellement simple, si bénéfique pour nos ego de parvenus de Québec inc. Pourtant, qu'est-ce que nous exportons, qu'est-ce que la télé québécoise vend au reste du monde? Des idées de quiz super géniales comme *Paquet voleur*, *La classe de 5ᵉ*, *Action-Réaction* ou des concepts télés profondément intellectuels comme *Un gars, une fille* et *Les Gags Juste pour rire*! Tandis que la BBC nous vend des émissions dans lesquelles des professeurs d'université nous parlent de l'évolution, de Louis XIV, du réchauffement de la planète et de la faune diversifiée du parc de Yellowstone.

Quand je pense à ça, oui, Pierre, j'ai le goût de pleurer.

Mais de pleurer ou de me plaindre, je suis tanné. Profondément tanné.

Cette correspondance que nous écrivons sera lue par deux cents personnes, j'en conviens, les Québécois s'en câlicent de notre livre, ils ont mieux à faire, suivre la carrière de Maxime Landry ou les billets «lucides» d'André Pratte ou de Sophie Durocher. Toutefois, cet exercice de brasse-camarade que nous avons entrepris, cet échange en mode *dry wash* souligne notre écœurement mutuel et notre désir fervent d'en témoigner. Je ne suis pas un politicien, mais un écrivain. Je suis un témoin qui ne se sert pas du tribunal ni de l'Assemblée nationale comme tribune. Mes livres sont mes armes; ce livre, je le crois, en sera une.

Une arme contre quoi? Je ne le sais trop. L'indifférence? Peut-être. La médiocrité? Sans doute. Le mépris de la littérature au Québec? Cela va de soi. L'anti-intellectualisme crasse? Je te l'accorde.

Je commence à te connaître, tu vas sans doute me dire que notre arme est un pétard mouillé. O.K., mais alors donne-moi une méthode pour le déshumidifier, notre pétard, le retirer de la gangue liquide qui en atténue la portée ? La vraie question est : Veut-on mettre le feu aux poudres ?

Je n'ai jamais vraiment souhaité mettre le feu aux poudres. En tant qu'écrivain, mon principal outil est la liberté d'expression, luxe dont nous disposons au Québec (dans ses plus grandes lignes, en tout cas). Je ne suis pas un révolutionnaire militant, mais un poète et un romancier. J'ai la fabuleuse chance de discuter avec toi, de répondre à tes irritations, d'émettre les miennes, de recevoir ta colère, d'exprimer la mienne.

Ce que je ne retrouve pas à la télé d'État, ce que les journaux et les autres médias négligent, j'ai l'impression de le mettre en scène ici. En correspondant avec toi, j'ai appris, modestement, à connaître l'écrivain qui a pondu *Le Messie de Belém*, *Un garçon de compagnie*, *Il était une fois une ville* et *Alibi*. Tu vas me dire que je suis en train de me transformer en matante de Radio-Canada et que je m'engouffre dans une conclusion aux aspects lénifiants.

O.K.

En y pensant bien, peut-être que oui ; peut-être que nous ne sommes pas allés encore assez loin. Jusqu'où aurions-nous pu mener cette entreprise de détestation et de démolition ? Je ne sais trop. La colère n'est pas notre seule guide, mais si nous n'avions suivi qu'elle, où cela aurait-il pu nous téléporter ?

Voir rouge et chemises brunes

Mon p'tit crisse de Bertrand,

Oh, non, tu ne vas pas me faire le coup de l'animatrice culturelle radiocanadienne ou téléquébécoise qui ramasse tout ce qui a été dit à sa énième table ronde d'abonnés insipides pour le néantiser par un «tout le monde fait son possible revenez-nous après la pause pour applaudir Fred Pellerin» de meneuse de claque en jupette craquée! [Oh, pour que je tabernacle un point d'exclamation au bout d'une phrase, il faut que je sois en beau fusil.]

Ta gang de papoteurs sont des nuls, pour deux raisons principales, hormis l'absence de talent. La première : leurs employeurs méprisent la littérature, et la culture en général, ce qui fait qu'ils leur donnent trois paragraphes pour régler leur affaire à des romans qu'ils auront lus en diagonale. La seconde : ils ont accepté de jouer le jeu. Par vanité, dans le meilleur des cas, sinon par simple stupidité ou par paresse. Ou par conviction qu'ils ne peuvent, hélas, faire mieux.

Ça fait des années que je ne regarde même plus le *Voir*, l'hebdo des illettrés branchés. En première page, des veux-dettes ; à l'intérieur, des grenailles pour les vrais artistes, histoire de valider l'existence du torchon. La littérature ? Au dernier sous-sol, prenez à droite. *Fuck you.*

Moi, je paie pour mes lectures et je sais aussi que rien n'est gratuit dans notre société abandonnée à la loi de l'offre et de la demande. *Voir* — une création de Martineau, non? Ça expliquerait beaucoup de choses — carbure aux pubs et aux petites annonces. S'il se mettait à publier de vraies critiques, le lectorat fondrait comme beurre au soleil et adieu veau, vache, cochon, couvée. Si j'ai lu ce que *Voir* a commis à propos de Courtemanche, je le dois à Facebook où quelqu'un a affiché le truc comme un grand moment de journalisme. Ce réseau asocial, c'est vraiment n'importe quoi. N'importe quelle tarte peut y prendre la parole et plus elle est tarte, plus elle la prend.

Tu sais, le matin, pour le petit-déjeuner, je me prépare une hénaurme omelette — trois œufs, jambon, asperges, fromage, tomate et champignons —, je me verse un café d'encre et j'avale le tout en épluchant les exemplaires de *TLS* [*Times Literary Supplement*] que j'ai mis dans, mes valises. Tu veux lire des recensions d'une ou deux pages avec du nerf? Fais comme moi et abonne-toi à cet hebdomadaire ou au *New York Review of Books*. J'ai tenté de le faire avec *La Quinzaine littéraire* [en plus, je m'amuse à y relever les fautes d'orthographe], mais c'est impossible de lui faire traverser l'Atlantique régulièrement, il semble. Les Français sont tellement débrouillards. Je me demande comment ils s'y sont pris pour récolter des Nobel de physique.

Tout ça pour te dire que des articles de deux pages, profonds, intelligents, non dépourvus d'humour, le *TLS* en compte par poignées. *Le Devoir?* Et, de toute manière, qui voudrait lire huit colonnes de Fanfreluche, de Desmeules ou de Giguère? Ou du fana de la défunte série *Virginie*, le bon curé Cornellier? Chantal Guy, une amie Facebook, c'est-à-dire une parfaite inconnue, fait des entrevues, et ça m'ennuie comme un roman linéaire : j'exige les livres, clisse. De plus, sa dévotion à sainte Nelly, pas vierge mais martyre, m'exaspère.

La meilleure chose qui pourrait t'arriver, c'est que Foglia s'intéresse à ton cas. Oui, notre papy du gros bon sens, le modèle des Martineau de ce monde — ça doit vouloir dire quelque chose — est celui qui fait vraiment la différence sur les tablettes. Dès que son petit cœur de faux bourru du Théâtre des Variétés est bou-bouleversé par un livre et qu'il en touche un mot à ses dévots, ces derniers se précipitent à la librairie et les recherchistes se mettent à t'appeler. Pathétique, non? Ou, plutôt, preuve de la gnagnardise des pisse-copie *slash* critiques. Et de la paresse de la majorité des recherchistes.

Donc, ce sont des nullards, merci d'être d'accord avec moi, et le sujet est clos. [Comment t'aimes ça, hein?]

Je suis peut-être cruel, soupçonnant que tu passes par une période très difficile : le verdict. Moi, j'ai foi en toi, saint Bertrand loin d'être vierge, mais martyr ponctuel, et j'implore ton pardon.

Bon, O.K., disons qu'ils font leur possible. [Soupir.]

Tant qu'à faire un mea culpa, autant poursuivre dans cette direction. Je ne ferai pas d'encadré, il serait trop long.

Voilà dix-sept lettres que nous échangeons et, comme l'exercice achève, je crois qu'est venu pour moi le temps de dresser la liste des choses que, de mémoire, je regrette d'avoir écrites.

J'ai été vraiment «pas fin» avec le délégué général. En fait, ce n'est pas ça qui m'inquiète — le monsieur peut se défendre — mais la possibilité de paraître ingrat. Tu n'as aucune idée de la gratitude qui m'habite depuis mon arrivée à Tokyo. Je suis parfaitement conscient du privilège qui m'est accordé d'occuper un appartement de luxe dans cette mégalopole. J'en suis redevable au MRI [ministère des

Relations internationales du Québec], mais en premier lieu au CALQ, au jury d'artistes — anonymes pour moi — qui m'a fait cette faveur inestimable. Sans blague, je ne fais pas une promo du Conseil des arts et des lettres : je suis franchement ému d'être ici. C'est sûr que le téléphone et la liste de quinze pages de gugusses à ma disposition et dont je suis responsable étaient un peu forts en café, mais bon, la perception de la culture au Québec est ce qu'elle est, on ne tire pas un peuple de l'obscurité en cinquante ans, surtout si une bonne partie s'accroche aux ténèbres.

Je me suis vraiment enferré dans le fleuret Laferrière. Je ne tiens pas à tempérer mes propos, loin de là, mais je m'en suis pris à un totem du Québec désespéré et désespérant, et je sens que je vais écoper alors que j'aurais dû laisser mes compatriotes jouir de leur myopie séculaire, surfer, sourire aux lèvres, portés par leur mépris d'eux-mêmes jusqu'au rivage de la liquidation des stocks. Admettons que ça ne me facilitera pas la vie, même si, comme je te l'ai déjà écrit, je songe à flanquer un point final à ma folie d'écrivain, sauf que je suis sérieux, moi, je ne me tète pas des entrevues à petits coups de déclarations « fracassantes » en attendant d'avoir une idée de livre.

Je n'aurais pas dû parler du petit écran, mais je crois que je n'ai pas été trop chien avec lui. Mon meilleur ami me répète régulièrement : « Pierre, tu te boycottes toi-même. » J'imagine qu'il veut dire que je me mets des bâtons dans les roues sur le chemin ensoleillé du succès. Soit. J'espère seulement que je ne le regretterai pas, car le monde de la télé — qui compte beaucoup de parvenus — ne tolère pas les affronts, qu'il qualifie pronto d'outrages. J'irai te voler des fraises à Saint-Liguori et te quêter du beurre d'arachides. [Je préfère le *smooth*.]

Il y a, bien entendu, les — comment les appeler ? — billettistes littéraires parce que je complique le travail de quiconque aura la mauvaise idée de me publier. Mais comme il ne me reste que deux livres à pondre...

Finalement, retour sur Tokyo. J'ai commis des méchancetés, mais qui parmi les Tokyoïtes va me lire ? Reste que je continue à me promener dans la ville, je m'émeus des manifestations de fragile humanité, notamment les décorations kitsch en vitrine et les magasins de meubles : on se croirait dans une boutique italienne ou portugaise de la Plaza Saint-Hubert.

Je t'ai parlé de leur modernité obsessionnelle, mais compensée par le respect d'une certaine tradition, notamment le port des kimonos par les deux sexes. Il y a aussi ces camionnettes ornées du drapeau de la marine militaire, avec des haut-parleurs géants qui déversent, à vous en déchirer les tympans, une rhétorique ultranationaliste entrecoupée de morceaux de Wagner joués deux fois trop vite. À ce moment-là, l'étranger se serre les fesses, prend des photos et continue son chemin. Mais ce n'est pas une exclusivité nippone. D'ailleurs :

———

ENCADRÉ MONT-SAINT-HILAIRE

J'ai des amis. Je sais, c'est surprenant.

Parmi eux, une copine que j'adore vraiment, appelons-la Jodie, qui m'invite à assister à un spectacle donné à Mont-Saint-Hilaire par sa classe de guitare et de chant.

Moi, j'adore ça, ces shows-là organisés par le professeur, appelons-le Guy, pour fidéliser son écurie et, qui sait ? pour recruter d'autres poulains gratouilleux. Je peux y voir plein de monde sur son trente-six, les gars inconfortables en jeans neufs, les bustiers trop serrés, les madames avec une coiffure de Méduse branchée par accident sur le 220 «parce que, Gilberte, il faut qu'on te voye de loin su'l'stage». Je raffole de compter les notes que les doigts échappent, sans parler de celles que les chanteurs d'un jour massacrent comme truies qu'on égorge. En plus, ils vont faire tirer une guitare, tu imagines, moi qui ne peux même pas jouer *Jeux interdits* au gazou [au mirliton, en bon français].

Je m'installe au beau milieu de la salle avec la famille de Jodie et d'autres amis, dont mon copain de l'époque. C'est plein à craquer de monde en grosse santé, en plus, car ils viennent de la région et l'air y est d'excellente qualité. Le défilé des permanentes est franchement top, cette année, les coiffeuses du coin doivent en avoir des bursites. Y a de l'électricité dans l'air, tout le monde connaît quelqu'un qui va passer à l'abattoir, un gros huit de *plywood* sous le bras.

L'après-midi se déroule comme un charme, l'atmosphère est vraiment, comme on dit, bon enfant, nourrie d'affection et de bienveillance. Sur scène, ça varie du joli au vachement truculent, et plus c'est poche, plus je les aime parce qu'il faut un sacré culot pour oser se planter devant, j'sais pas, mille cinq cents personnes, pour chanter *Hélène* ou *Je t'aime moi non plus* armé d'un ukulélé géant. Jodie s'en sort fort honorablement, surtout pour une nouvelle élève. Le spectacle tire à sa fin. Ça tombe bien, les mèches de Gilberte menacent de s'effondrer d'une minute à l'autre. Alors, Guy *slash* le gourou se plante au micro et annonce le dernier numéro. Les premières notes s'élèvent et, tout de suite, mon poil se dresse de la tête pratiquement aux pieds [je n'ai pas les pieds poilus]. Je reconnais cet alignement de notes qui me fait penser à un idiot du village qui tape sans se lasser sur une boîte de conserve.

C'est cet hymne brunâtre de nos aïeux favoris, ce rappel à la terre : *Dégénération*. Ton arrière-arrière-grand-père, il a défriché la terre[1]... Je regarde autour de moi avec mon air de furet amusé, du genre, « C'est pas sérieux ! » Et qu'est-ce que mon regard croise ? Des ceintures.

Parce que tout le monde, TOUT LE MONDE s'est levé comme un seul homme et tape furieusement des mains, un sourire de dévot exaucé imprimé dans la face. Ils connaissent les paroles comme s'ils les avaient écrites, ils se font aller les pieds comme des pur-sang dans le box des frustrations éternelles, ils ont entonné l'air avec une ferveur hallucinante. Je suis le seul resté assis. Je me sens, moi l'urbain de toujours, comme un Bambi blessé perdu dans la forêt des géants furieux. Ou plutôt, comme un Juif communiste qui se serait aventuré au congrès de Nuremberg de 1934 : il ne manque que Leni Riefenstahl pour filmer le tout. *Le Triomphe de l'imbécillité*, que ça s'appellerait. Dans un cinéma près de chez vous.

Qu'est-ce que j'ai fait, tu crois ? Eh bien, n'écoutant que mon courage légendaire, j'ai sauté sur mes pieds et je les ai imités en faisant semblant de connaître les paroles. Je pense que, de l'auditoire au complet, c'est moi qui ai tapé des mains le plus fort. Une fois la séance de défoulement brun passée, Herr Professor a recueilli les bravos des membres du nouveau parti et, aidé de Fraulein Gilberte, a procédé au tirage de la guitare.

---

1. Voici l'un de mes passages favoris :
« *Et pis toi, ma p'tite fille, tu changes de partenaire tout l'temps*
Quand tu fais des conneries, tu t'en sauves en avortant
Mais y'a des matins, tu te réveilles en pleurant
Quand tu rêves la nuit d'une grande table entourée d'enfants » (NDA)
(www.mesaieux.qc.ca)

Je suis sorti en me retenant de courir, histoire de ne pas attirer les soupçons, comme le gars qui a une petite envie urgente. En fait, j'avais besoin d'air.

Dire que j'ai peut-être gagné une guitare, ce jour-là. Mais mon seuil de tolérance à la crétinerie m'a fait tourner le dos à un nanan en *plywood*.

Ça doit être ça, un dégénéré.

———

Bon, ça y est. Je regrette presque d'avoir écrit ça. Je vais devoir acheter une bouteille de Jack Daniel's à Jodie pour me faire pardonner en lui expliquant que «c'est juste un livre. T'étais vraiment bonne sur scène». Et éviter Mont-Saint-Hilaire pour la prochaine décennie.

Heil, Bertie!

P.-S. — La lettre suivante, je dois faire un saut dans le passé : tu l'as déclenché avec ton courriel sur la drag-queen Vicky Richard.

Aspirateur

Cher heureux gagnant d'une guitare en *plywood*,

Avec le temps, cette correspondance est devenue une espèce de soupape, un atelier de thérapie par le rire et la colère, une discussion parfois exaltée autour d'une bière virtuelle (on va imaginer qu'il s'agit d'une Sapporo).

Un aspirateur est passé près de moi. Ma blonde m'a demandé de soulever mes pieds. D'abord éditrice du magazine *ZAQ*, qu'elle a conçu et fondé (le premier numéro sur la nourriture est sorti cet automne), ma copine s'adonne parfois à certaines tâches ménagères traditionnelles. Je suis un apathique complet en ce qui a trait à la propreté intérieure. Mon dernier appartement en témoigne. Je suis donc soumis au ronronnement du moteur de cet engin qui aspire tout. J'ai commencé à écrire cette lettre pendant qu'elle s'exécutait. La machine fait un son de contentement radical. Je ne jouerai pas au psychanalyste de salon, mais notre *persona* d'écrivain fonctionne, je crois, à la manière d'un aspirateur. Notre rhétorique, nos désirs d'écriture, nos écrits, agissent comme un vacuum intense qui nettoie de toute trace d'indignité ordinaire notre quotidienneté d'individus québécois aux prises avec une société qui valorise peu la lecture.

Notre monde culturel étrange, défendu par les gros salariés de la télévision et de la radio, logeant sur une toute petite île culturelle sérieusement menacée par les eaux montantes du néo-libéralisme mondialisant, abrite moins de deux mille écrivains professionnels (nous étions environ 1 510 en 2010). Selon le rapport de l'Observatoire de la culture et des communications du Québec, qui porte sur la vie des écrivains d'ici (tu as sans doute, comme moi, reçu et complété le questionnaire), 66 % des écrivains ne tireraient pas plus de 20 % de leurs revenus de la création littéraire. Je reproduis la note du document intégralement :

« Le rapport entre le revenu tiré de la création littéraire et le revenu personnel total détermine l'indice de revenu artistique ; plus l'indice est élevé, plus la part des revenus obtenus grâce à la création littéraire est importante parmi tous les revenus personnels. Pour les deux tiers des écrivains (66 % ou 1 000 personnes), l'indice de revenu artistique est inférieur à 0,2, ce qui signifie que moins du cinquième de leur revenu personnel est tiré de la création. Un indice de revenu artistique élevé signifie que presque tout le revenu personnel est attribuable aux activités de création littéraire ; tel est le cas de 185 auteurs (12 %), dont l'indice est supérieur à 0,8[1]. »

Je suis dans la catégorie de ceux qui doivent garder un emploi à temps partiel ou à temps plein pour subvenir à leurs besoins. Je fais donc partie de la majorité des écrivains québécois publiés. Mais, quelquefois, comme cette année, je fais partie des quelque 185 scribes, ces 12 % qui tireront, grâce à une bourse, presque 80 % de leurs revenus de la création littéraire.

---

1. www.stat.gouv.qc.ca/observatoire/publicat_obs/pdf/Mono_ecrivain.pdf

Ce qui fait de moi, et sans doute de toi, des privilégiés occasionnels de ce petit monde culturel. Personne ne nous connaît, car nous ne sommes pas des bêtes médiatiques ni des auteurs de best-sellers, mais nous bénéficions tout de même de subsides. Tu m'écris du Japon, là où le Conseil des arts et lettres du Québec t'a permis de profiter d'une résidence de six mois à Tokyo, je viens d'obtenir une bourse pour écrire mon prochain roman.

Bien sûr, ces cachets et bourses ne sont pas des ressources financières récurrentes et sont attribués selon certains barèmes. Un jury de pairs (c'est-à-dire un groupe formé de trois écrivains professionnels) se réunit deux fois par année au CALQ et une fois par année à la section francophone du CAC pour examiner des tas de dossiers d'auteurs comme nous, considérés comme professionnels, ayant publié dans des maisons d'édition reconnues. J'ai eu la chance d'obtenir ma première bourse d'écrivain après la publication de mon deuxième livre, *Fruits*, au Noroît. Ce sont les enveloppes les plus intéressantes destinées aux auteurs littéraires au Québec. Je ne t'apprends rien : elles sont convoitées. Sans ce coup de pouce (taux de réussite : environ une bourse reçue sur quatre demandes), avec une maîtrise en lettres et plus de mille pages publiées, j'aurais été, en gros, confiné au salaire minimum (si on répartit tous mes revenus sur une longue durée).

Ce n'est pas une calamité en soi d'être confiné au salaire minimum. Disons plutôt qu'il s'agit d'un esclavage soft. Fins de mois difficiles, pouvoir d'achat annihilé (à moins de tout acheter au Dollarama), obligation de travailler à temps plein (quand presque plus personne ne fait ça), se dépatouiller le plus souvent. Pendant mes années d'études, je me suis résigné à cette réalité, mais des milliers de personnes n'auront jamais la chance de se sortir de ce cercle vicieux, élèveront des enfants avec deux salaires minimums tout en ignorant que la littérature québécoise existe.

Mon exemple ressemble à un infomercial du ministère de l'Éducation. Je l'admets.

La réalité est pourtant simple. La culture n'est pas gratuite. Inviter Yann Perreau à performer dans un festival avec son *band* vous coûtera environ 11 000 $ le spectacle, demander à Serge Bouchard, l'anthropologue bien connu, de prendre la parole une heure en public dans un colloque peut vous en coûter plus de 2 000 $. (Ce sont des chiffres qui m'ont été confirmés par des organisateurs qui ont transigé avec ces deux personnes.) Faut-il s'en désoler ? Non, ces artistes demandent ce que leur renommée et leur expérience exigent.

J'habite en région, dans Lanaudière, depuis plus d'un an. J'y ai multiplié les entrevues et les demandes d'emploi, je n'ai pas eu la chance de me dégoter un boulot réellement rémunérateur. Hormis une pige bienvenue pour un magazine régional, le *MAG +45*, qui s'adresse à un lectorat de quarante-cinq ans et plus. J'y publie une chronique sur l'histoire des villes et villages de Lanaudière et des recensions de DVD. Il s'agit d'un trimestriel qui me paie cinquante dollars le feuillet (on me demande environ trois feuillets par magazine), je ne peux vivre avec ça. J'ai bien offert, dès que je suis arrivé à Saint-Liguori, des ateliers destinés aux apprentis écrivains. J'avais mis sur pied, avec ma copine aux communications (sans sa générosité intrinsèque et son professionnalisme sans faille, je n'y serais jamais arrivé), une espèce de service de direction littéraire. Je facturais soixante dollars par personne.

J'ai donné ces ateliers à deux reprises.

C'est finalement Alexandra (sans elle comment aurais-je pu me débrouiller en région ?) qui a réussi à vendre mes capacités de vidéaste amateur à l'organisme communautaire pour lequel elle travaille (j'ai fricoté un peu dans le monde de la vidéo, j'ai également tâté du

Super-8 quand j'étais jeunot) qui m'aura permis d'empocher l'argent nécessaire à ma survie. J'ai remboursé quelques dettes accumulées durant l'année avec ces 2 000 $ qui me sont tombés dessus en mars.

Bref, j'ai tiré le diable par la queue durant un an.

Considérant mon parcours d'écrivain, mes multiples participations à des lectures publiques pour lesquelles je n'étais payé qu'avec des coupons de bière, considérant que j'ai écrit tellement d'articles sans demander une rétribution, considérant que je viens même d'accepter (mais je n'aurais pas dû, je sais) de recenser gratuitement, en mille mots, la biographie de Miron par Pierre Nepveu, grosse brique de huit cents pages, pour *Montréal en tête* (parce que c'est une société d'histoire et que j'ai un faible pour ces gardiennes du patrimoine écrit), je ne ressens aucun remords à participer à la tombola des bourses et à parfois y gagner.

Le lecteur comprendra que nous sommes actifs tout aussi bien sous la forme courriélistique qu'épistolaire (s'il y a lieu de distinguer ces deux formes d'écriture aujourd'hui). Sans compter que nous prolongeons nos échanges par des taquineries multiples sur nos comptes Facebook respectifs. Bref, nous vivons en 2011.

Dans l'un de ces courriels, je t'ai confié comment j'ai eu la chance de comprendre l'ampleur du phénomène Vicky Richard. Intrigué par la fascination d'un ami homosexuel qui souhaitait que j'assiste à un spectacle de drag-queens à L'Entre-Peau, soi-disant pour enrichir ma culture personnelle, j'ai découvert ce spectaculaire travesti. Spontanément enclin à tout transposer en musique à cette époque de ma vie (j'avais, je t'en ai déjà parlé, un ministudio dans le sous-sol de mes parents), j'ai composé une chanson pour saisir au vol la forte impression d'étrangeté et de beauté que m'avait communiquée le spectacle de cet artiste professionnel, épitomé de toute la grande période drag-queens de L'Entre-Peau.

Je me souviens de Robbert Fortin, poète, directeur littéraire, atteint du sida, qui avait bénéficié, lui, de la trithérapie.

Affaibli par le VIH, cet homme généreux et talentueux s'est éteint à la suite d'un malaise cardiaque dans des circonstances tristes. Il est mort dans le taxi qui l'amenait à l'hôpital Saint-Luc.

Je te raconte ça comme un souvenir en pop-up qui m'est venu en repensant à cette époque.

Qui sait dans quelle toile d'ironie du sort nous allons d'ailleurs tomber avant de mourir ? Qui sait dans quelles circonstances loufoques et comment les joints d'étanchéité de nos corps vont céder sous la pression continuelle de la vie ?

Qui sait ce que nous réserve cette parole libre que nous partageons, bâillonnée par aucune loi (à part la grammaticale), ne cherchant pas à gommer nos défauts, en fouillant dans la plaie vive de notre vérité la moins glorieuse, parfois même la plus prétentieuse, sans céder à la peur de déplaire ?

Sans doute un ou deux articles dans les journaux. Puis une mort symbolique rapide, dans les boîtes du grand entrepôt, celui-là sans spectacles hauts en couleur, de Dimédia, à Ville Saint-Laurent.

Nostalgie et devises

Cher *Bad Ass*,

Je termine de lire ta dernière lettre et, autant nous cultivons une affection réciproque et la fertilisons de nos bons mots, autant nous sommes parfois aux antipodes quand vient le temps de prendre position sur l'échiquier et d'assumer chacun son rôle. Cavalier? Fou? Reine? Pion? Si je faisais le finfinaud, je me déclarerais cavalier, pour la bonne raison qu'il se meut en L comme dans Littérature. Mouahh! C'est un hypocrite, l'animal, il peut atterrir sur une case blanche ou une case noire, peu lui importe si ça lui permet de bouffer une pièce qui ne s'attendait pas à se faire annihiler parce qu'elle regardait en ligne droite. Bon, je pourrais étirer cette parabole royale sur quatre pages — le terme «échec» viendrait de *shâh*, c'est-à-dire «roi» en persan —, sauf que nous n'aurions pas avancé d'un centimètre intellectuellement parlant. Ce serait comme une table ronde au Salon du livre, mieux connu sous son pseudonyme Foire-commerciale-où-tout-le-monde-s'en-fout-plein-les-poches-sauf-les-écrivains [et-qui-donne-bonne-conscience-aux-gestionnaires-bibliophobes-de-nos-institutions-culturelles, dans sa version longue].

Cette lourde entrée en matière réglée, je pars la machine. J'ai l'impression d'être souvent plus sévère que toi, parfois, c'est le contraire. Premièrement, associer les écrivains et leur entourage aux péquistes est une méchante vanne. Le PQ est passé d'un parti de visionnaires à une écurie d'actuaires : ses membres gèrent des risques, notamment : « Jusqu'où peut-on entuber la population sans qu'elle s'en rende compte ? » Le maximum a été atteint avec Lulu, notre Capitaine Crochet des travailleurs québécois, et depuis, Paupau, notre Castafiore favorite, applique un lent mouvement de va-et-vient stratégique qui, si elle n'y prend garde, causera un irréversible déchirement au colon, avec ou sans accent.

Bref, je ne vois pas ce qu'une aspiration à l'excellence recèle de points en commun avec la médiocrité des zombies souverainistes. Ça fait longtemps que j'ai déserté le rafiot bleu [la preuve : je ne me souviens pas vraiment de sa couleur emblématique]. J'ai opté successivement pour NPD-Québec, PDS, UFP, dirigé, si ma mémoire est bonne, par Paul Rose et, au final, Québec solidaire même si je le trouve maternaliste, c'est-à-dire que, contrairement à un parti paternaliste qui te somme de lui faire confiance et de prendre ton trou, le maternaliste va diluer la réalité ou l'emmieller jusqu'à ce que tu dises, le cœur au bord des lèvres, que t'avales. Sourire. Prochain principe assertorique.

Je suis un fervent défenseur de la colère comme combustible créatif, notamment contre une crétinisation généralisée résultant de la privatisation forcenée d'un pan entier de notre société. Attention, je ne parle pas de réaction, mais d'obstacle à ce phénomène que nos maîtres seraient trop contents de nous présenter comme un progrès auquel s'opposeraient des réactionnaires ou des dinosaures. Je suis un résistant.

J'adore la BBC, je considère qu'elle offre ce qu'il y a de mieux à la télévision. Par exemple, nul autre réseau, états-uniens et, par-dessus tout, canadien, n'aurait pu ou ne pourra pondre une émission telle qu'*Absolutly Fabulous*, portée par une liberté, justement, absolue. Oui, le spectateur y compte des longueurs, des redites, des sparages, mais, joie sublime, ce n'est pas réglé comme du papier à musique avec les points d'orgue avant la pause commerciale. Pourquoi ? Parce que ce réseau est subventionné à 100 %, sauf que les conservateurs britanniques nouvellement élus aiguisent leur hache.

Ici, la job a été faite par, si ma mémoire est bonne, la meute à Mulroney, ces barbares qui ont tout dévasté : Pétro-Canada, Bell, Air Canada. Puis Chrétien, fripouille professionnelle, en a rajouté. Même chose avec Radio-Canada. Tu sais, la censure moderne n'est plus représentable par un général multimédaillé armé d'un marqueur à caviarder les scénarios, mais par un producteur privé — maillon désormais incontournable — bien intentionné qui se cale dans son fauteuil et décrète qu'un passage, un texte, un projet sont trop smattes pour le peuple. Radio-Canada est peut-être subventionné à 75 %, mais il agit en *prime time* comme un réseau totalement privé. La privatisation, chère aux libéraux politiques, est, justement, comme la liberté : elle n'existe qu'à 100 %. Je devrais me fermer la gueule. Je respecte la majorité des producteurs : ils n'ont pas le choix, ils jouent le jeu, c'est tout. Et le plateau déployé devant eux, c'est celui du Monopoly.

Toutefois, symptôme de mon ramollissement de cinquantenaire, j'imagine, je ne vois plus mon écriture romanesque comme une arme, mais comme une source de lumière. Je tente d'offrir à mes contemporains une alternative quand se présente l'occasion d'éclairer un fait, un événement, un discours. Au lieu de les bourrer d'émotions et de véhémence fanfreluchiennes qui les aveuglent intellectuellement parlant, je dessine des itinéraires alternatifs à leur long — et préférablement lent — voyage de contemplation, de décryptage de la réalité, si elle existe. Bref, une littérature voyoute, la tienne, la mienne, est, je le répète, source de lumière — la lucidité réelle, fille de Lux — et d'espoir.

J'ose espérer que des lecteurs qui s'aventureront dans notre bordel littéraire parviendront plus aisément à reconnaître les pièges tendus par les crétins rusés qui nous gouvernent.

S'ils avaient lu un livre de temps à autre, les pauvres poches péquistes et bloquistes auraient dénoncé la gifle monumentale servie par Harper quand il a déclaré que les Québécois constituent une nation dans un Canada uni, ce qui voudrait dire, par exemple, que si l'Île-du-Prince-Édouard se manufacturait la paire de couilles qui nous manque si cruellement, si elle se séparait et brisait notre beau Canada, nous ne formerions plus une nation puisque la confédération serait automatiquement désunie.

Alors, oui, je me choque. Si j'échange des lettres avec un frère, je me permets d'y aller sans appliquer de lubrifiant. Mais écrire un roman, c'est visser une ampoule dans le support électrique et jeter la lumière sur le mensonge et la bêtise. Je ne pleure pas, je ne me plains pas : je braque le projecteur. Sinon, je me farcirais du Nancy Huston ou du Barrico, je pousserais des « Hon, c'est ben beau », et je passerais à une biofiction préférablement trash pour remagnétiser mon aiguille. « J'éclaire donc je suis », ça m'irait.

Dis, t'as remarqué que *Le Devoir* a changé de devise ? Je suis allé lire le pipi nerveux de Desmeules au sujet de ton roman — pas encore disponible à Tokyo, mais je retiens mon souffle —, et, vlan, j'encaisse « Libre de penser » à la place de « Fais ce que dois » sur la une. Ils ont dû nous faire le coup pour le centenaire du journal. Un glissement s'est opéré, non ? Je veux dire, ce mantra siérait à *La Presse* ou pourrait servir de credo à n'importe quelle feuille de chou de gauche comme

— surtout — de droite. À ce compte-là, tu crois que le quotidien des intellectuels [sic] pourrait changer de nom? *Le Lousse*, *Le Mollasson*, *Le N'importe Quoi*, tu en penses quoi? *La Prière* serait pas mal non plus, «une pensée folichonne pour Dieu», car plus ça va, plus ça fait billet paroissial, avec sa congrégation de frères et sœurs. Disons que le journal a connu de meilleurs jours.

Ce qui m'amène à:

———

ENCADRÉ MAUDITE NOSTALGIE CRASSE

Tu as eu le malheur de mentionner la drag-queen Vicky Richard et, aussitôt, mon esprit a traversé le portail temporel pour se retrouver en 1980, trois ans avant la naissance de mon dernier ex. Ouais, ouais, je préfère les jeunes. Sais-tu pourquoi? Parce que je choisis de partager ma vie avec quelqu'un qui a des projets d'avenir plutôt qu'endurer un vieux con qui remâche sans se lasser les divers épisodes de sa biographie extraordinaire désormais faite de condo payé, de Toyota Camry et de petits voyages occasionnels.

Donc, je suis allergique à la nostalgie. Toutefois, je peux flancher et voilà que, par ta faute, une faune que je croyais enterrée a été ressuscitée, une ménagerie témoin de mon atterrissage au pays des adultes s'anime.

J'étais dans le placard, lui-même caché dans un coin du sous-sol. Je travaillais dans une banque et je me revois marchant sur la rue Christophe-Colomb, en ciré noir avec un long foulard blanc autour du cou, qui me rends à la succursale en pleurant. Je ne pouvais pas croire que la vie était ainsi faite. Mon adolescence a été une enfilade d'entêtements et de nausées de vivre. Chaque jour m'accueillait avec une pensée de suicide, et je le quittais avec une affirmation de tête de cochon : Non, ils ne m'auront pas. Je n'allais pas disparaître pour leur alléger l'existence. Reste à identifier qui « ils » étaient, mais tu comprends que je veux dire « la société ».

Finalement, je décide de tout plaquer : j'irai travailler dans un resto. D'abord au défunt Ben's, où je ramassais des cinq cennes comme pourboire, puis, la nuit, chez son concurrent Ben Ash. Alors, la vie crue m'a happé. Bang, câlice.

Ma première nuit, posté au comptoir, je déchire mon pantalon au niveau de l'aine et je demande au gérant — Monsieur Félix — de retourner à la maison pour me changer. Il semble réfléchir, contemple mon petit accroc, y glisse le doigt, tire un bon coup et me dit : « Pas nécessaire. Là, c'est parfait. » En effet, je n'avais jamais fait tant de fric de ma jeune présence sur terre. Leçon n° 1 de ma nouvelle vie : le cul et l'argent mènent le monde, main dans la main.

Le Ben Ash, là où les gars de cuir, moustachus et poilus des sourcils jusqu'aux bottes, venaient, à trois heures du matin, se recueillir devant [monsieur le technicien : zézaiement et voix aiguë svp :] « une tarte au citron pis un thé ben chaud ».

Le Ben Ash, où deux serveuses, le gérant — toujours le gros Monsieur Félix — et moi-même avons escorté vers la sortie en ruelle un dealer qui avait la particularité, ce soir-là, d'avoir le couteau du coupeur de smoked-meat planté dans le dos. Sa blonde l'attendait dans le char, une Camaro, je crois. Pendant qu'on tentait de l'asseoir sur le côté sans compliquer son cas, il sacrait et jurait qu'il allait retrouver les gars qui lui avaient fait la faveur. On ne l'a jamais revu, mais sa blonde, oui : dans le coffre de sa voiture, ligotée, bourrée d'asticots. Verdict : suicide. *Go figure.*

Le Ben Ash, enfin, où les top dealers s'appelaient François et François, deux policiers du poste 15, si ma mémoire est bonne. Je me demande si leur retraite se passe bien.

Oh, que les souvenirs refluent, comme une toilette bouchée.

Je revois la seule fille avec qui j'ai plus ou moins baisé avant de faire mes adieux à la straightitude. Les gens autour affirmaient que, si un homme baisait une fois avec un autre homme, il était souillé, débauché, au mieux bisexuel pour la vie, alors je me suis dit : Peut-être cela vaut-il pour le contraire ?

Elle s'appelait Claudette, une collègue de smoked-meat. J'avais vingt-deux ans, elle, trente-cinq, avec des boules en silicone, la nouveauté à l'époque. Elle sortait avec un gars de la construction, posté à la baie James et, après une fausse beuverie — de sa part— elle m'a entraîné dans un motel de la Rive-Sud, et je me suis dit, bon, *let's go.* Je vais résumer l'expérience ainsi : c'était anatomiquement intéressant. Le spécimen poussait des râles différents selon l'endroit où je posais le doigt. Mais, péniblement parlant, *nada.* Aucun intérêt, c'était comme une classe de bio. Je lui ai brisé le cœur, je pense.

Prochaine étape : ma première sortie dans un bar homo, le Jardin, en jeans hyper moulants — et j'avais la fesse pour leur faire honneur, mon pit —, ceinture mince et double longueur que l'on croisait à la taille puis autour de la jambe, boucle sur la cuisse si t'étais une pute, ce que j'ai fait parce que je me tenais avec un prostitué du Square Dominion — il ne voulait pas baiser, il m'appréciait trop pour ça. Je me souviens de la musique : je passe la porte et s'élève aussitôt la voix de Donna Summer : *Bad Girls*. Synchronicité, j'imagine.

Oh, mon premier vrai chum qui travaillait au Rendez-vous, au sous-sol du Ben Ash. Il avait neuf frères et sœurs que le père avait tous baisés et forcés à s'entrebaiser, dans un rang de Trois-Pistoles pendant que bobonne préparait les bines à mélasse, bonne maman souriante avec un vilain éclat de maquerelle au fond des yeux. [Salut VLB !] Il faudrait que je te raconte par le détail la fois où j'ai vu son frère au resto, en pleine hécatombe sidéenne et qui me laisse savoir que, oui, hélas, l'innommable était arrivé à son cadet : il avait changé de nom. Et de sexe. Je suis parti à rire, comme si être une femme était pire que la mort. Puis, je me suis étouffé net quand le frère en question m'a confié que c'étaient les dernières volontés de Clermont avant de mourir et qu'il y avait engouffré tout son argent, y compris son salon de coiffure.

La dernière fois que je l'avais vu, Clermont, je l'avais trouvé toujours aussi mignon, même s'il avait décoloré ses magnifiques cheveux de jais, et il m'avait presque sauté dessus : il voulait TELLEMENT baiser avec moi. Les promesses de plaisir qu'il m'avait faites... Il était sûrement atteint, et je demande encore s'il avait cherché à m'entraîner avec lui, histoire de ne pas crever seul. Ma sœur Françoise m'avait pris par le bras et, pour la première fois de sa vie d'aînée, elle m'avait interdit de faire quelque chose : d'y aller. Chandelle fière je lui dois. Et je n'arrive pas à en vouloir à Clermont. À mes yeux, le désespoir excuse tout.

N'empêche, c'était une époque triste, et j'ai assisté à la disparition de plusieurs proches, mais aussi à la faiblesse des humains. J'ai des attributs irritants — je me sers du mot « défaut » le moins souvent possible. Ainsi, je ne suis pas l'homme le plus courageux dans une ruelle, mais en pleine hystérie de l'époque sida, je n'ai jamais hésité à prendre dans mes bras un ami atteint et de l'embrasser. Peut-être étais-je inconsciemment cruel, je veux dire, se pourrait-il que ç'ait été là ma façon de lui signifier que l'heure des adieux avait sonné ? Reste que plusieurs les fuyaient comme des mauvais présages, et moi, je songeais que, si aimer son prochain peut vous tuer, eh bien, mourir est la preuve que je suis vivant.

Donc, parmi les victimes, il y a eu ceux qu'on appelait les travestis. Vicky Richard. Bien entendu, je l'ai vu en spectacle et... il était fantastiquement fantastique. Je crois qu'il est tombé au combat contre le VIH, en effet, avec toute une flopée de confrères/sœurs que j'ai mieux connus : Black Emmanuelle, très malade il y a dix, quinze ans [Peut-être a-t-il survécu ?] ; Ogie, l'un des premiers à partir, que j'aimais beaucoup avec ses histoires pas possibles dont la fois qu'il s'était retrouvé à l'hôpital après avoir essayé de s'épiler la barbe à la cire chaude ; Normand, dont j'ai oublié le nom de scène, qui animait les soirées à la chic taverne Bellevue ; Luce, qui m'avait remis son numéro de téléphone au même restaurant où je crissais des smoked-meats sur les tables. Je l'avais déchiré et, le geste à peine fait, j'avais vraiment ressenti, en voyant l'air blessé de Luce, ce que c'était que d'être quelqu'un de mort en dedans, pas capable de reconnaître une manifestation d'appréciation, un appel d'humanité. J'ai changé.

Oh, la voisine de Clermont, son amie d'enfance et, tiens, ça me revient, la mère de son enfant, qui avait la langue en viande hachée : scorbut.

La nostalgie est un bain-tourbillon : qui s'y abandonne repasse toujours par les mêmes remous. Mal au cœur.

———

Bon, *cut flash-back*, retour scène.

Ouf. Ça, c'était un méchant encadré. Fuck. Si je mettais autant d'entrain à écrire mon roman, il serait fini depuis belle lurette. En passant, je sais que j'ai été *cheap*, que j'ai recyclé le courriel que je t'ai fait parvenir. C'est aussi ça, un écrivain, c'est-à-dire quelqu'un qui s'accroche à ce qu'il considère comme de bons morceaux.

Ils sont tellement rares pour ceux qui doutent.

La dèche et les Gaulois de l'Est

Ave Bertrand,

La précarité. Le lot de la majorité des écrivains, c'est-à-dire ceux qui n'ont pas une autre source de revenu régulier. Remarque, j'ai connu la pauvreté à l'époque où je travaillais pour une banque.

Je me rappelle avoir invité chez moi le beau Simon [à prononcer à l'anglaise, il était juif et j'adore les Juifs, car ils vénèrent le savoir, le chérissent et l'entretiennent, contrairement aux catholiques qui glorifient l'ignorance]. Je le remorque jusqu'à mon appartement, rue Sherbrooke. J'ai l'énergie à zéro, parce que je mange un jour sur trois, mais il parvient à m'allumer, et voilà qu'il me demande quelque chose à grignoter. J'ouvre le frigo : j'ai deux œufs, trésor que je lui propose.

Le bon côté avec la faim, c'est que celui qui en souffre sur une période assez longue s'y habitue et considère la nourriture comme un caprice et une perte de temps. En fait, je crois que ce sont les miettes de dignité restantes qui le persuadent qu'il est au-dessus de ces bassesses. Un mirage d'ascèse extrême, si tu veux.

Je remarque que le beau Simon inspecte mon logement, les ampoules grillées qui n'ont pas été remplacées, les vêtements suspendus pour sécher partout, la télé débranchée, les livres empilés sur le sol, le papier cul de qualité zéro, en feuilles pliées, volé au travail ou dans une toilette publique, les fenêtres sans rideaux. Et deux œufs dans le frigo qui se mettront bientôt à crépiter.

Je m'installe à la cuisinière, obsédé par la menace des cafards qui pourraient choisir ce moment pour sortir de leur cachette, même si je garde l'endroit impeccable. J'allume, je casse les œufs, Simon me parle de je ne sais plus trop quoi, l'odeur que dégage la casserole me révulse : je tourne de l'œil, me réveille sur le sol avec Simon penché au-dessus de moi, la larme à l'œil : il ne s'était jamais douté qu'un Montréalais pouvait vivre dans un tel dénuement. Je parviens à lui sourire : je n'en ai même pas honte. C'est ça, le Québec.

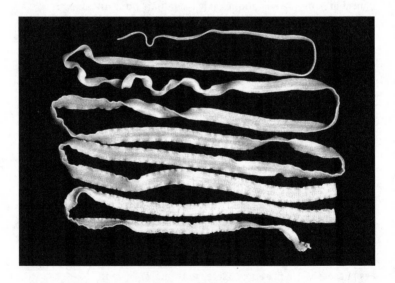

Bref, il nous commande un repas au restaurant indien au rez-de-chaussée — quartier général de mes cafards —, il me met au lit et s'en va après m'avoir laissé cinquante dollars sur le bureau. Comme s'il laissait derrière lui une misérable pute qui n'inspire que de la pitié. Mais je n'en ai pas fait un roman.

Depuis, cet épisode de ma vie agit sur mes nerfs sur un mode contradictoire : il est à la fois un épouvantail et une source de réconfort. Je redoute, surtout à mesure que je mûris, un retour de cette misère tenace qui se nourrit du désespoir qu'elle cause. D'un autre côté, je sais que je ne redescendrai jamais aussi bas. J'y verrai. Mais je n'en ferai pas un thème récurrent de roman non plus.

Donc, louons le CALQ et le Conseil des arts du Canada pour ces subventions imposables. [Ça mérite d'être mentionné : les artistes paient des impôts et, j'en mettrais ma main à couper, infiniment plus que les millionnaires qui profitent du système.] Quand j'entends les occasionnels idiots, dont certains élus, affirmer que nous, les « créateurs » — je déteste cette appellation — subventionnés, sommes des parasites, je réplique que la vie ne peut se passer de ces bestioles qui se nourrissent des créatures plus dodues qu'elles. D'ailleurs, qu'est-ce que l'humain représente pour la planète ? Et, finalement, j'affirme préférer être un parasite plutôt qu'une vermine, et là, je ne te donnerai pas de noms.

Cette soudaine pudeur de ma part tient de l'instinct de survie : je crois que, dans le domaine de la création d'ennemis ou, au bas mot, d'inimitiés, j'ai assez donné au fil des dix-huit lettres précédentes. Raison pour laquelle je me contenterai d'affirmer ceci : j'ai le privilège — irrégulier — d'écrire pour la télévision. Un épisode d'une heure vaut plus ou moins une bourse annuelle pour un écrivain. C'est un choix de société.

Ainsi, oui, j'ai eu une subvention avec l'appartement au Japon, mais je ne dois pas oublier que la vie reprendra à Montréal à l'étape même où je l'ai laissée. Si je ronge toute la cagnotte, je devrai me remettre à compter les œufs dans le réfrigérateur dans pas grand temps.

Maintenant, si tu me permets, je vais lister quelques observations nippones avant de les effacer de ma cervelle.

———

ENCADRÉ ILS SONT FOUS CES NIPPONS

En effet, voici certains faits qui m'ont paru sinon bizarres, du moins truculents au pays du Soleil levant :

A. Le métro.

Que font les Tokyoïtes pendant qu'ils se font trimballer dans les boyaux de la capitale, accompagnés par un bruit d'enfer qui ne se relâche jamais ? Trois choses, si on exclut « avoir l'air bête » de la liste :

Une minorité lit un bouquin, souvent un manga. De plus, détail cocasse, les livres sont habituellement dotés d'une jaquette anonyme, confectionnée par un libraire attentionné au moment de l'achat. Ainsi, impossible de deviner quels trucs les passionnent, en admettant qu'il soit possible de déchiffrer les caractères kanjis, inspirés du chinois. Une connaissance [clin d'œil lubrique ici] m'a expliqué que les Japonais forment sans aucun doute la plus importante communauté d'écornifleurs sur notre planète. Ils s'espionnent mutuellement et ne se gênent pas pour discuter de vos goûts, habitudes et choix de lectures dans votre dos. Normal, tu me diras, si nous considérons qu'ils vivent littéralement empilés les uns sur les autres. Donc, ils cachent jusqu'aux couvertures de leurs bouquins.

La majeure partie des voyageurs se démènent comme des diables dans l'eau bénite... sur leurs cellulaires intelligents et autres Game Boy. Les communications téléphoniques sont interdites dans le métro [ah, voilà un signe de raffinement], mais rien n'empêche les usagers de se texter ce qui ressemble à une quantité folle d'informations. Je me demande s'ils s'envoient des SMS de cul. Ce serait quelque chose. Sinon, ils jouent à des jeux débiles et semblent vouloir défoncer leur appareil à force de marteler le clavier de coups de pouce enragés, décochés avec une dextérité étourdissante.

Le reste des gens autour des airs bêtes pitonneurs à mort et des lecteurs paranos... pique un somme. Qu'il soit assis ou couché, le somnoleur souterrain offre un spectacle lent, bien sûr, mais vachement intrigant. Les postures sont souvent amusantes, parfois évocatrices d'un contorsionniste du Cirque du Soleil accro à la camomille. Et, oui, les dormeurs sont, quelque part, touchants, comme s'ils étaient de gros poupons ridés. Les voir accrochés aux poignées comme des chimpanzés aux palmes d'un bananier, les yeux clos, la lippe pendante, la tête qui ballotte au gré des secousses, m'impressionne à chaque trajet que j'effectue, peu importe l'heure.

J'ai l'impression que la nuit de sommeil est courte, à cause des longues heures de travail et des trajets interminables pour faire la navette entre le lit et le bureau.

B. Le chaud, le froid, la douche.

Peu importe les conditions météorologiques, le Tokyoïte souffre. Assister au spectacle du citadin s'épongeant sans relâche sous un soleil de plomb, l'air misérable, est une joie pour les esprits malins comme le mien. Arrive l'automne et ses vingt-deux degrés de moyenne, ils sortent l'anorak et claquent des dents. Faudrait se brancher.

Mais ce qui m'intrigue et, oui, me laisse baba, c'est leur résistance à l'eau chaude. Ils te prennent des douches idoines pour la cuisson parfaite d'un homard pendant de longues minutes. Je ne sais pas comment ils y parviennent sans se retrouver sur une civière. J'ai lu, il y a un siècle ou deux, le livre *Shogun*, d'un certain Clavell, il me semble, et l'auteur y relatait la terrible torture à laquelle les Japonais soumettaient les envahisseurs anglais : ils les plongeaient dans une marmite d'eau bouillante. En fait, je crois qu'ils voulaient gentiment leur donner un bon bain. Au gym, ils ressortent de la douche ou s'extirpent du bassin d'eau bouillonnante roses comme des flamants, l'air aussi bête que dans le métro, remarque.

Une autre étrangeté : ils sont d'une gentillesse exemplaire dans la rue, mais aussitôt qu'ils évoluent dans un environnement où une certaine hiérarchie se déploie [debout/assis, fort/faible, ascenseur/escalier], adieu les belles manières. Écoute, c'est hilarant : ils entrent dans l'ascenseur et se dépêchent d'appuyer sur le bouton « Fermer les portes », surtout si un autre résident s'approche de l'appareil. C'est MA cabine, *bitch*, attends ton tour.

C. Le flirt.

Zéro flirt dans la rue. *Nada. Niet.* À l'occasion, quelqu'un remarque mes yeux bleus et, pris en défaut, s'empresse de regarder au loin vers un néant qui rassure et lui permet de se ressaisir. Il arrive, me semble-t-il, qu'un homme me réserve un regard intense, mais je n'arrive pas à deviner s'il veut m'embrasser ou me découper en morceaux avec un sukiyaki[1] en arrière-pensée. Se tromper pourrait être gênant. Et puis, les Japonais sont souvent très délicats, physiquement parlant. Ajoute le cheveu architecturé, les doigts graciles et impeccables, les

---

1. Grosso modo, une fondue japonaise. (NDA)

vêtements moulants, le t-shirt parfois échancré jusqu'au plexus, la poitrine glabre de minet sous-alimenté et alors mon *gaydar* est totalement déréglé. Mais je me répète peut-être, c'est fou comme j'oublie ce que je te confie.

———

Il me reste trois mois pour tenter de percer une autre infime partie du mystère nippon. Et je suis d'une paresse inqualifiable. En fait, je considère que je ferais un ermite tout à fait respectable. J'aime mon prochain, mais je préfère lire ou écrire, ou faire semblant de le faire. Je me suis fait une promesse ce matin : toujours sortir avec mon appareil-photo comme je l'ai fait au cours des deux premiers mois. C'est comme si j'avais atteint un trop-plein d'informations. Une saturation. Il faut être bon et généreux pour accueillir une culture inconnue en soi. Ma réserve dure quatre-vingt-dix jours, j'imagine. Qui sait, avec un petit effort, je parviendrai à assimiler ce que j'ai absorbé et je pourrai m'y remettre. Je suis convaincu que, au vu du privilège qui m'est accordé, c'est la moindre des choses à faire.

P.-S. — Tu te rends compte d'un truc ? Je peux écrire une lettre le 2 octobre et, en théorie, tu peux la recevoir le 1er. Mince alors.

P. P.-S. — Paraît que notre lectrice privilégiée veut que nous parlions de notre écriture avant nos adieux d'épistoliers. Merde. J'en ronfle d'avance.

La prose du semi-sous-sol

Cher paradoxe temporel,

La pauvreté n'est pas un sport de compétition. C'est un sport de fond, d'endurance, de ténacité. Je connais bien ces valeurs de persévérance, de pugnacité, car je les ai appliquées à grande échelle durant toute ma vie d'écrivain québécois.

Ma prose et ma poésie s'en sont ressenties. Le burlesque fantastique que je mets en œuvre dans mes livres est une sorte de réponse mélancolique à toute cette entreprise de reconnaissance de légitimité littéraire, qui me tracasse et m'habite. Je sais bien, dans mon for intérieur, que toutes ces singeries qui se rapportent à cette forte pulsion de vouloir tuer la banalité de ma vie sont destinées à un avenir périlleux, sinon à de vaines bouffées de vent. Mais j'ai décidé tellement tôt, vers mes douze ans, de vivre ma vie en fonction de ce rêve que ce rêve est devenu plus important que ma vie.

Exister en surplus d'exemplaires, dans les bibliothèques, les anthologies, les revues, les listes des prix littéraires, en numérique, sur Amazon, à la Bibliothèque du Congrès à Washington, dans les pages des journaux, en photos, en critiques positives, négatives, essoufflées, en commentaires désobligeants, flatteurs ; mentionné, recensé, humilié avec des mots durs, encensé avec des mots exagérés, vilipendé dans le cadre d'une conversation entre écrivains; mon apport souligné, mon apport dénigré, mon apport considéré comme inexistant. Toute cette poutine, je l'ai désirée, maladroitement à mes débuts, plus consciencieusement en vieillissant. Un livre est l'événement le plus personnel que l'on puisse créer. Il est un condensé de nos névroses, rêves, visions, une arme symbolique pour asséner des coups de masse à la vie, sans trop heurter les quant-à-soi de tout un chacun. Lire est un sport de combat pour athlète amateur; écrire est un sport extrême pour tous les abonnés aux épreuves d'endurance.

Mes ambitions extérieures à ce rêve d'écrivain, je ne les ai jamais vraiment considérées. J'ai laissé le temps me traîner, tout en garantissant à ma prose et à mes poèmes le plus de liberté possible, question de ne pas trop compromettre leur éclosion. Travailler est un contretemps fâcheux à toute démarche créatrice. J'ai donc ainsi toujours souhaité obtenir des horaires à temps partiel, que ce soit comme libraire ou dans tout autre domaine. Même durant mes années débordantes en tant que codirecteur littéraire de Triptyque, là où j'ai appris tout autant à aimer les auteurs qu'à les détester profondément, j'essayais de grappiller ici et là des heures de dîner conséquentes, du temps pour moi. Une désillusion profonde au sujet du monde de l'emploi m'a assailli après quatre années de loyaux services. Je suis retourné à l'écriture avec intensité, merci au chômage et à une bourse d'écriture du CALQ. C'est ce qui m'a permis d'écrire *Lectodôme*.

J'ai compris alors qu'écrire est toujours une occupation à plein temps.

Ainsi, me trouver un emploi est toujours un calvaire débilitant. Je suis nul en entrevue et je ne sais pas me vendre. Les cégeps ne m'ont jamais voulu comme prof (je n'ai sans doute pas essayé avec tout l'acharnement nécessaire), et le type d'emploi que je recherche est peu disponible ou ne paye pas assez (communications, rédaction ou journalisme dans le milieu culturel). Je n'ai pas le profil, je ne conviens pas, je suis trop qualifié, je n'ai pas assez d'expériences d'enseignement, on n'aime pas ma gourme, on ne me piffe pas, on n'aime pas mon style, on a peur de moi, on me trouve trop ci, trop ça, une grande quantité de candidats compétents ont rendu la décision du comité difficile (mais vous n'êtes pas choisi). Bref, la galère. Sans les ressources qu'offrent les divers conseils des arts (bourses d'écriture, possibilité de siéger sur des jurys, celui du Gouverneur général, pour les bourses aux écrivains, pour les spectacles littéraires et les magazines culturels, par exemple), quand il n'y a plus de poste de libraire disponible nulle part, je tombe dans la craque du plancher de l'emploi.

Vivre selon les normes de santé mentale et physique actuelles me terrorise. Je conçois qu'il s'agit du seul chemin connu pour vivre vieux et en santé. Mais à quoi bon? Je préfère écrire sur cette situation fondamentalement tragique, cette difficulté de choisir un destin artistique au Québec sans éviter l'extrême pauvreté, que de me soumettre, corps et âme, à des contorsions économico-athlético-banquières et adresser des prières aux dieux de l'hypothèque et du crédit. La vie nous est donnée à la naissance, pourquoi devrions-nous gagner notre survie d'arrache-pied par la suite? D'où vient cette profonde croyance à la souffrance nécessaire, au sacrifice normal de notre liberté pour satisfaire à une idéologie doloriste qui me dépasse? Pour Schopenhauer, la vie n'est que souffrance, alors pourquoi en ajouter quand la cour est pleine? Réflexe normal d'entropie sociale, fondements génétiques des échanges humains? Schopenhauer disait qu'il n'y avait que trois types de motivations volontaires chez les humains: la méchanceté, l'égoïsme et la pitié. Ainsi, les deux tiers de nos «ressorts fondamentaux» seraient-ils nuisibles aux autres humains?

En quelque sorte, la condition d'écrivain qui nous place dans un poste de témoin, de spectateur de la vie, d'historiographe de la diversité des expériences humaines m'importe plus que de participer énergiquement et sans compromis à la course vers l'avenir, les cheveux fouettés par la tornade des changements technologiques et l'ambition professionnelle en cinquième vitesse. L'ambition littéraire n'a rien à voir avec l'ambition professionnelle. On peut être pauvre, sans possessions, reclus et malade et avoir son nom dans tous les dictionnaires de littérature. Ce ne sont pas les mêmes enjeux.

Je suis une cigale qui se retrouvera sans doute dans la pauvreté la plus crasse à l'âge de la retraite. Mais je serai riche de livres et d'expériences littéraires qui m'auront aidé à combler mon propre vide, à accepter cette expérience radicale qui consiste à vivre parmi mes compatriotes en relative harmonie, en essayant d'être libre et de toujours le rester. Même au prix du malaise inconscient dans le regard des autres, de leur incompréhension soft ou de leurs sarcasmes cruels.

La pauvreté, la saleté, les expédients monétaires, j'ai connu tout ça. J'ai vécu plus de temps dans des demi-sous-sols, dans le Vieux-Longueuil, sur la rue Saint-Thomas, sur Sherbrooke, à Montréal, entre Dézéry et Moreau, que dans tout autre type de logement. Ma mère s'est inquiétée de la salubrité de mon environnement durant des années. Elle avait raison. Je lui ai tout de même épargné certains détails. Les coquerelles, je ne les ai jamais rencontrées officiellement, mais les souris et les rats, oui. J'ai chassé des rats agaçants qui venaient voler mon pain pumpernickel sur ma table de cuisine. Ces visiteurs du soir stockaient leurs prises sous mon réfrigérateur. J'ai réussi à en attraper un. Mais d'autres, plus futés, ont rappliqué. Ils se sont hissés dans mes armoires, ont commencé à creuser un trou au-dessus de ma plus haute tablette. Je suis passé à la solution non écologique du poison à rats. J'ai déposé à la lisière du trou (je pouvais y passer trois doigts) un cube toxique qui avait une forte odeur de vanille. Le jour suivant, le cube avait disparu, et mes touristes indésirables de même.

Pendant cette année et demie où j'ai survécu d'aide sociale, je me suis prêté à plusieurs études pharmaceutiques, ai loué mon corps à la science des médicaments génériques. J'ai testé des clones de l'acétaminophène, des substances qui s'occupent de terrasser les infections à levure sur la plante de nos pieds, des antidépresseurs. La veine du creux de mon coude, sur mon bras droit, a été tellement de fois pénétrée par l'aiguille d'une seringue venant extraire quelques millilitres de mon sang (environ 200 prélèvements) qu'une petite cicatrice en forme de fossé me rappelle constamment cette expérience.

Je ne veux pas tomber dans le pathos en te confiant aussi que je me suis prostitué une fois, en 1996. J'habitais en colocation, coin De Lorimier et Papineau. Je venais de quitter ma blonde, j'étais sur le point de partir à Toronto enseigner le français langue seconde pendant un an. Je n'avais pas encore reçu la bourse qui me permettrait d'enclencher l'entier processus de délocalisation.

J'étais dans un no man's land monétaire. Pas assez de temps pour me trouver un emploi, et des exigences pécuniaires à résoudre dans les deux semaines. J'ai donc fouillé les petites annonces du *Mirror* et du *Ici*. J'ai répondu à un encart qui demandait des jeunes mâles pour services érotiques. Je me suis présenté chez le proxénète en question, qui vivait dans un bloc, pas trop loin du métro Beaudry. L'homme, dans la mi-cinquantaine, qui ressemblait à monsieur Tout-le-Monde, m'a accueilli dans son micrologis. Il a approuvé mon apparence et m'a demandé, après quelques questions d'usage, si je pouvais lui montrer mon pénis. Il l'a mesuré. Pour ce faire, il a employé un tube de carton de papier essuie-tout, tronqué dans le sens de la longueur. Cette gouttière improvisée était graduée avec des traits de stylo à bille. La graduation allait jusqu'à 10.

J'ai essayé de bander. Je me suis trouvé pathétique. Je me dégoûtais un peu, mais une partie de moi restait sereine, me disait que l'expérience ne serait pas inutile (elle me sert aujourd'hui, dans le cadre de cette correspondance, j'imagine). La taille de mon engin a semblé le satisfaire. J'étais dans le *average size*.

Le seul et unique client que j'ai rencontré était un vieux garçon habitant dans le sous-sol chez sa mère (*creepy*), près du métro Vendôme. C'était un anglophone. Sa particularité : il surutilisait les capotes. Je me suis présenté chez lui. J'ai essayé de me concentrer sur son orgasme autant que sur le mien (c'est là que j'ai appris que sucer un gars, ce n'est pas nécessairement une partie de plaisir buccal ; j'ai alors engrangé un paquet de points d'indulgence pour le dévouement de mes blondes à venir), tandis qu'il changeait de capote toutes les trois minutes. Il m'a confié qu'il était animateur de radio, de type DJ, je l'ai à peine cru. Finalement, je ne suis pas arrivé à passer au stade de l'orgasme, lui non plus. Partie de non-plaisir décevante. Le tarif : 120 $. J'en ai récolté 70 $ et j'ai donné le reste au pépé du métro Beaudry, qui m'avait mis en contact avec le client. Voilà comment la répartition des dollars, dans ce domaine, s'effectue. Ce bref passage de l'autre côté de la barrière m'aura permis de mieux comprendre la situation des escortes (je ne sais plus combien j'en ai appelé dans ma vie, trop), tout à la fois pathétique, difficile, honteuse mais également assez lucrative.

J'ai connu des amis qui n'ont jamais travaillé de leur vie, constamment sur l'aide sociale, vivant de banques alimentaires, d'études, de cigarettes chipées dans les cendriers des buildings, des gars formidablement intelligents, tellement plus que moi, quelque peu schizoïdes, qui vivent et étudient maintenant en Allemagne, habitent Québec ou Montréal ; des gérants de café, des graphistes, des recherchistes, des architectes, des financiers, des techniciens, des représentants, vidéastes, documentalistes, journalistes, écrivains, des travailleurs communautaires, parfois pris avec des problèmes d'obsessions sexuelles (je connais bien ça), une vie à cent à l'heure, un excellent salaire, mille préoccupations, une garde partagée, un mal de vivre lancinant ; des bipolaires en dents de scie qui ont de grandes aptitudes à la performance sociale, des gens qui se sont taillé une place parmi les grands de leur profession, des compétitifs furieux, agressifs, méchants, acariâtres, débonnaires, manipulateurs, bons vivants, dépressifs, complètement dénués de confiance en eux, complexe d'infériorité qui se transforme, tel Hulk, en complexe de domination, quelques secondes plus tard.

Au bout du compte, il n'y a pas de logique dans notre façon d'aborder la vie. Tous mes amis tarés ou surdoués ont eu l'air con à plusieurs reprises (la connerie est une de mes maîtresses les plus attentionnées), ont tous eu l'air à d'autres moments d'avoir escaladé le mont K2 de la réussite sociale. Du haut des airs, à vol d'oiseau, en observant les êtres humains, les différences s'atténuent et nos préjugés en prennent un coup. Rien que du mouvement et des villes qui s'étendent. Aucune profession n'a raison, aucun génie ne s'en tire mieux que les plus cons. Il n'y a pas de réponse facile à l'exténuation de vivre, on transige avec nos désirs du mieux que l'on peut en se faisant croire qu'on a raison et que les autres ont tort. Au pire, on rationalise ou on s'invente des théories pour justifier nos croyances idiotes en la supériorité de notre jugement. Ici, je me permets d'ajouter une citation tirée du premier acte du *Roi Lear*, question de confirmer que ça se passe comme ça depuis des siècles :

«*EDMOND : Voilà bien la folie suprême de l'univers : quand notre sort se révèle mauvais, et souvent par le triste effet de notre propre conduite, nous rendons coupables de nos désastres le soleil, la lune les étoiles — comme si nous étions coquins par fatalité, bêtes par contrainte céleste, chenapans, voleurs et perfides de par un signe qui nous gouverne, ivrognes, menteurs et adultères par docilité obligée à l'ascendant de quelque planète et, en un mot, jamais portés au mal que si un dieu nous y mène. Quel admirable alibi, pour ce maître ruffian qu'est l'homme, d'aller mettre son tempérament de bouc à la charge d'une étoile. Mon père copula avec ma mère dessous la Queue du Dragon, et ma naissance se place sous la Grande Ourse, d'où il suit que je suis paillard et ours mal léché. Mais, par le pied du Christ! j'aurais été ce que je suis si plus virginale étoile du firmament avait scintillé au-dessus de ma conception de bâtard... Oh! Edgar[1]!*»

En somme, il faut apprendre à se contenter de soi, même dans les pires épreuves. C'est facile à écrire, mais le processus d'acceptation de soi est terriblement long et pénible. Comment devenir apte au bonheur? Je ne le sais pas. Je sais que j'ai choisi la profession d'écrivain (je me sens comme Aquin qui a inscrit cette profession un peu par bravade dans son passeport) parce qu'elle n'exige de ses praticants aucune aptitude au bonheur. Au contraire, et nous en avons donné des exemples tout au long de notre correspondance, l'opposé serait plus fréquent.

Je jouis, je prends, j'écris, je lis, je pense. Mais le bonheur ressemble toujours un peu pour moi à un téléthon animé par Michel Louvain. Ça ressemble toujours un peu à de l'aliénation facile, doucereuse.

---

1. William SHAKESPEARE. *Le roi Lear*, Mercure de France, 1991, traduction française d'Yves Bonnefoy, p. 31.

Malheur à moi, je vire tout en impasse nihiliste ou en mysticisme athée. Ne serait-ce pas en fait la même chose?

Deux de mes livres, *Lectodôme* et *Bureau universel des copyrights*, débutent par une image de repos. La première phrase de *Lectodôme* est: «Je me repose.» Les deux premières phrases de *Bureau universel des copyrights* sont: «Je suis au Cirio à Bruxelles. Je viens tout juste de me réveiller.» Je me sens follement philosophe tout d'un coup. Ça me prend, quelquefois. En soi, le but de la vie ne serait-il pas de se reposer d'avoir vécu? Ce qui m'intéresse en littérature, c'est ce qui se passe entre deux repos. Ce qui peut perturber la délicieuse jouissance du repos.

La mélancolie de mes livres provient de cette impossibilité constitutive de l'être humain de se reposer, de rêver, sans générer de multiples problèmes d'ordre socio-économico-sexualo-politico-philosophique.

En somme, la vie est un trou, un terrier où l'on se repose sans en avoir véritablement le droit, un lieu où l'on se cache aussi des prédateurs de toutes sortes qui en veulent à notre repos problématique. («La vie est un trou» est le titre d'une entrevue que j'ai donnée à Joël Martel, au sujet de *Bureau universel des copyrights*, dans le *Voir Saguenay*, republiée dans le *Voir Montréal* aujourd'hui.)

Putasseries et autres moments formateurs dans la misérable vie d'un écrivain

Cher Franz-Bertrand,

Tu te fais très kafkaïen : « Un livre doit être la hache qui fend la mer gelée en nous[1]. » Toutefois, l'auteur semble s'en prendre sans problème au quant à-soi de ses lecteurs : « Si le livre que nous lisons ne nous réveille pas d'un coup de poing sur le crâne, à quoi bon le lire[2] ? » Remarque, j'ai lu quelques-uns de ses romans ou longues nouvelles, et ils m'ont rasé les couilles au sang. Je n'y peux rien, j'y dénote un relent de psychologie, comme s'il avait sucé Freud, justement, et me parlait à trois centimètres des narines.

J'ai dit « justement » parce que je fais référence à ton expérience que je qualifierai, si tu me permets, de trash. Moi, j'aime pas le trash en tant que tel, raison pour laquelle je tourne le dos à la biofiction — du Jerry Springer en dentelles — et aux romans véhéments du genre « full

---

1. Franz KAFKA. « Lettre à Oskar Pollak », 27 janvier 1904, in Louis BEGLEY, *Franz Kafka : Le monde prodigieux que j'ai dans la tête*, Paris, Éditions Odile Jacob, 2009. p. 157.

2. *Ibidem.*

émotions hystériques» sauce Mavrikakis. Je sais que certaines gens [!] adorent ce qu'elle fait, mais moi, ça me donne la migraine.

En plus, c'est un tracteur littéraire poussif, ça avance avec peine, comme si l'auteure trimballait derrière elle des intentions en fonte. L'humain y devient un bit ou un octet sans véritable vulnérabilité, méprisable à souhait pour quiconque cherche à se purger de ses frustrations.

Je devrais me fermer la gueule, j'entends les portes claquer.

J'imagine que mon allergie à ce genre d'écriture tient son origine de ma détestation du «message», ce que j'appelle la NLM, soit la nouvelle littérature moralisatrice, nourrie de psychologie primaire. Un mal qui touche souvent la nouvelle, quand ce n'est pas l'obsession de la performance: oh, là, je vais te leur pondre un texte à la deuxième personne du pluriel, non! au pronom indéfini; là, au futur antérieur du premier au dernier mot; celle-ci, pas de ponctuation, ce qui devrait leur donner une illusion d'intensité dans le propos. C'est comme des essais de choc dans le laboratoire Volvo. J'ai oublié le ton coquin, *smart ass*, qui tente de faire une démonstration de causticité bien tempérée, prurit qui perdure depuis la fin des années 1970 grâce à l'apport inestimable de nos baby-boomers qui n'ont pas évolué d'une virgule depuis trente ans. M'ennuie.

Bon, comment ai-je pu glisser de Kafka à la littérature purgative et trash? Et, surtout, comment en suis-je arrivé à profaner un autre totem de l'intensité contemporaine en écorchant nos nouvelliers en passant, toi qui l'es à l'occasion? Mon prochain livre sera un essai: *Comment se faire des amis au Québec?* [Sous-titre: *et dans plein de non-pays du tiers-monde*]

Je vais jouer *safe*: parlons plutôt de moi, puisqu'il le faut bien.

Je n'ai pas de message. Il paraît qu'un chroniqueur vedette aurait confié à quelqu'un qu'il avait plus ou moins aimé *Un garçon de compagnie*, parce qu'il n'arrivait pas à deviner où je voulais mener le lecteur. Réponse : à la lecture, crétin. Ce que j'ai à « dire » se trouve dans la structure de mes romans. Je n'écris pas : « Révoltez-vous contre l'état actuel du monde. » Je propose une grille [ou un éventail de grilles] d'analyse et d'interprétation possibles de notre réalité.

Je compose ce que j'appellerais des jeux de tournoiement, tu sais ces constructions emberlificotées où l'on abandonne son enfant chéri en espérant qu'il ne se casse pas trop la margoulette. J'y invite le lecteur, qu'il s'y pende, s'y balance, s'y aventure et en ressorte un peu étourdi, peut-être avec un bleu ou trois, convaincu d'avoir perdu son temps agréablement sans se douter que son esprit a, j'espère, acquis une flexibilité nouvelle.

Je ne veux pas l'asseoir devant une machine à faire pousser des oh et des ah compassés qui ne lui serviront strictement à rien dans l'avenir. Structure ludique, vocabulaire inusité — au dictionnaire, mes chéris, la langue au grand complet nous appartient, alors explorons-la — références littéraires — ressusciter Sterne et Lesage, donner un coup de chapeau à Zola, évoquer Calvino et Nabokov — sans avoir à tracer le parcours en caractères gras, crisse, voilà ce qui est au menu. Et encore, ce ne sont que les entrées.

J'écris les romans que j'aimerais lire, c'est-à-dire qui traitent le lecteur comme une créature dotée d'un cerveau performant et d'un réel pouvoir de création. Celui qui saisit mon livre et le déchiffre crée. Une lecture. Il n'est pas une grosse patate écrasée devant un Harlequin ou une œuvre à la mode qui en adopte LA recette : donner ce qui est attendu sans causer une commotion au niveau des synapses.

Pour moi, lire, c'est un itinéraire capricieux, peu importe la destination. C'est partir en *nowhere*. Notre chroniqueur cycliste aurait dû comprendre la chose. S'il pratique le vélo comme il lit, j'imagine qu'il lui faut le tracé exact avant de donner son premier coup de pédale, avec une boussole vissée sur le guidon. Ou un GPS.

Je ne fais pas de plan, mais une montagne de recherches. Ensuite, je me lance. Je construis personnages et possibles intrigues en additionnant les bouts d'informations que je glane au fil des livres, revues, émissions de radio. Je recrée le monde à partir de ses débris et je le propose à mes prochains : Voilà, logiquement, par où vous auriez pu passer, par où vous pourriez le faire. Imaginez le reste. [Ici, un point d'exclamation que je me refuse à mettre.]

Pour parvenir à écrire, je dois manger, alors — retour sur ton expérience — parfois, il faut se prostituer. Et comme je sais que tu aimes bien mes encadrés :

————

ENCADRÉ PUTE UN JOUR, PUTE TOUJOURS

J'ai commencé ma carrière télévisuelle — si je peux désigner de cette façon un destin soumis aux caprices de gens qui n'ont pas une once d'imagination dans le coco — comme scripteur de Claude Saucier qui animait l'émission *Salut Bonjour*. Je lisais les fils de presse à partir de minuit, et je pondais des blagues avant cinq heures. Ex. : Mitsou lance son album *Terre des hommes* ? J'espère que ça va être une exposition universelle. [Gag accepté.] Une journaliste de Radio-Canada toujours dans le coma après avoir été happée par un cycliste ? Depuis, elle a été élue employée du mois à deux reprises. [Refusé.] Bref, je mettais mes neurones au service d'un capricieux. J'ai « toffé » deux saisons.

Ensuite, j'ai composé des... réponses et des questions pour *Jeopardy*. Je travaillais comme un cheval pour un cachet correct, sans plus. De plus, je m'occupais du gros bébé d'animateur et je filtrais les candidats avec une collègue, Lucie. Parmi les aspirants : Mario Dumont, pas très fort, mais que nous étions prêts à accepter parce qu'il était jeune. Il nous a écrit pour se retirer de la course : il se lançait en politique. Pas fort non plus.

Digression libresque. Flashback. J'ai dix-huit ans, j'entre dans la librairie Caron, avec mon petit curriculum vitæ, fort de mon expérience de deux ans à temps partiel dans une papeterie et de laveur de vaisselle dans un couvent. J'aborde le patron tout sourire, lui présente ma feuille qu'il m'arrache des mains et chiffonne sans même y jeter un coup d'œil. « J'engage pas des petits morveux. » Je suis ressorti au bord des larmes, mais en lui promettant un chien de tu sais quoi. Quinze ans plus tard, la librairie bat de l'aile, j'accueille les candidats à l'audition pour *Jeopardy*. Qui est dans la salle ? Le bonhomme Caron. Ma chienne accouche.

Il est toujours aussi agréable de compagnie, mais il a un savoir encyclopédique à me laisser pantois. Hélas, mille fois hélas, il achoppe totalement sur le problème de la formulation des solutions sous forme de questions[1]. Exemple :

P. S. : Il était un homo masochiste avec douze disciples, dont quatre évangélistes. Monsieur Caron ?

M. C. : Jésus.

---

[1]. En effet, l'originalité de *Jeopardy*, toujours en ondes aux *USA*, se limite à ceci : l'animateur donne une longue réponse, les participants répliquent en suggérant la [seule] question possible. Exemple de réponse : le seul accessoire obligatoire pour participer à une compétition de natation aux Jeux olympiques. Seule question possible : Qu'est-ce qu'un maillot ? (NDA)

P. S. : Non ! QUI EST Jésus !

Et lui de commenter : «C'est con, cette histoire.» Je le voyais se planter à cause de son sale caractère comme on contemple un cerf-volant qui se met à faire des cercles fous dans le ciel. J'ai même tiré sur la corde. Et, oui, j'ai joui. Une vraie pute qui aime son métier.

Finalement, je suis devenu scripteur pour un animateur de talk-show, diffusé par le même réseau privé. Je me triturais les méninges à leur pondre des blagues et des sketches originaux, immanquablement refusés. Je suis convoqué au bureau de l'animateur. Je m'y rends, craignant le pire. Son bras droit ès comédie me tient le discours suivant, pendant que le patron hoche la tête : «Pierre, tu te casses la tête pour rien. Notre public a le quotient intellectuel d'une poignée de porte. Il connaît trois jokes. Tout ce qu'on veut, c'est que tu réécrives les trois jokes, mais de façons différentes. C'est tout.»

Je l'ai fait en me pinçant le nez. C'est alors que j'ai décidé de m'enfuir pour Toronto.

Anecdote deux : L'animateur reçoit une ancienne star de music-hall, histoire de rire d'elle et de ses tableaux de bouffons. Il l'accueille dans son bureau avant l'émission, ce sont de vieilles connaissances. Elle arrive avec un gros paquet emballé.

Elle : Mon cher ami, j'ai quelque chose pour toi.

Lui : Pas une peinture ?

Elle fait oui de la tête. L'animateur se retient de ricaner pendant qu'elle déchire le papier. Un horrible clown sourit de toutes ses dents égales.

Lui : Wow ! C'est magnifique !

Elle : Vraiment, t'aimes ça ? Ça me ferait tellement chaud au cœur.

Lui : Tu parles ! J'ai même la place où le suspendre. C'est parfait.

Elle : *Good.* Pour toi, c'est juste 500 $.

Et elle tend la main. Y a toutes sortes de façons d'être une bonne vieille pute. Je vote pour les stars recyclées en peinturlureuses.

———

Je regrette de ne pas avoir eu le courage d'être un vrai prostitué. J'aurais pu me payer mes études en lettres au cégep et à l'université. Une chose est certaine, aujourd'hui, à dix-huit ans, je ferais des films de cul. On me l'avait proposé à l'époque, mais j'avais refusé. Trop prude. Remarque, si j'avais accepté, je serais mort du sida depuis des lustres. Un *sugar daddy*, pourquoi pas ? Tout ce que j'aurais eu à faire, ç'aurait été de taire mes pensées.

Ce que je n'arrive pas à faire avec toi, *daddy*.

Attention : L'honnêteté intellectuelle peut parfois étourdir

Cher scripteur pour misanthropes du showbiz,

La littérature à message, très peu pour moi.

Par ailleurs, Pierre, c'est bien impossible d'y échapper. Gauvreau lui-même a dû constater qu'il y a toujours de l'idéologie qui serpente, rampe, se fraie un chemin dans tout texte. Pour vivre, il faut adhérer à un millier d'idées qui se transforment en messages. Écrire est une façon de reprogrammer les circuits de notre logiciel idéologique complexe.

Ergo, toute littérature est « à message ». Cependant, tout écrivain consciencieux tente par tous les moyens de se sortir de ce guêpier. Tu as écrit :

> « *Je compose ce que j'appellerais des jeux de tournoiement, tu sais, ces constructions emberlificotées où l'on abandonne son enfant chéri en espérant qu'il ne se casse pas trop la margoulette. J'y invite le lecteur, qu'il s'y pende, s'y balance, s'y aventure et en ressorte un peu étourdi, peut-être avec un bleu ou trois, convaincu d'avoir perdu son temps agréablement sans se douter que son esprit a, j'espère, acquis une flexibilité nouvelle.* »

Tu m'as bien faire rire avec ta «flexibilité nouvelle». Tu promeus une transformation inconsciente du lecteur par la lecture de tes textes. Je suis d'accord sur ce point. Qu'ils en ressortent plus ou moins flexibles intellectuellement, à la limite, c'est un peu curieusement hypothétique de penser ça. Mais que leur inconscient s'enrichisse de fantasmagories nouvelles, de précipices existentiels nouveaux, de libertés fantasmatiques jusque-là jamais envisagées, oui, absolument, et voilà où l'honnêteté intellectuelle entre en jeu!

Car l'honnêteté intellectuelle consiste à ne pas tricher avec notre monde intérieur, à ne pas tenter de le censurer. Il s'agit, en somme, de rendre compte des multiples facettes contradictoires qui nous fondent, de ne pas non plus traiter le lecteur (même si parfois on a envie de basculer dans un cynisme cruel, un peu comme ton monsieur de la télé) en potiche, mais plutôt en extension naturelle de notre monde.

Le lecteur est une extension de moi et une extension de lui-même projetée dans le livre.

Ne serait-ce pas la base de cette honnêteté intellectuelle qui parvient à nous toucher lorsqu'on lit une œuvre d'une force inouïe?

L'honnêteté vient en plusieurs saveurs, sous plusieurs formes. Je ne juge pas les formes, car elles ne sont jamais garantes de rien. Auto-fiction, hétérofiction, gay fiction, roman épuré, roman Facebook, téléroman, twitterature, roman somme, roman philosophique, roman entretien, roman trash, docufiction, roman à architecture complexe, roman linéaire, roman pauvre, roman riche, formalisme, romantisme, baroquisme, postmodernisme, hypermodernité, anthropofiction, dystopie, utopie, uchronie, *what the hell*, quand la littérature survient dans le lot, on le remarque!

Catherine Mavrikakis est un torrent. C'est une productrice de littérature. Voilà ce qui m'intéresse chez elle. Ce n'est pas sympathique, un torrent. Ça gicle, ça éclabousse, ça dit trop de choses, ça roucoule, ça déteste, ça peut être incohérent, ça malaxe le limon, ça triture l'existence, ça accumule les points d'exclamation, ça convoque le pathos, ça fonctionne en cycles qui se multiplient jusqu'à noyer le lecteur dans des variations de propos qui l'engourdissent, mais ce «ça» (vieille méthode uqamienne pour définir l'essence des choses en littérature) reste de la littérature.

Chaque nouvelle génération redéfinit ce que nous entendons par «honnêteté intellectuelle». On a d'abord cru qu'elle se retrouvait dans le roman réaliste, au XIXe, puis dans la poésie surréaliste, au début XXe, pour ensuite la décliner sous plusieurs formes, qu'elles soient oulipiennes, postmodernes, autofictionnelles, biographiques, docufictionnelles ou trash. C'est que la littérature se sclérose très vite. L'honnêteté intellectuelle se transforme de plus en plus rapidement en langue de bois. Ce qui était honnête hier devient de la rhétorique aujourd'hui.

Le lecteur est élusif, il évite les réponses aux questions, mais l'auteur continue de les formuler. C'est un mariage raté d'avance. Mais c'est le seul mariage qui tienne en arts.

Le lecteur a tous les droits, l'auteur a tous les torts.

Le lecteur peut dire qu'il n'aime pas un livre, l'auteur peut bien s'en plaindre mais ne pourra jamais dire en public qu'il n'aime pas son lecteur (à ce sujet, j'aime bien la pièce de Peter Handke, *Outrage au public*). Celui-ci attrape notre livre par le bout qui lui convient, l'auteur n'a pas d'autre choix que d'essayer de deviner par quel bout son roman sera saisi.

Un roman est un nanorobot langagier sans mode d'emploi, alors qu'est-ce qu'on peut y faire sinon le regarder dériver dans le fleuve placide de la foule ?

Tiens, j'ajoute ici ma réponse à la question d'une journaliste Web, Catherine J. Lavoie, pour pieuvre.ca, qui me demandait récemment, après sa lecture de *Bureau universel des copyrights,* quelle était ma définition d'un écrivain radical. Elle faisait référence à un de mes tweets du mois de septembre, qui disait : « Je suis un écrivain radical. C'est normal que je vous rebute ou vous fasse peur. »

Voici ce que je lui ai écrit. (Ça ne manque pas de prétention, je l'admets. D'ailleurs, un auteur dont je tairai le nom a répondu à ce tweet en me précisant que je n'avais rien de radical. Que je ne méritais pas de revendiquer ce titre, que je ne savais pas de quoi il en retournait. Vraisemblablement, c'était lui le radical et pas moi. Le radicalisme, aujourd'hui, est une bataille de tous les instants et correspond à un compliment rare d'intransigeance artistique dont je me suis affublé à la légère. Le radicalisme littéraire est associé à une pureté d'intention et à un détachement anachorétique complet, une réclusion du monde des médias et des réseaux sociaux, un refus du pacte social technologique, et j'en passe. En somme, les plus radicaux sont ceux qui ne le revendiquent pas en public. D'où le paradoxe de mon intervention sur Twitter, finalement. J'avais donc mérité d'être tancé par cet écrivain réellement intransigeant, mais qui était apparu inopinément sur Twitter, bizarrement. Tout le monde vit dans son monde de contradiction. Une autre de mes légèretés histrioniques sans doute. Mea culpa. Mea maxima culpa. Voici donc ma réponse à Catherine J. Lavoie :

« Un écrivain radical, selon ma définition, ne s'occupe pas principalement à plaire à un public défini, mais plutôt à livrer à un public réceptif un objet littéraire différent. Un écrivain radical n'est pas un ami du

consensus mais un fier partisan de ses propres angoisses et névroses qu'il tente de servir du mieux qu'il peut afin qu'elles éclatent, au grand jour, dans des textes qui les magnifient de façon singulière. Également, un écrivain de ce type tente de démontrer par tous les moyens que la vie est en soi une épreuve extrême. L'écrivain radical n'oublie jamais cette vérité qu'il trouve essentielle à transmettre.»

Rêves, honnêteté et eau qui dort

Cher Sigmund, euh... Bertrand,

J'ai fait deux rêves, la [longue] nuit passée. Je me suis couché à 19h30, après une rude et dure journée d'accompagnement romantique, et me suis réveillé, frais comme une rose, à 5h30, avec, en prime, ta dernière lettre palpitant comme un cœur de vierge dans ma boîte à courriels. Je me fais lyrique, non? Je sens un quatrième roman brésilien en chantier. Mouahhh!

Je m'apprête à te les raconter, même si ça énerve tout le monde d'entendre quelqu'un relater ses escapades oniriques, parce que, mon chou, c'est moi qui tiens métaphoriquement le crayon. Donc, les voici et je vais tenter d'être bref:

Je suis en voiture, à Montréal. C'est le genre de quasi-cauchemar que j'ai souvent: la bagnole ne répond pas fidèlement à mes manœuvres, je renverse les poubelles, je grille les feux rouges, j'égratigne un Hummer dirigé — un tank, ça ne se conduit pas, me semble — par un gros épais couvert de tatouages, je terrorise les piétons, mais je ne tue personne, ce qui relève du miracle. Ce qui m'horripile le plus, là-dedans, c'est que je n'ai aucune emprise sur ma minoune. Je suis un *control freak*. Qui ne fait de mal à personne. Inoffensif, j'en ai bien peur, et ça me désole.

Ne me demande pas comment il se termine, ce truc, c'est un long fondu au noir qui s'estompe comme un gros nuage gris pour laisser l'écran à...

Bozo, le sauteur fardé.

Je suis un clown. Je déteste les clowns, ils m'ennuient à mourir, je ne les trouve ni drôles ni touchants : ils sont des torrents de nullité pour moi. [Oups, je crois que je viens de te bitcher.] Quand j'étais petit, ils me terrorisaient. Je me souviens de ceci : je suis assis sur le comptoir de cuisine, les pieds dans l'évier, pendant que ma mère me donne un minibain. À la télé joue un film avec des clowns hideux. Je hurle de terreur. Merde, je digresse dans la digression encore. O.K., le rêve :

Donc, je suis un de ces crétins fardés à mort, et c'est ma première job. D'après le plan, le numéro est le suivant : je me tiens sur le toit d'un édifice de quatre étages, relié au réservoir d'eau par un élastique. Mon assistante [je reconnais Mélanie, la productrice déléguée de mes vieux épisodes de télé] fait rouler une petite balle de caoutchouc bleu, blanc, rouge sur le trottoir au lieu, comme prévu, de me la lancer là-haut. Elle fait « Hon » en roulant de gros yeux avant d'encaisser son chèque. Vient alors mon tour : je lâche un cri de débile castré, je me câlice en bas du toit, attrape la balle et rebondis jusqu'à la fin des temps. Si tout se passe bien, je récolte un torrent d'applaudissements. [Shit, je te bitche encore.]

Sauf que je ne l'ai jamais fait, ce numéro, alors je rechigne. Mais Mélanie m'assure que tout a été testé avec un sac de patates qui fait exactement mon poids. D'accord, *it's a go*.

J'embarque dans une voiture, une autre, avec des comédiens qui me regardent comme si j'étais le roi des losers. Nous roulons sur la rue de Maisonneuve. Nous passons une porte avec une jolie enseigne suspendue au-dessus de l'adresse : « JSP Roger », le prénom encastré dans un trente-trois tours stylisé, et je songe : « Chouette, Des Roches s'est décidé à se la payer, son enseigne. » Faudra cogiter ensemble, toi et moi, sur la signification du JSP en question. *Anyway*, revenons à mes bouffonneries. Ça y est, il se met à tomber une grosse neige mouillée, et je me dis que la balle poussée par Mélanie ne va pas rouler à la même vitesse, alors la poche de patates trop maquillée risque de rater son coup. Un comédien demande où il doit me déposer pour faire mon numéro. [Mélanie s'y rendra par ses propres moyens, j'imagine. Que veux-tu, c'est un rêve, pas un scénario de Martin Scorsese.] Réponse du conducteur : Immeuble Pyramide, rue Amherst. Je le pêche d'où ce nom d'édifice ? Fouille-moi. Je me réveille. Je ne saurai jamais si j'ai, de un, pu attraper la petite balle et, de deux, réussi l'exploit sans me casser la gueule.

Exit rêves.

Ça me tentait de te les conter. Gratis.

Tu sais, je te lis et je me demande si je ne suis pas mort par en dedans. Je veux dire, comparé à toi, je suis un zombie émotif ou quoi ? Par exemple, ton appel à l'honnêteté intellectuelle. Pour moi, ça n'existe pas, ce truc, sinon c'est une illusion, un mirage. Écrire un roman, c'est mentir comme je respire. Je crois que je ne pondrais jamais un machin antisémite parce que j'aime les Juifs, point. Toutefois, si j'ai un personnage qui les déteste, je me lance et je chevauche le dragon, comme je dis. J'y vais « full pine », comme je l'ai fait avec le tortionnaire du *Messie de Belém* en inventant des tortures. Tous les coups sont bons, en littérature, si ça donne une œuvre qui se tient et ça vaut pour les lecteurs. J'ai lu Céline et si je n'ai pas aimé ses vomissures stylisées, ce n'est pas à cause de ses écarts d'extrême droite, mais parce que je l'ai trouvé lourd au bout de dix pages de jeux de trampoline argotique. Si j'écris des trucs pas gentils sur certains papoteurs chroniques ou sur des écrivains, c'est pour la bonne raison que je les pense, oui, d'accord, mais c'est surtout parce que j'en ai plein mon casque de la lâcheté de notre petite tribu littéraire. Car ce n'est pas tout le monde qui dit que le dernier Laferrière est plate, pourtant ils sont légion à le croire, mais ils en parlent comme d'un exploit, ce qui ne les empêche pas d'être des romanciers ou des poètes honorables.

Mon monde intérieur? Qu'est-ce que c'est que ce truc? Il se cache où, exactement? Tu me prêtes le tien? Si j'en ai un, il est protéiforme, instable de surcroît, et je suspecte qu'il s'adapte à mon écriture plutôt que le contraire. *Petits arrangements avec le clavier*, en voilà, un titre pour un essai à venir. Ne retiens pas ton souffle, par contre.

L'écriture, une extension d'eux-mêmes, que tu dis? Des fois, Bertrand, toi et moi, c'est l'est et l'ouest. Comprends pas. La seule extension que j'ai, je m'en sers à l'occasion en bonne compagnie. Et je ne me réfère jamais, sauf par négligence, à MES lecteurs, mais AUX lecteurs. Je veux dire, ils ne m'appartiennent pas et, hormis les droits d'auteur et autres bonbons collatéraux [subventions, prix, redevances], ils ne me donnent rien. Ils créent des lectures de mon travail et ils me paient pour la faveur. Je les aime bien, ne te méprends pas sur mes propos, mais c'est une relation d'égal à égaux.

Histoire d'aggraver mon cas, j'ajoute que je ne suis pas particulièrement intéressé à les rencontrer, raison pour laquelle je ne vais pas aux salons du livre que nos institutions subventionnaires encouragent sans se poser de questions, *as usual*.

ENCADRÉ DÉDICACE MON CUL

Je suis à Montréal, au Salon du livre. D'ailleurs, il devrait n'y en avoir qu'un, de livre, la règle du singulier est assez simplette, me semble.

Je suis installé à la table des Herbes rouges, où je viens de publier mon troisième roman, *Il était une fois une ville*, finaliste aux Prix littéraires du Gouverneur général. Bon, deux ou trois badauds condescendent à tripoter la marchandise étalée devant moi, ma sœur s'arrête pour m'encourager ou donner l'exemple, une madame me demande où se trouve Sergio Kokis. N'empêche, les meilleures intentions du monde m'habitent, le bail est signé depuis longtemps.

Finalement, une de MES lectrices s'approche et me tend... *Le Messie de Belém*, mon premier livre, tout fripé, avec un beau sourire condescendant sur les lèvres, tu sais, comme si je lui en devais une. Nous échangeons quelques phrases, histoire de la placer dans mon moulinet pondeur de gentillesses, c'est-à-dire le département chargé des dédicaces. Suzanne? D'accord.

Je me rends à la page de garde où je reconnais ma signature. « À Jean-François. Que sa lecture l'accompagne au-delà des pages », ou une niaiserie du genre. MA lectrice remarque mon trouble et offre l'explication : « Je l'ai acheté dans une bouquinerie. »

Quoi ??? Tu veux dire, ma chérie, que non seulement tu considères que, pour ton dix piasses, il te faut le petit extra de la main de l'auteur, mais en plus tu me prives de mes droits d'auteur en encourageant les receleurs ? Je l'ai envoyée promener. Net, frette, sec. Je suis sûr qu'elle m'a trouvé ingrat.

Depuis, je ne vais plus à ces foires à cons où on infantilise les lecteurs comme les écrivains, sauf si on me paie un cachet honorable, comme une vraie pute. Et si j'y retourne, je m'y rends avec mon bocal à adverbes, où Suzanne pigera sa dédicace : Amicalement, Pierre Samson. Anticonstitutionnellement, Pierre Samson. Tout à fait, Pierre Samson.

En 2001, j'ai manqué à ma parole à Paris. On me jumelle à un type, ancien diplomate canadien, qui a publié une suite de trucs merdico-historiques chez JCL. Alors, pour mon bénéfice, il partage sa science des usages commerciaux en salon. Verbatim :

« T'arrives, tu places tes livres en piles égales, sauf celle dans le coin de la table. Celle-là, tu la termines avec un livre de guingois. Les gens passent et, c'est plus fort qu'eux, ils ne peuvent s'empêcher de replacer le livre qui fout la construction en l'air. C'est là que tu les attrapes. »

Merci pour la recette miracle, mais je vais rester chez moi.

———

Si mes « œuvres » traversent les années, les décennies, voire les siècles, je le devrai à certains lecteurs et à un concours de circonstances, point final. Toutefois, ce que je veux pérenniser, ce n'est pas mon nom, mais une capsule littéraire figée dans le temps, lyophilisée sous forme de livres, un peu comme des bactéries d'un autre âge retrouvées grâce à des carottages au Groenland ou en Antarctique.

Si ça se produit, je ne voudrais sûrement pas que les lecteurs de demain me définissent comme un torrent de production littéraire.

Là, c'est à ton tour de me faire rire avec Catherine Mavrikakis. Ce qui m'a ennuyé dans ma lecture de son *Bay City*, c'est la certitude d'avoir affaire à une écriture à crampons qui mord dans la neige molle : le mot «Auschwitz», ça pogne, ça donne tout de suite une impression d'intensité. Tu lis ce toponyme-là et tu te dis, wow, c'est du vrai stock, ce livre. C'est du sérieux. Le Nirvana, même hindou — alors que c'est bouddhiste —, te convainc que le livre recèle des millénaires de savoir en arrière-plan, que ça repose sur du solide et du médité. Les obsessions iconographiques [ciel qui change de couleur, puis, si ma mémoire est bonne, attention particulière aux oiseaux], c'est le plus vieux truc narratif du monde pour esprits paresseux : même si ça ne veut strictement rien dire, tu trouveras toujours des lecteurs pour s'acharner à y agrafer du sens. Ça gicle, ça éclabousse, d'accord, mais ce n'est pas un torrent : c'est un Jacuzzi qui fait beaucoup, beaucoup de bruit.

De toute manière, sans avoir les statistiques à ma portée, je suis convaincu qu'il y a plus de pauvres gens qui se noient dans un lac ou dans une piscine que dans une cataracte parce qu'ils ne se méfient pas de tu sais quoi. Ce qui me ramène à ma lettre précédente, à mon approche quand vient le temps d'écrire : je veux brasser le lecteur sans qu'il s'en rende compte, comme Nabokov a pu le faire. Son roman *Lolita* est extraordinaire : malgré nous, nous nous prenons d'affection pour Humbert, le pédophile qui nourrit à son propre endroit un mépris terrible. Il le fait encore mieux avec *Pnine*, que j'ai laissé avec une douce tristesse réconfortante, car preuve de mon humanité. [J'en ai besoin, parfois.]

J'ai rangé ce roman attristé par une pensée supplémentaire : hélas, je ne pourrai jamais faire aussi bien que lui. Ce qui est une bêtise, car... qui veut écrire comme quelqu'un d'autre, mort de surcroît ? J'aimerais atteindre son brio dans l'élaboration d'un texte d'une complexité sidérante sous un rendu d'un calme aussi rasserénant que trompeur.

Pour moi, mon Vladimir chéri est un écrivain « radical », si je me fie à l'étymologie du terme, soit *radix*, racine. Son écriture plonge au sein du terreau narratif que des siècles ont enrichi, il fouille, trouve à s'y nourrir et à donner fleurs et fruits merveilleux. Pendant que déferlent les catastrophes récurrentes [feux des modes, nuées de censeurs, pluies de fausse littérature], il poursuit son lent travail et, dès l'accalmie, redonne des trésors.

Nabokov a résisté. Radicalement.

La croupe du futur

Cher traumatiseur de lecteurs,

Fuck, Pierre, tu rases jusqu'au sang et ensuite tu désinfectes même pas!

Peut-on rester honnête intellectuellement même dans le mensonge le plus construit, le plus concret? Qu'est-ce que le «soi», ce n'est pas évident comme question et nous ne sommes pas ici dans un colloque sur le «soi en littérature» à l'Université de Waterloo. (Vois-tu, ce qui me vient, c'est une image spontanée de lieu relié à une défaite.)

Je m'incline tout de même. Je te montre ma croupe, bonobo docile que je suis devenu, remis à ma place par ton honnêteté intellectuelle d'une formidable vivacité. Je reconnais ton alphaïtude littéraire, ta patte qui montre le chemin, ton indépassable critique de mes tout à fait dépassables considérations au sujet de la littérature du «torrent». Je ne parle pas d'Anne Hébert, ici, bien qu'en filigrane son image de nec plus ultra pour aficionados universitaires de haute tenue reste pour moi une irritation de bachelier.

Mon radicalisme littéraire est une sornette de comédien, je te le concède. Je suis un comédien littéraire. J'ai parfait mon rôle, je t'écris, là, encabané dans mon ipséité relative, menteur comme mille, cherchant désespérément à conforter mon désir le plus profond, le plus enfoui, d'être perçu comme un grand écrivain. Je suis la grenouille de la fable, le marionnettiste des institutions, Saturnin le canard de la télévision, le chevalier d'une armée fantôme qui attrape toutes les occasions de se faire adouber, entrevoyant dans ce titre glorieux, cette assomption socialement nulle, mais connotée historiquement, un soupçon de soulagement contre la certitude que la vie en soi, telle qu'elle nous est offerte, reste d'une inénarrable platitude (malgré, paradoxalement, toute la radicalité de cette expérience de naître et de vivre).

Bref, ce qui me soulagerait le mieux de ma maladie culturelle de *wannabe* grand écrivain serait un voyage dans le futur. Tu vas me parler de lubies et de fanfreluchades. Bien que je sache qu'il est impossible d'avoir aucun contrôle sur tes mouvements (tu évites les écueils, joues parfois le contradicteur, frappes plus fort que moi sur le clou de l'honnêteté intellectuelle, bizarrement, en faisant mine de ne pas comprendre de quoi il en retourne, parles de mensonge, mais dis plus de vérités que moi), je te demande ici, avant de m'asséner deux ou trois crochets du gauche (que je mérite sans doute), de me donner le bénéfice du doute sur ce qui surviendra dans l'avenir.

Bien que je sois fondamentalement un mystique athée, un désabusé à tendance nihiliste, un humaniste désarçonné, il y a une partie de moi, importante, qui veut rester attendrie face aux humains, qui cherche à mettre en pratique la tolérance que nous impose le côtoiement d'autrui, quel qu'il soit. Le nuage noir de nihilisme qui flotte au-dessus de ma tête cache en fait un humanisme exacerbé. Devant le «rien», devant le vide, devant l'absurdité phénoménale de nos constructions mentales, il y a cette solidarité dans l'expérience, cette compassion vécue comme un partage avec les autres, communion silencieuse de nos sensibilités et de nos idées différentes sur le sujet du «rien», du vide, de ce qui nous entoure et nous émeut devant notre grand miroir aux alouettes qu'on nomme l'univers ou le monde.

En fait, ce que je nomme mon «radicalisme», en littérature, je ne tente de le pratiquer (c'est un vœu pieux qui fait partie de mes nombreuses lubies) que dans cette sphère de ma vie, étant donné que j'accepte les multiples aliénations sociales que l'on me propose en général: fast-food, émissions de télé divertissantes, Facebook, Twitter, sport (le football des Alouettes)... Je suis amateur de musique pop, de musique classique, amateur d'humour, grand consommateur d'alcool, obsédé sexuel, amateur de gastronomie (c'est si banal, aujourd'hui), j'ai le désir intense de plaire, le souci de la mode (minime, je l'admets), le désir de jouer au couple, au jeu de l'amour et du hasard (l'amour, autre sujet de colloque à Waterloo), d'avoir des amis qui me consolent en retour de la pareille, équilibre fragile, mais conception plus réaliste des rapports humains (le don, oui, mais à petites doses, et dans un contexte balisé). J'aime le cinéma de toutes tendances, les salles de cinéma (je suis un mystique athée, et les salles de cinéma sont les dernières églises), j'aime l'art contemporain, l'art en général, j'aime ma mère, j'essaie de comprendre ma sœur. Bien que je ne sois pas toujours stable émotivement, je sais à quoi ressemble la norme émotive tolérée et j'essaie, quand il le faut, de m'y ajuster. Je suis un collaborateur fiable, je lis mes amis écrivains, je fais preuve de beaucoup d'autodérision, j'aime témoigner aux gens toute l'affection que j'ai pour eux (quelquefois ça déborde et il faut me retenir, mais en général, ça se passe bien), j'accepte le principe selon lequel il faut toujours se dépasser, j'aime bien aussi le slogan de Pierre de Coubertin «L'important, c'est de participer», même si je ne crois jamais à la bonne foi des vaincus. Je suis un être humain normal qui habite au Québec, dans un pays qui ne sera jamais né, et qui s'adonne à avoir privilégié le sport plutôt que la littérature comme idéal de vie ou de destinée sociale.

Mais je me suis égaré. Je voulais parler du futur. *Back to the future*, donc.

Ray Kurzweil, l'auteur de *The Singularity is Near*, anticipe qu'un jour, parce que la complexification des ordinateurs suit un développement exponentiel, il sera possible de concevoir des machines qui auront autant et même plus de capacités cérébrales que l'être humain le plus intelligent sur terre.

Le plus fascinant de cette prédiction, c'est qu'elle ne se projette pas très loin dans le temps : Kurzweil estime que ce moment, cette « singularité », surviendra aux alentours de 2045. Et le monsieur a prédit dans les années 60 comment nous allions vivre aujourd'hui, rivés à nos ordinateurs ; il est donc crédible.

La « singularité » dont il parle est en fait un moment dans le temps à partir duquel il est impossible de prédire ce qui adviendra ensuite. Un événement d'une telle étrangeté, d'une telle complexité, d'une telle envergure, que nous tombons littéralement dans le champ de l'inconnu le plus profond.

Kurzweil, génie de l'informatique à l'origine de toutes les technologies reliées à la parole artificielle, entre autres (c'est d'ailleurs ce qui m'intéresse dans sa réflexion), tente d'imaginer à quoi ressemblera un tel futur. Bien entendu, il parle surtout de cette période de transition formidable qui précédera l'époque où nous ne serons plus l'espèce dominante de la planète, puisque nous aurons réussi à inventer la créature qui, éventuellement, nous dominera en tout.

L'auteur de *The Singularity is Near* ne réfléchit pas à la fin de la littérature (on y réfléchit déjà depuis des siècles, de toute manière), mais ses suppositions et ses remarques sur l'allure que prendront alors nos modes de divertissement donnent des pistes sur ce qui, selon moi, la remplacera (on ne cesse de damer le pion à madame littérature, que ce soit par le cinéma, les jeux vidéo, la réalité virtuelle, mais elle ne cesse de renaître de ses cendres, caricaturale, überkitsch, abondante, prétentieuse, apparaissant comme une plus-value culturelle, et qui recrute toujours de cérémonieux adeptes, dont nous faisons partie).

En fait, si je veux simplifier le débat à outrance, disons que la littérature et toutes autres formes de fiction inventées par l'être humain l'ont été pour lui permettre de se penser, en tant qu'animal social et en tant que «cogito», mais surtout pour lui donner l'occasion de vivre différentes vies que la sienne. Je dessine ça à la craie sur un tableau de maternelle, mais l'essentiel est là. Tes tournoiements, la complexité architecturale des œuvres de Nabokov, sous un boisseau de calme sidérant (exploit, je l'admets), donnent à penser ou à voir d'autres facettes de l'univers humain.

Ma théorie est la suivante : quand l'être humain n'aura plus à se plier au «principe de réalité», ou à cette friction qu'implique le fait de vivre parmi les hommes, leur société, la nature, ce qui nous empêche de ne pas assouvir nos plus profonds désirs, nos plus exécrables pulsions, il ne sera plus important d'écrire de la fiction.

Je m'explique. Si un jour nous construisons les machines qui sauront matérialiser nos propres fantasmes, nous permettront de changer d'identité de façon efficace et à notre guise, nous donneront la possibilité de lire un de nos textes devant un public virtuel des plus réalistes, mais dont nous aurions programmé les réactions (du style public de stade olympique qui fait la vague après une lecture de poème), notre réalité biologique, pataude, difficile, impliquant de lutter sans cesse pour obtenir plus ou moins la moitié de ce que nous attendons, survivra-t-elle ?

Qui voudra continuer à gagner son ciel, à faire preuve de mesure, de pudeur, de normativité, de respect de l'autre, dans un tel contexte technologique?

Déjà, nous avons appris à vivre dans une espèce de cocon virtuel soft, avec des outils qui seront bientôt perçus comme arriérés (ils le sont déjà, certains le pensent, moi aussi), tel Facebook. Une mère virtuelle qui aime tous ses enfants, qui recueille toutes leurs facéties et qui publie tous leurs fantasmes, qui diffuse le journal anodin de tous, voilà ce qui nous attend à grande échelle, voilà cet espace fictionnel qui annonce déjà la vie humaine du futur. Extrapolons cette expérience de communauté jovialiste en la joignant aux nanotechnologies les plus inimaginables qui apparaîtront dans une quarantaine d'années. Qu'inventerons-nous alors? Qu'est-ce qui surgira après la venue de cette singularité?

Notre lutte contre le principe de réalité a fait naître la littérature, la fiction, l'art. Lorsque ce principe ne voudra plus rien dire, la littérature mourra, mais nous serons alors devenus les personnages de nos propres fictions intérieures.

L'art appartiendra alors aux nanorobots dans nos cerveaux, aux cyborgs artistes et aux créateurs d'univers virtuels immersifs de haut niveau.

Nous faisons partie des dernières générations d'humains entièrement biologiques. Profitons-en et continuons à chialer contre le principe de réalité qui nous heurte ou que nous refusons cavalièrement de considérer.

Nous surfons sur les dernières vagues de la littérature. Nos prises de position ne seront que plus pittoresques pour les lecteurs du futur. En fait, ceux qui s'intéresseront peut-être à la fin de la littérature.

Lettre prégnante

Bert,

T'es *dark*.

J'essaie, je cède, je décède

Cher apeuré comique,

Non, je ne suis pas *dark*, Pierre. Au pire, je reste théâtral. J'agite seulement mes fonctions paranoïaques en mode turbo.

Ça active nos neurones que de réfléchir avec plusieurs épées de Damoclès mal fixées sur des crochets de pacotille.

Je panique un peu, je l'admets. Il devait y avoir un cataclysme nucléaire, les êtres humains ont été assez chanceux pour l'éviter. Quoique Tchernobyl, sans parler du tsunami japonais... et de ses conséquences nucléaires à Fukushima... Mais en gros, il fait mieux vivre aujourd'hui qu'il y a cent ans, disons, du point de vue des options qui s'offrent à nous. On va sans doute trouver des manières efficaces de combattre le cancer d'ici cinquante ans.

Maintenant, je me disais, après avoir lu sur le Web un court entretien avec l'auteur William T. Vollmann (que l'on m'a fortement suggéré de lire après m'avoir entendu palabrer sur *Bureau universel des copyrights* en entrevue à Radio-Granada, lecture que je n'ai pas encore entreprise), que ce qu'il formule résume ce que je ressens parfois, cette espèce d'impossibilité à s'accomplir dans quelque domaine que ce soit sans se compromettre.

En guise de réponse courte à ta lettre laconique (je la considère comme une vraie lettre), je reproduis ici un extrait des réponses de Vollmann, particulièrement fasciné par les prostitués, interviewé par le blogueur littéraire Ron Hogan :

«*RH : What is it about prostitution and prostitutes that makes them so central to your imagination ?*

WTV : Well, it just seems that in our materialistic society, prostitutes do openly and nakedly and honestly what all the rest of us have to do in a more hypocritical or obscured way. So I think if we look at them, we can see more clearly what we are[1].»

---

1. www.beatrice.com/interviews/vollmann
(RH : Pour quelle raison la prostitution et les prostituées sont-elles à ce point centrales dans votre imaginaire ?
WTV : Eh bien, il me semble que dans nos sociétés matérialistes les prostituées font ouvertement, honnêtement, à nu, pour ainsi dire, ce que le reste d'entre nous faisons d'une manière plus hypocrite, plus voilée. Je pense qu'en les observant on est en mesure de voir plus clairement ce que nous sommes.)

L'avenir appartient aux crève-tôt

Très cher Bertrand,

T'es *dark*.

Sans blague, je le répète : t'es *dark*.

Nous m'étonnons. Je me considère comme l'esprit caustique, limite cynique, et toi comme le type bien intentionné, bourré de sympathies et d'empathies mises à la disposition de ton prochain. Pourtant, je suis globalement optimiste pour l'avenir. Je spécifie « globalement », parce que je crois que la littérature, qui en a vu d'autres, survivra à la marée technologique qui déferle en ce moment sur nos têtes, mais je ne ferai pas partie du lot des rescapés. Je suis trop rigide, et il me manque sûrement l'imagination nécessaire à quiconque veut s'adapter à la nouvelle réalité avant de la dominer.

L'aventure en territoire virtuel d'*Arabesques* me conforte dans cette certitude. Je me suis servi de l'attirail complet des outils qu'Internet offre, et tout ce que j'ai réussi à créer est un accélérateur de lecture : absence des incises et des digressions, sauf si vous les actionnez par hyperliens, et informations complémentaires qui vous évitent l'effort de faire des recherches. [Ex. : photo de l'ancien maire de Montréal si vous cliquez sur « Jean Drapeau ».] Reste que le support Internet n'a pas influencé la texture même du texte, disponible dans son intégralité dans toute bonne librairie.

Je pourrais, bien entendu, faire l'effort de me mouler aux modes littéraires et aller jusqu'à me frotter au témoignage lénifiant ou à une autre manifestation de ce que j'appelle la «profondeur superficielle», au mieux les deux. Toutefois, les disciples de ce culte de la facilité ne survivront pas non plus, alors à quoi bon? Ils, elles ne font que passer, distrayant les papoteurs littéraires et la troupe d'oies qui les suivent en joli vol sagitté.

Non. Il me manque quelque chose. Si je savais ce que c'est, mon problème s'évaporerait. Mais je peux pressentir que la littérature parviendra, encore une fois, à se «morpher», pour parler techno, pour se fondre harmonieusement à la réalité. Et elle dominera. Je le crois pour au moins deux raisons:

La première, c'est que notre discipline a toujours phagocyté les technologies traditionnelles [la parole, la musique] avant de prendre un nouvel envol grâce aux nouveautés d'ordre médiatique. L'apparition des quotidiens a donné, disons, le feuilleton, la radio a sûrement amené une plus grande mobilité géographique de l'imaginaire ou permis un peaufinage de l'oralité; le cinéma, un découpage original; la télé, une sinuosité narrative augmentée; Internet, qui sait ce que ce sera une fois que le médium sera «bien assis» et qu'une nouvelle brèche technologique sera ouverte. [Télépathie? Plurilinguisme par injection?] Je spécule un peu rapidement, mais tu comprends où je veux en venir.

La seconde m'apparaît évidente au fil de mes promenades dans Tokyo. Aujourd'hui, les multinationales nous vendent des appareils-photo minuscules avec une résolution époustouflante. Que vois-je au gré de mes déambulations ? Une horde de photographes amateurs armés d'appareils gigantesques dotés d'objectifs hypertrophiés : je ne me souviens pas d'avoir remarqué des machins aussi gros dans le passé. Ils mitraillent la ville avec ces trucs éléphantesques comme si le *National Geographic Magazine* les avait dépêchés dans une savane avec des télescopes, ma foi. Une part de l'humain résiste à l'anonymat, et les petites choses effacent les identités. De plus, l'homme aime posséder une gamme de biens variés, notamment parce qu'ils illustrent son pouvoir d'accumulation des trésors. Un iBook électronique, c'est l'anonymat mur à mur. Tu peux lire un livre ou mille par année, le coussin pèse le même poids et personne n'est témoin de ta performance, de ta capacité d'absorption. Et un livre, ça sollicite tous tes sens : texture, poids, odeur, son des pages que tu tournes lentement ou rapidement selon ta lecture, beauté du papier, élégance de la police et du fini, sans négliger le plaisir de corner une page ou de jeter des notes dans les marges.

Toutefois, un saut de puce se prépare, et je n'arrive pas à le pressentir. Il faudra, auparavant, écarter certains dangers, dont une réification de l'être et un nombrilisme assommant, mais « nous » vaincrons.

Je viens de terminer ton livre, ce qui est un exploit vu que j'ai de la visite et que je suis l'hôte parfait. [Passage ironique.] Je crois que tu te doutes que toi et moi avons des approches différentes de la chose écrite. Tu es pétaradant, je suis une sirène de pompier ; tu es l'Etna, je suis Old Faithful. Tu as l'imaginaire débridé et [à mes yeux] indiscipliné, je suis un véritable sphincter qui laisse avarement passer un ou deux fantasmes après un transit intestinal très laborieux, tu jongles avec les signifiants comme un artiste du Cirque du Soleil, mais sur les *speeds*, je suis l'équilibriste qui ne veut pas lâcher le poteau. Une chose est certaine : je ne me suis pas ennuyé une seconde, mais tu as compris que ce n'est pas mon genre. Et probablement que mes romans ne figurent pas à ton palmarès de lectures favorites.

Je lis *Guyana* d'Élise [Turcotte] que tu as eu la gentillesse de me faire parvenir avec *Les cheveux mouillés* de Patrick Nicol. Tu sais combien j'aime ce qu'elle fait, elle aussi le sait : je trouve qu'Élise compte parmi les écrivains les plus cruels de notre bout de planète Livre, au point que je juge que certains de ses textes sont comiques, simplement par effet de contraste entre le sérieux de la situation et la cruauté du traitement de personnages centraux souvent mésadaptés, au point d'en être pathétiques. Et dignes d'affection.

Je n'ai «bu» que quelques pages de *Guyana*, mais déjà, je suis séduit. C'est comme si le personnage marchait avec deux pieds bots. Il boite... étrangement. Fascinant.

Pas encore commencé celui de Patrick Nicol. Je suis très lent, que veux-tu.

Mes trois amis quittent Tokyo lundi. J'ai été un hôte épouvantable. Je n'ai aucune résistance face aux desiderata d'autrui, et chaque fibre de mon être bourru se cambre quand les souhaits de mes prochains sont exprimés. Ce qui fait que je fais tout pour combler leurs attentes, mais je me retrouve totalement épuisé au bout de deux heures d'exploration de sites à voir absolument, dixit les guides.

Personnellement, je suis l'antitouriste : les *must see* ne m'intéressent pas une miette. J'aime me perdre, vaguer au fil de mes envies et des caprices de ma cervelle paresseuse libérée des obligations quotidiennes usuelles. Nous sommes allés à Kyoto, ville sertie de temples magnifiques et tout le tralala : m'en foutait comme de l'an quarante. J'aurais voulu trouver un simple point d'observation pour contempler la vie qui défile devant moi. Quel spectacle émouvant que d'admirer ces gens qui, le temps d'un trajet, oublient le fait qu'ils vont mourir.

Donc, j'ai été un brin monstrueux avec mes amis. Impatient et explosif par bouts. D'un côté, je rêve d'être seul, d'un autre, je sais que je vais fondre en larmes dès qu'ils monteront à bord du train en direction de l'aéroport. Je vais me sentir abandonné et asocial, surtout que je me pose mille et une questions en ce moment sur mon avenir, comme si les avenues qui me sont ouvertes n'étaient pas dramatiquement limitées. À cinquante-trois ans, je crois que mon éventail de débouchés peut se résumer à quelques possibilités, pas plus. J'aurais dû mourir plus jeune. Maintenant, le goût m'a passé.

N'empêche, je me demande si je n'ai pas atteint la limite de ma créativité, littéraire pour commencer. J'ai peut-être présumé de mes forces, surtout que je n'arrive pas à me départir du sentiment d'être un usurpateur. Je veux dire, je suis issu d'une classe sociale qui considère que la fonction d'artiste est réservée aux membres des castes oisives, donc supérieures, pas aux enfants d'Hochelaga, et maintenir ce train de création avec cette rigueur déraisonnable dépasse mes compétences. Si, pour mon bien, j'étais raisonnablement flagorneur, je pourrais me faire une jolie petite place sur la bicyclette culturelle québécoise et y aller d'un occasionnel coup de pédale. Eh non. J'aime les choses compliquées, j'imagine. Genre, mes romans illisibles.

J'aurai au moins réussi à tenter ma chance et à me cramponner à ma chaise à la table de black-jack avec mon sept de carreau et mon cinq de trèfle en main. Et je tripote mes jetons. *Hit me, baby? Quit?*

Avant d'oublier : j'aime bien ta citation sur les putes. Je considère que la prostitution est, en effet, emblématique du capitalisme : la loi de l'offre et de la demande règne sans masque sur le milieu. Si vous voulez savoir ce qu'une politique du laisser-faire donne, interviewez un travailleur du sexe. Il vous parlera de tarifs selon la rareté de ce qu'il a à offrir. Et pas besoin de vous demander quel rôle nos chefs politiques jouent, ont défendu ou rêvent de tenir dans la maison.

Étirer le présent et manger la tire de l'avenir

Cher quinquagénaire plus trois,

Je me suis pris dans un système de clichés dystopiques qui me sidèrent, mais tout à la fois me réconfortent. La paranoïa critique à la Dali, bien entendu, a été conçue pour mettre en valeur la faculté régénératrice, créatrice, de la paranoïa. Je crois que mes incursions dans le futur (il faut dire «avenir», semble-t-il, en français) sont autant de poussées d'imaginaire noircissant les choses, de floraisons chaotiques pour détresse projetée, de germinations folles de scénarios catastrophiques pour l'amateur de cinéastes tordus que je suis.

Quand tu écris: «Mais je peux pressentir que la littérature parviendra, encore une fois, à se "morpher", pour parler techno, pour se fondre harmonieusement à la réalité. Et elle dominera», j'entends encore la voix de l'écrivain d'aujourd'hui qui veut maîtriser la situation ou qui, dans toute sa rigidité «sphinctérienne», ne laisse passer que ce qui lui plaît dans les projections futuristes. Je ne te blâme pas. Moi, ce qui m'intéresse, c'est l'écart formidable, herculéen, pharaonique (pour citer une phrase de mon roman) qui pourra nous séparer de ce que l'avenir nous réserve dans cent ans. Cet écart inimaginable, merveilleux ou déstabilisant, cruel ou bénéfique, me trotte dans l'esprit et me stimule énormément. Une part de moi veut rester naïve et croire en un monde meilleur, qui règle tout, les maladies et même l'ennui, et une autre part de moi, plus pragmatique, se demande ce que nous allons encore inventer de répréhensible.

Ce jeu de la prédiction, j'en suis certain, existera toujours. Cette espèce de tour de passe-passe littéraire qui consiste à prévoir l'avenir le mieux possible, sa nouvelle mécanique sociale, ses tactiques de coercition, ses nouvelles formes d'art... C'est très excitant, tout ça, et piger une bonne carte dans nos prédictions nous donne des allures de pseudo-prophète, ce qui n'est pas à dédaigner. Avoir raison rétroactivement, même si tout cela ne provient que de notre imagination qui aura déliré quelques minutes, procure une satisfaction (à tout le moins à nos descendants) notoire. Je viens de me rendre compte que ce dernier paragraphe est essentiellement prétentieux. Mais sans prétention, pas d'audace n'est-ce pas ?

Maintenant, au sujet de nos livres respectifs.

Si mon livre *Bureau universel des copyrights* ne t'a pas ennuyé, j'aurai gagné mon pari.

En contrepartie, tes livres me plongent, contrairement à ce que tu sembles insinuer (je crois que tu « mélis » la portée de tes propres œuvres), dans un monde d'une cruauté perverse sans nom, d'une fantaisie érotique fascinante. Tu frises parfois Sade, tu écris avec la force d'une Yourcenar, tu ne ménages pas le lecteur et tu ne tentes surtout pas (grande honnêteté intellectuelle que je respecte) de lui donner de la pâtée pour chiens prémâchée, de la fausse série télé pour amatrices de divertissement 450. Tu sais écrire des séries télé, mais tu n'en fais pas en littérature. Chapeau.

Si je suis en train de me décortiquer l'intérieur, si j'ai accepté de jouer le rôle du «bon petit gars» dans ton scénario de correspondance pervers (mais c'est pour ça que je t'aime), c'est parce que, pour moi, tu es une des voix fortes de notre littérature et qu'échanger avec toi est un privilège!

Je ne te suce pas le nœud, ici, je te dis ce que je pense, en direct (et ce sera lu en différé par les curieux qui auront acheté ce livre en librairie, ou même en format ePub ou PDF sur leur iFuckingPad ou leur eFuckingBook).

J'ai de la peine quand tu régresses dans le rôle de l'enfant de «classe», qui, brandissant comme un hochet cynique le lieu de sa naissance, se gargarise de discours passéistes sur la destinée blablabla des gens blablabla qui sont nés dans des quartiers ouvriers comme Hochelaga-Maisonneuve, blablabla... blablabla[1].

Ce que je crois, c'est que tu vis un micropassage à vide. Tu es surmené, tu te donnes trop à tes invités (mauvais misanthrope, je vais te fouetter), tu veux tant épater la galerie que tu arrives devant ton écran, et tes doigts viennent pleurer à ta place dans nos lettres, question de «toper» mon humilité de comédien littéraire, mais ça ne te va pas.

Ton discours ne tient pas. Parce que, justement, la redistribution de la richesse fonctionne un peu, ici; que toutes les mesures subventionnaires dont tu as profité, issues de notre «modèle québécois», auront permis à une flopée d'auteurs provenant de milieux divers de bénéficier de quelque aide sporadique.

---

1. www.universalmusic.fr/katerine/video-clip/katerine-bla-bla-bla/

Ne parlons pas des gens qui sont nés avec une écuelle d'argent pour recueillir leurs déjections et un lit avec une base en acajou et des draps de cachemire, ceux-là, d'une certaine façon, s'ils nous regardent de haut, je les méprise, leur pisse à la raie. Ils sont en général irrécupérables, blasés et sardoniques de nature. Viciés dans leur humanité même. Dans leur cas, seule l'éventualité d'un grave traumatisme psychologique (kidnapping, mort effroyable d'un proche, leçon de survie apprise à la dure) saurait effectuer une révolution sociale dans leur tête de nantis.

Je ne suis qu'un gars ordinaire de la classe moyenne. Né de parents qui ont profité de l'abondance des années 70 pour fonder un foyer confortable. Mon père s'est trouvé un travail de professeur après avoir complété un baccalauréat en lettres (il suffisait encore d'un bac pour devenir prof de cégep, à l'époque), concrétisant leur nouveau statut, scénario culminant dans l'achat d'une maison en banlieue, à Saint-Lambert. Cette ville sonne comme le pactole, mais a accueilli, dans les années 70, beaucoup de familles francophones de la classe moyenne qui sont venues tirer la pipe aux anglophones qui constituaient, auparavant, dans cette région en bordure de Montréal, la crème de la population locale. Je me souviens de l'atmosphère bon enfant qui régnait en 1976 quand le PQ est arrivé au pouvoir et que des Anglais de Saint-Lambert se sont mis à déménager à Toronto et ailleurs au Canada. Mon père était follement heureux et taquin, et ma mère était fière. Nous étions tous grisés par ce résultat électoral inespéré. Le lendemain de la victoire du PQ, je n'étais pas allé à l'école. Mon père avait décrété un congé pour ma sœur et moi. Il fallait célébrer.

Théoriquement, j'ai complété les études (maîtrise en lettres) qui auraient dû me permettre de reproduire le modèle familial, de perpétuer mon statut d'homme ordinaire prônant les valeurs de l'effort et de l'autonomie personnelle et financière, ardemment défendues par tous les porte-parole médiatiques de la classe moyenne.

Mais, d'une certaine manière, je ne me suis pas assez battu sur le terrain de l'emploi, je n'ai pas été assez agressif, volontaire. Et me voilà, maintenant, homme de maison, chez ma blonde. J'ai un manque de motivation crasse qui m'a fait douter des avantages à posséder ma propre maison, à avoir mes propres enfants, à vivre avec un salaire qui m'imposerait de convoler en justes noces avec mes créanciers, d'empiler sur mon mal de vivre d'autres types de détresse pesante.

Pour se maintenir dans la classe moyenne, il faut plus que des études et des efforts, il faut aujourd'hui une bonne dose d'opportunisme, de désir sincère de s'intégrer à la société de l'endettement, de l'hypothèque ; avoir l'air frénétiquement occupé et préoccupé. Il y a un peu de théâtre aussi dans cette accession à la grande classe moyenne. Plusieurs rituels tels que partir en vacances en Europe, acheter une maison à Blainville, un abonnement à l'Opéra de Montréal ou au TNM, un chalet dans Lanaudière. Mille rituels confirment notre statut de participant à cette classe de citoyens.

Tu as beaucoup plus goûté que moi aux fruits de la classe moyenne en décrochant tous ces emplois dans les médias, ces contrats de télé, fort rémunérateurs. Es-tu propriétaire ?

À mon âge, quarante-quatre ans, je ne suis plus un jeunot ni encore une vieille personne. Mais mes perspectives d'emploi ne se sont pas améliorées.

J'ai beaucoup de projets littéraires en préparation. C'est ce qui me tient essentiellement en vie. Écrire un poème, un livre, organiser un spectacle littéraire, c'est retenir autour de soi les morceaux épars de notre personnalité errante. Je me déliterais, me liquéfierais en rigoles ou en ruisseaux si cette vivacité créative cessait de rythmer ma vie.

Chacun de mes livres, chacun de mes projets est une victoire contre le présent frénétique, une oasis dans le désert de la répétition et des événements prévus de nos vies plates et distantes. Une issue momentanée à un problème sans réponse.

———

ANECDOTE CONCLUANTE

Je me suis inscrit, récemment, comme guide bénévole, au Musée d'art de Joliette. Musée de bonne envergure qui s'intéresse beaucoup à l'art contemporain, ce qui me fascine et m'a attiré. Je vais suivre une formation, lire des cahiers et, par la suite, à la fin du mois, passer le test pour devenir officiellement un guide muséal. Le hasard faisant bien les choses, cette expérience viendra sans doute nourrir la création d'un des personnages de mon roman en cours. Une espèce d'archiviste d'œuvres d'art pour le futur.

Peut-être était-ce inconsciemment déjà écrit sur ma petite plaque de cire cérébrale... Quoi qu'il en soit, après deux rencontres de groupe, après avoir été mis en contact avec les guides du musée, ce monde de retraités, de gens généreux qui aiment l'art et veulent partager leur passion, la transmettre, j'ai senti que je tenais là une belle banque d'expériences humaines qui saurait alimenter mon réservoir à humanité fictionnelle.

L'art contemporain est pour moi une nouvelle forme de culte. La plus belle forme de culte, selon moi. Un culte sans livre régulateur et sans dogme particulier, un culte d'une liberté extraordinaire qui n'admettrait que certaines règles minimes de participation. Ergo un culte éminemment humain, où l'enthousiasme, la réflexion, l'intellectualisme, la culture, la surprise et l'activisme ont encore du sens.

L'idée du musée en général consiste en quelques pièces neutres dans lesquelles tous les artistes peuvent exprimer ce qu'ils ont envie d'exprimer sur la vie, la société, l'histoire de l'art, la politique, la religion, la science et la technologie. Nous y avons encore un devoir de silence, généralement. Ce qui me réconforte. Puis, devant l'œuvre, quand nous avons pris la peine de nous informer sur sa provenance et les éléments de réponse que l'artiste a bien voulu nous transmettre sur son travail, on peut démarrer la machine à interprétations, inventer notre propre chemin sinueux de sens pour mieux nous l'expliquer.

Il ne s'agit pas d'anarchie, il s'agit d'humanisme.

J'emplis mes livres de références à l'art contemporain et à certaines œuvres d'artistes que j'apprécie. C'est un environnement qui me comble.

Bla, bla et rebla

Méchant Bertrand,

T'es dur avec moi. Je ramasse toute mon énergie, j'en fais un joli petit tas de feuilles mortes, je branche le ventilateur, mode Humilité, et que fais-tu? Tu tires sur le fil. C'est chien.

Avant d'oublier : non, je ne suis pas propriétaire. J'occupe un logement dans une coop parce que j'ai fait des choix : voyager, m'amuser, prendre la vie du bon côté. Les deux saisons qu'a duré la série *Cover Girl* m'ont permis de survivre pendant sept ans, d'écrire *Catastrophes* et, surtout, *Arabesques*.

———

MINI-ENCADRÉ MODE LITTÉRAIRE

J'écoute la radio française, moins poche que la nôtre, ce qui n'est pas difficile. Une émission [*Du jour au lendemain*, assez bêta comme nom] accueille les auteurs de romans nouvellement parus. Je remarque un truc : la profusion des titres qui ne comptent qu'un mot. C'est une mode? Même Perrine Leblanc, gallimardisée, passe de *L'homme blanc* à *Kolia*. Étrange. Ils économisent sur l'encre, ou quoi?

Titre punch? Ou affaiblissement des neurones français? Hum. Ou j'ai lancé une tendance avec Nelly Arcan?

———

Bon, O.K. Je file un mauvais coton depuis un mois. Je me demande si je n'en ai pas ras le nœud de Tokyo, qui n'est pas une ville pour moi. Je l'ai surnommée «Capitale du malaise constant». Ils sont vraiment coincés, les pauvres habitants de la mégalopole, et semblent avoir élu comme antidote la précipitation shoppingesque. Il faut les voir dans les magasins, c'est comme admirer des barracudas dans une piscine de sang. Un peu plus et ils mordraient dans les fringues et les horribles sacs Louis Vuitton qu'ils consomment par conteneurs entiers. Une relation locale m'a assuré que la plus humble secrétaire tasse son fric avec un grand projet en tête: se trimballer avec un cuir LV qui frotte contre sa cuisse, acheté dans une boutique du même nom. Pas une copie, ce serait risquer le déshonneur éternel.

Il me reste deux mois, je compte en profiter, n'aie crainte, mais disons que l'écriture s'en porte plutôt mal. Tant pis, tant mieux, ce n'est pas comme si la queue s'allongeait aux portes des Renaud-Beurré en attendant la sortie de mon prochain chef-d'œuvre. Toutefois, je suis conscient, comme tu sembles l'être, que j'ai abordé le Titanic littéraire québécois avec des manques intellectuels difficiles à combler, mais j'ai vécu, ça oui. J'imagine que l'expérience vaut bien l'absorption de mille et trois théories littéraires et concepts philosophiques, mais un certain équilibre m'aurait mieux servi. Moins de baises, plus de Spinoza, genre.

J'ai parlé du paquebot maudit, car je suis convaincu que notre littérature est condamnée. Je me fouille la cervelle et je suis incapable de trouver un peuple qui méprise tant sa culture écrite. Je crois que nous avons surtout honte de notre langue, de notre obstination à la pratiquer. Je me demande si le point commun à nos domaines d'excellence culturelle reconnus [le très soporifique Cirque du Soleil, les mises en scène fantastico-techno-machinées des Lepage et Cie, la danse, notre criarde nationale...] n'est pas l'absence du français dans leur pratique. Je détecte chez mes contemporains une certaine allergie au phénomène «pure laine» — et ça, c'est un propos qui va me coûter cher — qui pousse les papoteurs littéraires à prêter à la littérature migrante des qualités qu'elle n'a pas toujours. Comme si être un écrivain d'ailleurs était en soi une vertu, ce qui est ridicule. J'aime l'écriture d'Aki Shimazaki parce qu'elle est excellente, peu m'importe le lieu de naissance de l'auteure. Tu sais qui me laisse parfaitement indifférent, prix médicinal ou pas. [Depuis les trente dernières années, le Médicis a été remis à treize romans Grasset, dont une odelette de la nullité française par excellence, Bernard-Henri Lévy. Allô?] Et puis, c'est quoi cette idée de se brancher sur les Parisiens pour élire les livres chouchous?

J'ai écrit plus tôt que nos chers cousins de l'Hexagone formaient la plus importante agglomération de *has-been* sur la planète. Admets que c'est vrai. Le pays qui nous a donné Descartes, Zola, Proust, Verlaine, Camus, a publié *Lolita* de Nabokov, a recueilli Beckett et Wilde, a soutenu Joyce, a pondu Sartre, Beauvoir, Bourdieu et Deleuze, qu'a-t-il à offrir au monde en ce moment? Houellebecq et les Laurel et Hardy de la philosophie, Bernard-Henri Lévy et Alain Finkielkraut. Brillant. Tu as vu leur président[1]? Leur ministre de la Culture, Frédéric Mitterand? Qu'on me nomme un seul écrivain français qui apporte quelque chose de neuf à la littérature. Echenoz? C'est quoi, ça, du Echenoz? De l'écriture pour débiles légers déguisée

---

1. Nicolas Sarkozy

en simplicité volontaire? Sollers? Il est où, mon carbone 14? Arrivez en ville, les amis. Remarque, mieux vaut être *has-been* que *never-been*.

Mon problème reste donc entier : à quoi ça sert de se défoncer les parois du cerveau à concocter des romans qui ont le défaut d'être des projets littéraires si la langue française est sur le point de disparaître au Québec, grâce à notre lâcheté collective, ou d'imploser à cause du racisme colonialiste des grands bêtas d'outre-Atlantique? Ton appréciation de mon travail me touche, vraiment, parce que j'y ai mis beaucoup d'efforts pour rendre ta lecture fluide. Je sais combien nous sommes différents. Je te perçois comme un auteur en partie surréaliste, borderline oulipien. Je n'arrive pas à me situer. Un brin naturaliste, un brin magico-réaliste, j'imagine.

J'ai cinquante-trois ans. Disons qu'il me reste, au mieux, trente ans à respirer, dont vingt à traîner plus ou moins de la patte. Je sais qu'il se fait tard pour putasser, mais pourquoi pas? Notre télé achève aussi, mais elle paie vachement bien, alors je devrais me ramasser et tenter de pondre quelque chose qui pogne, souffrir quatre ans, puis faire mes adieux au marché du travail et... campagne, chiens, lecture.

Sinon, changer de voie, mais il se fait tard. Je ferais un excellent psychologue ou un curé respectable — ce qui est la même chose, au fond —, j'encaisserais les confessions sans broncher en affichant un air intéressé, je poserais une ou deux questions qui font semblant de creuser un peu le propos, puis ding, trois *Ave*, un *Credo*, cent piasses. Je parlais du psy. Curé, je suis moins sûr. Les enfants de chœur en culottes courtes ne m'excitent pas vraiment.

Reste que je dois terminer mon roman, j'y tiens, avant de prendre ma décision. J'en suis à cent soixante et quelques pages de bonheur. [Oh, ironie.] Il est très dialogué, ce qui peut être un défaut, mais ça fait partie de ma recherche littéraire. Je ne sais pas s'il y aura beaucoup d'érotisme dans celui-là. Je concocte un passage *kinky*, mais rien ne garantit qu'il finira sur papier. Un hétéro qui se fait baiser par un mec et qui passe un bon moment. Si je me décide à l'écrire, je ne le soumettrai pas aux jurys de lecture et de formatage Boréal, c'est officiel. À quoi bon? [Je blague, je n'enverrai rien chez les Bobos.]

Je devrais avoir du temps en masse pour poursuivre mon travail. Mes amis sont repartis [j'ai pleuré comme une fillette, eh oui], et cette correspondance vit ses derniers moments. Toi, toujours le Lucky Luke qui écrit plus vite que son ombre, tu ponds déjà des titres, moi, je n'y pense même pas, préférant relire le tout avant de me fixer. *Lettres ou le Néant*, ça te dit?

Allez hop, il est presque dix-neuf heures : je vais me coucher en compagnie d'Élise Turcotte par roman interposé. J'adore me réveiller à quatre heures et demie, faire mes trucs, faire une sieste, puis reprendre le fil. Malheureusement, je n'ai pas le fil très productif parce que ça inclut me perdre dans les rues. Au moins, j'aurai développé mon sens de l'orientation de ce côté-ci de la planète.

Écrire et foirer en écrivant

Cher ami commun d'Élise,

J'ai envie de te bercer.

C'est la phrase qui m'est venue. C'est d'un ridicule outrageusement kétaine. Je me suis dit que cela ferait rire les badauds, ces hommes et femmes, jeunes ou moins jeunes, qui lisent en ce moment cette page et se disent : « Ça commence à tomber dans la pleurnicherie de carte Hallmark! *What the fuck!??* »

Mais à ces mêmes lecteurs bardés de convictions, certains de leur statut d'humains respectables, persuadés de leur supériorité morale ou intellectuelle, amis protégés par le confort monétaire, amis traînant leurs problèmes narcissiques comme un signe de distinction sociale, lecteurs fatigués, boulimiques, universitaires ou domestiques, je dis : *Come on!* J'ai envie de témoigner de l'affection à quelqu'un à qui je me suis attaché, petit à petit. Faites demi-tour, lecteurs sardoniques, et allez ranger vos sarcasmes dans vos tiroirs à articles tendance.

Cette fois-ci, dans cette lettre qui se retrouve dans le lot de celles qui vont conclure notre entreprise, j'ai envie, moi aussi, d'atteindre mon degré de vulnérabilité optimum, de me transformer en tas de

feuilles séchées, oui, séchées, car pourrissant très vite au soleil paradoxal de l'automne, en te révélant ce que j'avais écrit sur ma porte de
chambre, quelques jours après la mort de mon père.

À quinze ans, adolescent de la banlieue, classe moyenne, lecteur,
poète en herbe, adorateur de Pierre Richard, *Pif Gadget*, *Star Wars*
et la collection «Travelling sur le futur», de Lidec, nouvellement
orphelin de père, j'avais écrit, au gros feutre noir, sur ma porte de
chambre : «Hara-kiri velléitaire».

À l'époque, je lisais aussi Yukio Mishima, disons plutôt l'essai de
Marguerite Yourcenar sur l'écrivain. Elle y parlait de la fascination
du bonhomme pour la doctrine du *Hagakure*, le *Livre du Samouraï*,
mais également pour la pratique du seppuku, cette mort rituelle que
l'on se donne par éventration horizontale.

Je me souviens, je possédais une baïonnette de l'armée canadienne,
achetée dans un surplus. Engin brutal qui reflétait mon intérêt pour
l'histoire militaire. Je n'ai jamais été attiré par les tactiques de domination ni par la technologie guerrière (je suis d'ailleurs très mauvais
dans les jeux de société, à part *Quelques arpents de pièges* ou *Docte
Rat*), mais plutôt par l'histoire des petits soldats de chaque siècle qui
sont morts pour défendre des principes qui permettaient à une classe
supérieure de rester au pouvoir. J'ai bien sûr vécu mes moments de
«pow, pow, t'es mort», j'ai joué longtemps à la guerre avec mes amis
de banlieue, j'ai vu mille scènes de publicités et de films qui illustrent
cette activité normative de la jeunesse, mais mon intérêt a vite bifur-
qué vers les opprimés des armées défaites et les civils maltraités ou
victimes des campagnes militaires.

J'ai beaucoup feuilleté des albums de costumes militaires, et principalement l'attirail des armées de Napoléon dans des livres pour

les adolescents produits par une formidable maison d'édition de l'époque dont j'ai oublié le nom. Un peu plus tard, je me suis intéressé aux chirurgiens militaires et à la discipline chirurgicale qui s'est beaucoup développée sur les champs de bataille. J'avais lu le *Que sais-je?* sur l'histoire de la chirurgie, qui parlait des grands accomplissements, entre autres, d'Ambroise Paré, le père de la chirurgie moderne, de l'arrivée de l'anesthésie au chloroforme, etc.

Je me souviens de mon torse nu, devant le grand miroir de la chambre de mes parents, de la baïonnette que j'avais appuyée sur mon ventre, de la pression que j'avais ensuite appliquée sur son manche, pour m'auto-embrocher, puis de cette soudaine sensation de vaudeville émotif, cette sensation qu'il y avait là une tragédie forgée par mon esprit dérangé, une imbécillité comportementale qui ne révélait que mon fort instinct pour le théâtre. Ce récit ne convaincra personne de m'inviter à une émission *human interest*, c'est trop court, trop convenu, pas assez jusqu'au-boutiste pour mériter la mention «tentative de...»

Mais personne ne l'a jamais su. Je ne l'ai jamais révélé à qui que ce soit. Sauf ici, dans le cadre de cette correspondance.

Durant ma vie d'écrivain au Québec, j'ai traversé plusieurs moments de «hara-kiri velléitaire», des tristesses exagérées, des indifférences cruelles, des commentaires malveillants sur mes trucs, des frustrations multiples. Qu'est-ce que c'est un «hara-kiri velléitaire» sinon une espèce de passage à vide, une courte crise d'asthénie, une odieuse sensation de ne pas contrôler les événements de notre vie qui se décident sur une scène qui nous échappe?

C'est l'émotion qui m'a tenaillé en lisant ta lettre précédente et que j'essaie d'analyser ici.

Bizarrement, dans la mélancolie, dans cette mélancolie de garage, un peu amateur (car j'ai aussi vécu la vraie, celle qui nous fait perdre l'usage et le nom des objets), j'ai toujours eu l'impression d'avoir atteint la vérité de quelque chose, une vérité offerte, là, mais insaisissable pour les gens qui ont perfectionné leur muraille de quant-à-soi avec des matériaux d'une résistance absolue.

Je cède facilement, un lapsus me blesse, un sarcasme me détruit, un impair social me mine.

J'ai vu des connaissances atteindre à un statut de respectabilité littéraire institutionnelle extraordinaire dès leur premier bouquin, ou leur deuxième, et partir comme le lièvre dans la fable, laissant les œuvres tortues comme la mienne en plan. J'ai vu des auteurs que j'avais chéris, de grands écrivains dont l'œuvre m'avait touché, séduit, perdre toute crédibilité, gratter le fond des restants de considération, se morfondre dans l'indigence, vieillir dans l'anonymat le plus insolent. J'ai toujours eu peur de finir comme notre grand journalier québécois Jean-Pierre Guay, qui n'a rien à envier à Green ni à Jouhandeau, qui a produit des tonnes de pages légendaires, sardoniques, sûres, mais qui a fini sa vie complètement ignoré dans un hospice ou une maison de chambres, traînant une opération au cerveau[1]. Enfin, la rumeur, la rumeur, la tumeur, la tumeur. Elle dit bien ce que l'on veut entendre, aussi, pour nous rassurer sur notre propre santé mentale. Il ne faut pas la caresser cette rumeur stéréotypée, romantique, qui aimerait bien que tous les écrivains finissent leurs jours dans le caniveau, débraillés, atteints de delirium tremens

---

[1]. Le malheur a voulu que Jean-Pierre Guay s'éteigne, le 25 décembre 2011, quelques semaines après la fin de notre correspondance. Le hasard fait souvent la part belle aux coïncidences morbides. Allez lire n'importe quel tome de son journal. Jet puissant d'honnêteté intellectuelle. Rare. (NDA)

(encore là, la rumeur, on a révisé cette version, il aurait été battu, plutôt) comme Poe à Baltimore.

J'ai tenté, vainement, en jouant des airs fantaisistes, de réhabiliter dans *Lectodôme* la figure de Jean Basile, dont j'avais aimé quelques romans. L'exercice ne peut être entrepris à la légère, sinon il foire immanquablement. J'ai foiré.

Écrire, au Québec, c'est foirer souvent, même si on nous récompense de papiers critiques, de bons mots, de tapes dans le dos et de subventions. Écrire, au Québec, c'est foirer nettement souvent.

Tu suggérais *Lettres et le néant* comme titre pour notre livre. Je ne suis pas sûr du jeu de mots, mais c'est dans le ton, certainement. Dans la tonne de titres niaiseux que je t'avais proposés par courriel, il y avait *Les désaffinités électives*, *Aspirateur*, *Les fins de la littérature*, *Le ventre de la bête*, qui donnent le ton, aussi.

Je crois, pour aller sans passer *Go* dans le pittoresque de carnaval, les clichés rieurs et les agences de voyage *cheap*, que *Hara-kiri velléitaire* ne serait pas un mauvais titre non plus.

Joie

Ô, sinistre Bertrand,

Bon, ça y est. Il faut se faire jovial, paraît-il, parce que notre échange a adopté un ton endeuillé et menace d'effaroucher le lecteur en quête de la Bonne Nouvelle. Mais à quoi s'attendre d'autre quand deux écrivains parlent de littérature au Québec? Doux parfums et joies tranquilles? C'est Marie Laberge et Jean-François Beauchemin qu'ils auraient dû inviter à papoter au lieu de jumeler des prolétaires de la chose écrite.

———

ENCADRÉ OVERDOSE D'ANTIDÉPRESSEURS

Quelle journée magnifique je traverse en ce moment, point d'exclamation. Comme hier et la trentaine d'autres avant elle. Imagine: je m'installe devant l'ordinateur avec ma tasse à droite, mes notes à gauche, j'allume, je clique sur l'icône, j'admire mon roman qui se redessine devant mes yeux écrasés sur des poches pastel qu'une insomnie angélique dessine amoureusement depuis une bonne semaine. Le titre, *La Maison des pluies*, apparaît dans toute sa splendeur noire sur fond blanc et — ce doit être le café — un fantastique élan de nausée me saisit. Trop de bonheur. Un oiseau fantomatique gazouille à mon oreille : « À quoi bon, mon homme ? » et je lui susurre : « Cesse, coquin, point d'exclamation. » Quand même, publier au Québec représente un privilège extraordinaire et, franchement, quels lecteurs patentés, qu'ils soient bouclés ou durassiens, de haut calibre nous font l'honneur de nous lire. Parfois. Quand un témoignage sincère, à défaut d'être littérairement pertinent, n'atterrit pas sur leurs genoux. Une liesse délirante m'étreint. L'avenir nous sourit.

En surespoir de cause, je me tourne vers la correspondance divine que nous entretenons toi et moi, et je me sens délicieusement à sec, comme cette fois où, allongé sur la terrasse du *palazzo* que j'occupais à Florence grâce à mes droits d'auteur, il ne me restait plus une goutte de champagne à portée des lèvres. Rien, *nada*, *niente*. Orgasme et ravissement.

Reste la série télé à retravailler, mais la perspective de triturer de plus belle ce merveilleux scénario me cause une joie intolérable. Je me dis : « Allez, multiplie l'allégresse par cent et vogue sur Internet, là où l'excellence déploie ses ailes d'or. » Facebook m'offre ses trésors de profondeur : « Bon matin a touttes vous autres », pépie l'une, abonnée aux messages essentiels ; un autre m'encourage à me départir de mes informations personnelles en échange du privilège de jouer à *Mafia Wars* ; j'apprends que j'ai été vendu près de 100 000 $ par un ami que je n'ai jamais rencontré en graisse et en os de ma voluptueuse vie et je passe un temps divin à visionner le clip d'une petite Chinoise écrasée par deux véhicules et abandonnée sur place, tout ça sous la bannière « Intolérable » apposée par un intellectuel m'invitant à me révolter. Rabat-joie. C'est vrai que le vidéaste n'a pas soigné son travail, mais, allez, relaxons : l'important, c'est le message. Je me demande pourquoi les gens regardent cette superproduction, parfois plusieurs fois. Professionnalisme, sans doute. Cinéphilie ?

Histoire d'épicer davantage mon quotidien euphorique, je visite des sites de rencontres et je constate à quel point l'homme a lentement surfé sur la vague marchande jusqu'à devenir un fantastique objet de consommation : taille, poids, offre, demande. Demain lui appartient. Louangeons le Seigneur.

Ivresse. J'éteins l'appareil en songeant que, putain, l'humanité s'engage dans une voie résolument chantante, passez-moi la chatterie homophone.

Alors je m'allonge sur mon lit et je me dis : vivement, mais vivement le petit matin. Point d'exclamation.

———

Non, mais. Écrire, de surcroît au non-pays de l'amnésie collective, relève du masochisme. Désolé, je ne parlerai pas sur un ton guilleret de l'acte de greffer des lettres pour en faire des mots et tout le tralala, je ne distribuerai pas les palmes et les félicitations sur cinq pages. Alors, pour ceux et celles qui veulent du positif, voici mes auteurs québécois favoris. Ensuite, fichez-moi la paix. Dans le désordre : Dominique Fortier, Dominique Robert, André Roy, René Lapierre, Élise Turcotte, François Charron, Victor-Lévy Beaulieu — oui, j'aime le mammouth s'il est à point —, Jean-Paul Daoust, la poésie de Jean-Simon DesRochers, Aki Shimazaki, Paul Chamberland. J'en oublie sûrement quelques-uns. Tu me remets Jean-Pierre Guay en tête. Il est très malade, je lui pardonne tout.

Toi, t'es en attente. Je n'arrive pas à te capter, t'es comme les montagnes russes avec un wagon qui, de temps en temps, fout le camp avec un lecteur à bord. Ce qui n'empêche que tu peux me bercer quand tu veux.

Maintenant, on peut-y passer à autre chose?

Tokyo, puisque ça achève.

J'ai remarqué ou découvert quelques trucs amusants :

A. La chaussée est souvent recouverte d'un enduit de caoutchouc. Peut-être est-ce pour assurer une certaine élasticité du revêtement en cas de séisme, mais le résultat le plus étonnant est une discrétion sonore remarquable, même en heure de pointe. Surtout que les Tokyoïtes n'utilisent le klaxon qu'exceptionnellement. L'exception : les ambulanciers, qui ne se contentent pas d'actionner une sirène assourdissante pour se frayer un chemin, mais y vont aussi de directives et d'annonces relayées par des haut-parleurs de discothèque : tassez-vous ; je tourne à droite ; à gauche ; je vais tout droit...

B. Le nombre de jeunes femmes avec des béquilles et une cheville bandée. À les voir courir, juchées sur des escarpins de danseuses *topless*, rien d'étonnant. Je le sais : je radote.

C. Dans le métro, c'est un véritable *stampede* quand vient le temps d'accéder aux escaliers mécaniques, mais une fois engagés dans l'appareil, les usagers se tassent à gauche et ne bougent plus. C'est quoi le *rush*? Je veux dire, pourquoi se précipiter comme des sprinters anabolisés vers les marches mécaniques si c'est pour rester là à patienter que le circuit se termine de lui-même? Je me demande si ce n'est pas un désir de prendre sa place sans coup férir dans une ville où l'anonymat règne à un moment où la hiérarchie usuelle ne compte plus.

D. Le Japon figure parmi les pays dont les habitants baisent le moins. Les Nippones achètent les horribles sous-vêtements que portent leurs époux. Y a-t-il un lien entre ces deux faits?

E. Les corbeaux pullulent à Tokyo. Pour faire plaisir aux jovialistes, j'aimerais désigner la grue blanche ou l'oie délirante comme volatile emblématique, mais hélas. J'adore ces oiseaux noirs et massifs, avec leur air de majordome bougon. De plus, ils n'arrêtent pas de croasser, ils s'envoient plein de messages codés, parce que je suis sûr qu'ils sont brillants, à la limite plus dégourdis que bien des papoteurs de notre connaissance. Ils m'accueillent de leurs croassements dès l'aube. Enfin, un seul se lance dans son chant rauque, coâ côa, puis un copain lui réplique un truc, probablement «ta gueule, je dors», bientôt imité par dix autres, puis cent. J'ai l'impression qu'ils se mettent d'accord pour envahir la ville, pour la saccager, pour lui fienter dessus, pour s'attaquer aux habitants, voire leur crever les yeux avant de les dévorer en pointillés, puis ils aperçoivent un bout de poubelle qui dépasse et ils remettent le projet à demain. Ils feraient d'excellents romanciers en résidence.

F. Le golf. Mes voisins du très chic Roppongi Hills Residence vouent ce qui ressemble à un culte à cette activité débile. Je ne sais pas qui a eu l'idée de désigner comme «sport» un passe-temps que n'importe quel imbécile en surpoids peut pratiquer cigarette au bec et sans se séparer de la moindre goutte de sueur. Le jeu de poches des parvenus. Au gym, je croise ce bonhomme qui défrise la soixante-dizaine. Il fait semblant de s'entraîner, poussant le bouchon jusqu'à se passer l'une de ces grosses ceintures d'haltérophile autour des poignées d'amour. La créature en question exsude le fric, la grossièreté et l'absence totale de goût. C'est PKP avec une bedaine. Il s'empare de poids libres trop lourds même pour un pachyderme, amorce trois mouvements de flexion, abandonne, recâlice les machins de fonte sur les rails en faisant un tapage d'enfer, prend une lampée de boisson protéinée, puis se place au beau milieu de la salle et... mime un *drive* de golfeur au ralenti, comme s'il peaufinait sa technique avec un souci de scientifique. Il remonte sa ceinture au-dessus de son nombril étranglé par la graisse et paonne jusqu'à un appareil où il recommence le manège, convaincu d'avoir absolument, mais absolument impressionné la galerie. Perso, j'ai envie de me planter devant lui et, à l'aide du pouce et de l'index droits tendus à 90 degrés, de dessiner un gros L avant de me l'accoler au front. Loser.

Remarque, c'est moins pathétique que la boxe. Le sport noble, disent-ils. Non, mais de qui se moquent-ils? Admirer deux gros tapons qui se démolissent la gueule, c'est d'une stupidité, d'une bassesse, d'une crétinerie pratiquement impossibles à égaler. Je précise: je ne parle pas des pauvres types qui saignent sur le ring, mais des orangs-outangs assis autour et qui déduisent de leurs impôts le coût des billets. Ces parvenus sans classe aucune, qui rêvent d'en avoir et qui sont prêts à y mettre le prix fort, veulent nous faire gober que seuls des esprits raffinés peuvent apprécier à sa juste valeur cet art de réduire des corps en bouillie par la tenue d'un succédané de rituel barbare et sauvage que nous croyions disparu avec les brontosaures. Il y a quelques années, un cadre de Radio-Canada, ancien étudiant de philosophie de l'Université de Sherbrooke, ce qui en dit long sur l'utilité des diplômes, avait tenté de nous aveugler en prétextant que la diffusion de ces matches en direct de l'ère du Cro-Magnon s'expliquait par le fait qu'il s'agissait, en fait, d'une saine «domestication de la violence». Pourquoi pas la porno, qui est, comme nous le savons tous, une métaphorisation du coït? Je te jure, ce qu'on peut nous bourrer le crâne de conneries, parfois. Et le public, qui ne lit pas assez de bons romans, avale.

Il ne me reste que cinquante-cinq jours avant mon départ. Je dois avouer que, quelque part, j'ai hâte de retrouver mes pénates. Je crois que ça tient au fait que je ne maîtrise pas la langue des lieux, donc quatre mois, voire trois, représenteraient pour moi le territoire temporel limite, le cycle maximal des découvertes possibles dans cette condition. Ma faute. D'un autre côté, je côtoie dans mon quartier des Occidentaux qui vivent ici depuis cinq ou dix ans et qui ne parlent pas un traître mot de japonais sans se faire de mauvais sang. Quelque part, je les admire. Comme ceux qui crient *Fore!* sans se questionner sur la bêtise.

———

POSSIBLE ENCADRÉ CUL

J'écris «possible» parce que je ne sais pas encore si je vais le joindre à ma lettre.

J'ai rencontré, disons, plusieurs lapins japonais depuis mon arrivée. Je n'y peux rien : je pogne. Je ne vais quand même pas me priver, surtout que je considère que j'en suis à mes dernières années olé olé.

Il s'appelle Georges avec un *s*. Il a vingt-quatre ans, et je crois que c'est mon dernier spécimen dans cette tranche d'âge. Désolé, mes mignons, mais *daddy* exige un minimum de cervelle. Il est à demi Philippin, ce qui explique, entre autres choses, son anglais plus qu'acceptable, son sourire Pepsodent et, oui, un joli petit cul *latino style. Because*, entre toi et moi, les Nippons ne sont pas très bien gréés en la matière [adipeuse]. Toutefois, je ne sais pas ce qu'ils mangent, mais ils bénéficient d'une endurance, d'une énergie sexuelle inconnues sur les belles rives du Saint-Laurent, sauf phénomène exceptionnel. Les scouts du cul : toujours prêts. Ça te fout des complexes en deux minutes.

Bref, Georges. Sexuellement, ça cadre, nos rôles sont bien distribués. Il est mignon, un brin poseur, un peu à la manière de ces idoles postadolescentes si populaires en Asie, limite androgyne. Côté conversation, c'est catastrophique, mais il m'en dit un peu plus long sur le phénomène des *hosto* de Tokyo. Tic-tac, tic-tac... Tu donnes ta langue au chat? Ça vient de l'anglais *host* et ça désigne, en gros, le bar où les femmes s'offrent des jeunes hommes pour simplement s'asseoir avec elles et leur faire causette. Des taxi-boys, quoi. Il m'en apprend un brin sur les filles esseulées ou qui en ont ras le bol des rustres ou des machos narcissiques qui prennent plus de temps à se coiffer qu'à leur faire la cour ou l'amour. Alors, elles paient à prix d'or ces garçons pour qu'ils leur parlent, *no sex*. En fait, elles sont tout le contraire de moi: je n'ai rien acheté, c'est *with sex*, et la dernière chose que je voulais, hormis son anecdote *hosto*, c'est qu'il se fasse aller la langue. Pour parler, s'entend.

Les oui de circonstance de VLB

Cher observateur des corbeaux de Tokyo,

Victor-Lévy Beaulieu, cet être humain à la fois génial et fantasque (et personnage involontaire de notre correspondance batailleuse), vient tout juste de recevoir le prix littéraire le plus prestigieux du Québec, le Gilles-Corbeil. Une bourse de 100 000 $ est offerte au lauréat. Aujourd'hui, *Le Devoir* publiait un texte de circonstance dans lequel VLB retrace son parcours d'écrivain. J'en reproduis ici le dernier paragraphe :

« À l'âge de quatorze ans, j'ai dit oui à la vie, celle du monde en général et celle du Québec en particulier. Pour changer les choses, pour leur redonner leur beauté manquante, il faut d'abord savoir dire oui à cette vie dont les racines pleines de sève ne demandent qu'à devenir l'arbre sacré de ce très grand poète que fut Paul-Marie Lapointe — cet arbre sacré qui porte ces pommes d'or qu'au Québec, comme partout dans le monde, on appelle liberté, égalité et fraternité[1]. *»*

Il y a toujours quelque chose d'enfantin et de compassé, sinon de naïf, à « dire oui à la vie ». En général, ce que l'on apprend des hommes et de la nature nous pousse plutôt à valoriser ceux qui sont assez forts pour dire non, quand la circonstance s'y prête. D'une certaine manière,

---

1. www.ledevoir.com/culture/livres/335508/je-crie-j-ecris-je-decris

Victor-Lévy Beaulieu a dit plus souvent «non» que «oui» à la vie, telle qu'elle s'est présentée. (Il a dit oui au Québec, d'accord, mais ce oui était en fait un immense non au Canada de l'époque). C'est d'ailleurs un peu pour ses coups de non, ses livres du non, ses esclandres de non que j'ai engrangé du respect pour l'homme. Je crois qu'on peut dire oui à la mort, dans la mesure où on ne peut rien y faire et qu'elle arrive à brûle-pourpoint. Mon inconscient veut sans doute me signifier qu'elle vient à point, au moment où on s'ennuie le plus, souffre le plus.

Victor-Lévy Beaulieu retient donc une partie de sa vérité, remercie la vie parce qu'on le reconnaît à sa juste valeur, mais triche, en quelque sorte, sur ses motivations. Ils ne parlent pas de ses célèbres non.

Nous avons, toi et moi, de diverses façons, témoigné de la grande importance de son œuvre. Je ne reviendrai pas là-dessus. Un monstre littéraire est un monstre littéraire. Il domine le champ et nous laisse courir dans les fourrés, les bosquets, sans trop que nous menacions son territoire.

Laisse-moi continuer à interpréter ses propos, librement.

Ces «pommes d'or» que sont «la liberté, l'égalité, la fraternité», nous espérons tous qu'elles poussent, prospèrent, sèment leurs graines et transmettent leurs gènes. Mais l'expérience nous enseigne que ces fruits précieux ne croissent que dans les terreaux des habitants qui ont dit non. Pas non à la vie entière, à ses manifestations, mais non à ceux qui veulent nous faire croire que tout arrive à point à qui sait dire oui à la vie.

C'est en disant non que les choses changent, que les gens réagissent, que le statu quo grandiloquent du oui cesse de nourrir de bêtises les racines flétries de notre crédulité *funny*.

Je pense à tous ces gens qui occupent le Square Victoria, à Montréal, présentement, tous ces indignés qui disent non aux excès du capitalisme outrancier.

Leur détermination est solide même si leurs revendications sont parfois floues. Il y a là une force de caractère qui pourrait en inspirer plusieurs, qui démontre ce qui est le plus beau chez l'homme : sa volonté infinie et sa capacité de dire non.

Ce que j'essaie de dire en m'empêtrant dans ce labyrinthe interprétatif, c'est qu'écrire c'est d'abord dire non à ce qui existe. C'est changer le monde à travers le filtre déformant ou idéaliste de notre perception de la réalité. C'est chasser partout où ils se trouvent les oui sclérosés, aliénés, rhétoriques, pour les remplacer par des non personnels, dérangeants, anticonsensuels.

En somme, je pourrais considérer que tous ces jeunes manifestants des groupes Occupy Wall Street ou Occupons Montréal sont, d'une certaine manière, des écrivains ou des artistes.

En arts, tout commence, selon moi, par un non et se termine par un oui, inévitable, d'acceptation de l'absurdité de notre mort.

Comprends-moi bien, ne me fais pas dire que tous ceux qui disent non à la vie telle qu'elle est sont nécessairement des artistes ou des écrivains accomplis, ce n'est pas ce que je dis. Ce que je dis, c'est seulement qu'il faut savoir dire non pour écrire et, en contrepartie, accepter les non.

Le oui survient seulement à la condition qu'une fabuleuse quantité de non aient été entendus, lus, pourfendus, défendus. J'interprète ainsi le «oui à la vie» de VLB. Il ne s'agit que du résultat rétrospectif de l'addition de ses multiples non, engrais remarquable qui a produit quelques pommes d'or, ses livres et tout le reste, puis, aujourd'hui, ce prix littéraire fortement mérité.

Le « oui » à la vie ne peut venir qu'avec le temps. Parfois comme une démission, parfois comme une retraite, parfois comme un message d'amour universel (généré par nos souffrances acceptées ou nos tolérances mises de l'avant), une illumination des derniers instants.

Dans cette joute littéraire, cet échange à bâtons rompus, je crois avoir été le plus souvent véridique, mais j'ai bien fait le paon à quelques reprises autant que le larron.

Pierre, je ne sais trop comment clore notre échange.

En revenant sur le personnage de VLB, j'avais cru que les mots me viendraient naturellement pour trouver un chemin vers la sortie de cette correspondance que nous tenons maintenant depuis plus de sept mois !

Je piétine.

Je crois que je suis mieux de passer tout de suite à l'étape de mon palmarès. Ma lettre aura l'air plus cohérente.

———

PALMARÈS, OU TENTATIVE DE

J'ai constaté que dans le tien, de palmarès, tu nommais beaucoup de tes amis. Nous partageons quelques amis en commun,

Élise Turcotte et André Roy, que je considère tous deux comme de grands écrivains, autant que toi, c'est bien évident, mais est-ce que je vous accorderais la palme nécessairement ? Je ne sais pas. Je reste pudique.

Nous devenons amis, en quelque sorte, avec les écrivains qui nous ressemblent ou nous plaisent le plus. Le contraire serait un peu contre nature. D'ailleurs, c'est à l'époque où j'ai joué au directeur littéraire chez Triptyque et que j'ai dû accueillir et m'occuper d'écrivains dont, parfois, je n'aimais pas les œuvres (ou qui finissaient par me soumettre un texte que j'aimais moins) que je me suis confronté à des haines formidables dont certaines perdurent encore, sept ans après mon départ !

C'est ainsi que plusieurs de mes écrivains préférés sont morts. Parce que leur tour de cirque est terminé, qu'ils ne parlent plus, ne boivent plus, n'envoient plus de lettres d'invectives, et quand ils nous ignorent, c'est pour une excellente raison. Je pense à Hubert Aquin, Jacques Ferron, Claude Gauvreau, Paul-Marie Lapointe, Gilbert Larocque, Denis Vanier, Josée Yvon, Gérard Bessette. Des écrivains vivants, aujourd'hui, j'oserais encore nommer Catherine Mavrikakis, Hervé Bouchard, René Lapierre, Roger Des Roches, Sylvain Trudel, Robert Lalonde, André Major, Charles Pennequin, Maylis de Kerangal, Éric Suchère, Antoine Boute, Pascal Quignard, Christian Prigent, bref, c'est impossible de constituer une liste qui a de l'allure. La plupart des écrivains m'ont déçu, un jour ou l'autre, comme j'ai pu décevoir la plupart d'entre eux.

Quand j'arrive à cette étape de ma réflexion, la figure de Miron me revient. Visage omnipotent de nos lettres contemporaines, homme de verbe et d'envergure, vie trépidante et impliquée. Il me fait penser à Sartre.

Miron a écrit:

« *Tout écrivain conscient de sa liberté et de sa responsabilité sait qu'il doit écrire souvent contre lui-même. Il doit gagner sans relâche sur ses passions, sur ses scandales, sur sa mauvaise foi et sur ses préjugés de classe (puisque les schèmes de la culture sont encore bourgeois[1]).* »

———

Je crois que nous avons essayé ici d'écrire tout aussi bien « avec nous-mêmes » que « contre nous-mêmes ».

Je ne pense pas avoir tant gagné que ça sur le front de mes passions, mais j'aurai, à tout le moins, démonté quelques rouages de mes préjugés de classe moyenne et obtenu quelques victoires sur ma mauvaise foi. En fait, je ne le sais plus.

Je me suis surtout amusé.

Nous allons nous quitter bientôt.

Cet exercice m'a changé un peu. En quoi? Je ne saurais le dire précisément. Peut-être une impression de mieux définir mes positions? Je ne le sais trop.

Tout ça me semble se terminer sur une note un peu « cahier d'école » ou un segment « conclusif » d'une émission comme *Enquête*. Nous ne sommes pas dupes. Je crois que nous sommes bien conscients de la teneur de notre livre. Il est évident que nous venons de donner un spectacle de variétés littéraires, que nous avons lutté dans la boue,

———

1. Gaston MIRON. *L'homme rapaillé*, coll. Typo, Montréal, troisième édition, 1998, p. 193.

joué de rhétorique et fait les coqs, présenté Tokyo. Durant tout ce temps, je t'ai transformé en confident exclusif, en confessionnal virtuel. J'ai d'ailleurs répondu avec hâte à tes missives parce que je concevais et conçois toujours ce projet comme le plus plaisant parmi ceux que j'ai complétés ou tenté de compléter d'avril à novembre 2011. Mon nouveau roman n'a pas beaucoup avancé. Bel euphémisme pour dire que je n'ai rien fait. Celui pour lequel j'ai reçu ma bourse. J'ai par ailleurs écrit un livre de poésie, *HD*. (J'en suis particulièrement fier, et je rencontre justement Paul Bélanger[1] au Salon du livre de Montréal qui s'en vient pour en parler[2].) Mais nos deux monologues parallèles de correspondants m'ont habité différemment, distribuant un plaisir, dans mes globes littéraires, encore plus palpable, concret.

Jouer sérieusement à l'écrivain sans s'amuser est dénué d'intérêt.

Tout comme jouer la carte de la fausse modestie m'a toujours semblé ridicule. Le panache, l'ardeur et, s'il le faut, la syncope, l'exagération, la démesure! Tout écrivain est un narcissique pusillanime, à divers degrés. Beaucoup travaillent d'arrache-pied pour le cacher convenablement, mais le jupon dépasse un jour ou l'autre. C'est évident.

J'ai donc accepté d'avoir l'air idiot, prétentieux, arrogant, paresseux ou incapable. La dérision vient avec la fonction.

Je n'ai pas honte de ma volonté, c'est bien elle qui m'a rendu le plus heureux quand elle m'a offert, à quelques reprises, ce que je demandais.

---

1. Paul Bélanger est poète et éditeur des Éditions du Noroît

2. Flop total. Refus cavalier. Divergence criante de vision littéraire. Ce manuscrit se promène encore. Celui-là, dans sa forme nouvelle, trouvera preneur. Nouveau titre de travail : *Fuck the moon. Un mini Roi Lear.* (NDA)

Elle ne me donnera pas tout. Je ne crois pas à la pensée magique.

Elle dessillera mes yeux à des moments où je m'en attendrai le moins, violemment, sans doute.

Mais je resterai là, à ses côtés, marchant parmi les monstres littéraires, agrandissant mon espace de parole, ma niche à livres. Je thésauriserai les pommes d'or récoltées, à même l'addition de mes propres «non», un jour ou l'autre. Liberté de dire, dialogue avec les plus grands, fraternité avec mes compatriotes humains. J'ai l'impression d'être un excité qui secoue un drapeau lyrique sous la mitraille d'un ennemi qui danse.

Alors bon, je dois quitter la scène. Je ne m'éterniserai pas. Allez, hop! Rideau!

Que je sorte du côté cour ou du côté jardin, je sais que je m'en voudrai. Car il est impossible de trouver le point de rupture de ce dialogue infini.

Je te laisse donc conclure, puisque j'ai ouvert le spectacle.

———

ADDENDA À MON FAUX PALMARÈS

Sincèrement, je préfère les livres aux écrivains. Chose certaine, je n'ai jamais été un amateur des œuvres complètes de quelqu'un, un aficionado débile qui, parce qu'il a lu un bon livre d'un tel, se sent obligé, moralement appelé, à lire l'entièreté de son œuvre. C'est un réflexe de thésard, d'universitaire. Je suis un éternel grappilleur, un voleur de grand chemin, un bourdon picosseur. Je lis à profusion, de tout. J'affectionne, bien entendu, certains auteurs, je surveille leur production, mais je ne me suis jamais fait un devoir de tout lire, ni de tout aimer. Nous sommes toujours déçus si on veut tout prendre. Je te dirais que ce qui caractérise le plus mes lectures, c'est qu'elles sont circonstancielles. Quand j'achète des livres (avec Amazon et ruedeslibraires.com, l'exercice est d'autant plus facile pour le consommateur impulsif que je suis), je suis guidé par l'inspiration du moment, par une référence rencontrée au détour d'une page dans un ouvrage que je suis en train de lire ou la suggestion d'un ami. Plutôt que de te donner mon palmarès des écrivains que j'aime, je vais t'énumérer les livres qui traînent sur ma table de chevet, en ce moment. Tu comprendras que ce sont pour moi des lectures prioritaires ou des velléités de lecture qui me poursuivent :

• *Noir Blanc Nabis* (poésie), de Diane-Ischa Ross (Une grande poète, selon moi.)

• *De l'argent. La ruine de la politique*, de Michel Surya (Mon côté inquiet des abus du capitalisme.)

• *Sous béton*, de Karoline Georges (Une sœur d'imaginaire. Nous partageons des inquiétudes face à l'avenir, et son livre a été associé à mon *Bureau universel des copyrights*, mais beaucoup mieux reçu.)

• *The Sense of an Ending*, de Julian Barnes (Le Booker Prize de cette année. J'étais curieux de lire Barnes, dont j'entends parler depuis longtemps.)

• *Anarchie et christianisme*, de Jacques Ellul (Car l'anarchie humaniste m'intéresse.)

• *Technopoly*, de Neil Postman (Parce que je me pose beaucoup de questions sur notre dépendance rituelle à la technologie.)

• *Un drap. Une place*, de Maude Smith Gagnon (Une poète que j'apprécie.)

• *Impératif catégorique*, de Jacques Roubaud (Signé par l'auteur après un spectacle-hommage qui lui était consacré, auquel je participais, bidonnant au possible. Bien que je n'aie rien compris aux passages mathématiques, la description de sa vie en caserne est pissante.)

• *Lettres à la N.R.F.*, de Céline (Parce que tous les écrivains qui ont fait leur carrière en disant non m'intéressent.)

– *Zone*, de Mathias Énard (J'aime cet écrivain. Il s'agit là, selon moi, de son chef-d'œuvre.)

• *Extinction*, de Thomas Bernhard (Un grand parmi les grands, un autre qui a fait sa carrière sur son insistance à dire non.)

• *Le dernier monde*, de Céline Minard (De la science-fiction littéraire à souhait, exercice particulièrement réussi et cinglant sur nos dérives technologiques.)

• *La chaise du maréchal ferrant*, de Jacques Ferron (Eh non, je n'avais pas encore lu cet opus.)

• *Cette pute me fera mourir*, du duc de Saint-Simon (Parce que la vie littéraire ressemble parfois, en microcosme, à une vie de cour, lorsque nous évoluons dans l'univers régulé des mondanités et des remises de prix.)

• *Naissance d'un pont*, de Maylis de Kerangal (J'ai lu d'elle *Corniche Kennedy*, que j'ai beaucoup aimé. Style vif, intelligence du même acabit, férocité de ses portraits... Je crois que tu aimerais, d'ailleurs. Prix Médicis 2010. Le seul prix littéraire qui m'intéresse vraiment.)

• *Le zéro est l'origine de l'au-delà*, de José Acquelin (Parce que c'est José.)

• *Était une bête*, de Laurance Ouellet Tremblay (Une compatriote de La Peuplade, une poète qui m'intéresse, que je veux suivre.)

• *Le livre noir de l'art conceptuel*, de Clément de Gaulejac (Parce que ça fait toujours du bien de rire de l'art contemporain quand on en consomme et qu'on en est aussi friand que moi.)

Il y a certains de ces livres que je ne finirai jamais, d'autres que je ne lirai pas, mais chacun trouvera sa place dans ma cosmogonie de lecteur, un jour ou l'autre.

Les livres sont pour moi des satellites, un écrivain reste toujours une planète.

Les adieux du crocodile pleureur sur la rive du fleuve tari, mais qui fait la danse de la pluie avec sa queue

Bertrand,

Mon cher Bertrand,

Mon très cher Bertrand,

Ne demande pas la raison derrière ce titre, mais si je spécule sur le sujet, je dirais que ça risque de résumer mon approche de notre métier : un véritable écrivain est sans doute aucun un incorrigible hypocrite. Et je crois que cet échange de lettres m'a, par intermittence, mis à nu, m'a dépouillé de mes habits de romancier, sinon je n'aurais pas écrit ce que j'ai osé t'expédier.

Je me suis vidé le cœur et le foie, amour et bile mêlés, au risque de porter flanc aux colombes carnassières, en fait des oiseaux de proie impitoyables aux habits de neige, qui patrouillent notre petit carré de ciel. S'ils t'accueillent en leur sein, tu vivras ; s'ils te snobent, autant crever. Des caladres.

Caladre: Oiseau fabuleux du Moyen Âge, à tête d'aigle, plumage blanc et queue de serpent, doté d'un pouvoir guérisseur. Il fixait dans les yeux et guérissait les malades qui devaient survivre, et détournait la tête en présence de ceux qui étaient destinés à mourir[1].

Tu vois, je visite même des blogues. Quand ça fait mon affaire. J'aurais pu mentir doublement, c'est-à-dire te diriger vers Wikipédia ou me contenter de te donner la vraie source, immatérielle : une émission de radio de France Culture, *Les lundis de l'histoire*, impensable à Radio-Tralala, tu imagines, cinquante-cinq minutes dévouées à l'histoire ? Et ce n'est pas la seule du réseau bleu, blanc, rouge, point d'exclamation. *Anyway*, je me suis rappelé du volatile, j'ai tape-tapoté sur mon clavier, suis tombé sur Wiki et j'ai pensé que ça faisait trop ordinaire comme référence. Alors, j'ai choisi le blogue, qui fait plus hip et hop. Hypocrite, je te dis. N'empêche, l'érudition est morte avec Internet. N'importe quel zouf peut passer pour un esprit éclairé en trente secondes de surf virtuel. Combien de best-sellers qui ont « époustouflé » des lecteurs professionnels par leur encyclopédisme doivent une fière chandelle à Wikipédia ou à Evene Citations ?

Je digresse, encore. Tant pis. Pour une fois que des occasions se présentent de délaisser la route de la raison asphaltée pour emprunter le sentier qui zigzague dans la savane des idées en suspension, je ne vais pas me gêner. C'est dans les digressions qu'un auteur se dévoile. Profites-en, peuple. Lis ça. Ha! Ha!

VLB. Je suis content qu'il l'ait remporté, le pompon à cent mille tomates. Pour une fois qu'un prix est mérité. [Tu me vois venir hein ? Non. Fini, les pavés dans la mare. À ta nasillarde pompitude*, Ô Québec récompensif*, point d'exclamation. [*Ce sont des néologismes

---

1. http://blog.legardemots.fr/post/2009/01/12/tarasque

samsoniens, foutez-leur la paix]] Ouais, deux paires de crochets, j'en prends le droit. Vlan.

Je le répète, il est le plus gargantuesquement talentueux prosateur, tête émérite de notre troupeau de bronto-boomers et, comme quoi je peux être d'accord avec des écrivains ordinaires, je dirais avec Laferrière que notre Victor figure parmi les nobélisables. Je persiste en itérant qu'il n'a pas évolué depuis les années 1970, il tape sur le même christ de clou, la québécitude radicale sauce campagne irlandaise, mais fantastiquement, il n'y a pas meilleur adverbe. À preuve, le mépris qu'il nourrit [vraiment, il le NOURRIT, tel un vieux rancunier qui engraisse ses rancœurs en mâchouillant sa chique] à l'endroit de Montréal, à croire qu'un urbain de Hochelaga est moins digne de québécitude qu'un pistolero du Bas-du-Fleuve, comme si un quasi-peuple pouvait se permettre le luxe de tourner le dos au tiers de sa population. D'ailleurs :

«Avoir des gloires communes dans le passé, une volonté commune dans le présent; avoir fait de grandes choses ensemble, vouloir en faire encore, voilà la condition essentielle pour être un peuple [Ernest Renan[1]].»

Je ne crois pas que le Cirque du Soleil et Céline Dion fassent partie des exploits que Renan avait en tête. J'ajouterai que, à mon avis, une nation se bâtit aussi dans le sang, que 1837 est loin et que 1970 ne compte pratiquement pas. Une tribu de mauviettes ne formera jamais une nation, et Falardeau, aussi rustre savait-il l'être, ne se trompait pas à cent pour cent en reprochant aux Québécois de s'occuper de la qualité de leur eau de piscine avant de se soucier de leur sort en tant que peuple.

---

1. Ernest RENAN. *Qu'est-ce qu'une nation ?*, Paris, Calmann-Lévy Éditeur, 1882, p. 26.

Victor est aussi un homme de théâtre, il est un Louis Jouvet qui ne se lasse pas de déclamer, sur des tons différents, la même pièce de boulevard, *Bibi bottes aux genoux*, peu importe le lieu où il joue. À tel point que dès qu'il émet une réplique un certain public tend l'oreille, reconnaît un passage truculent, pousse un petit rire, le répète à son voisin, puis hausse les épaules, avant de passer à autre chose. Bref, le peuple entend VLB, mais ne l'écoute plus.

T'es un romantique. Ça se voit à ta liste d'auteurs fétiches. J'ai tâté du Aquin, pas pu finir *Prochain épisode*, le bouquin était enduit de graisse: il me tombait des mains. Pour moi, un autre exemple d'écriture québécoise autiste, avec Ducharme et Ferron. J'ajoute que je n'ai rien contre l'autisme en littérature, pourvu que le mal ne s'attaque qu'à l'auteur, pas à son œuvre. Me farcir un roman qui se métamorphose en maelström autour d'un nombril créatif, me taper les calembours du Ducharme de *L'avalée*, la naïveté artificielle de *L'Amélanchier* de Ferron, l'obsession ego-épisodique de l'autre me demande une bonté que je n'ai pas. Désolé. En fait, je les vois comme des phénomènes de foire littéraire, des femmes à barbe, des hommes serpents, des siamois à claquettes. Je reconnais leur prodige. Je préfère la littérature de taille humaine.

Bien entendu, j'aurais dû mentionner Homère. Lesage. Grimmelshausen, De Andrade, Eça de Queiroz juste pour séduire les impressionnables et pour illustrer à quel point j'aime les excentriques, les oubliés — à part Homère, notre parrain à tous —, les «mis de côté» qui, sans faire de bruit, ont creusé leur place au panthéon des écrivains utiles, ceux qui ont planté un jalon de l'évolution littéraire, chacun à son époque. Voilà, c'est fait. Et tu sais quoi, j'ai ADORÉ Agatha Christie pendant mes années d'adolescence. Tu en connais, des intenses, qui avoueraient une telle chose? Pourtant.

En ce moment, je passe une période whartonienne. La bonne vieille Edith a écrit des choses superbes, dont ce qui suit dans son *Quaderno dello Studente* [j'ai l'air chic, hein? J'ai piqué le truc dans un numéro de mars 2010 du *Times Literary Supplement*] alors qu'elle venait d'atteindre la page 166 des *Boucanières*, œuvre restée inachevée, citation que je fais mienne jusqu'au point final :

Qu'est-ce qu'écrire un roman?
Le début : une chevauchée à travers une forêt printanière.
Le milieu : le désert de Gobi.
La fin : une nuit avec un amant.
Je suis maintenant dans le désert de Gobi.

J'ai soif.

Là où nous tombons d'accord, c'est dans le domaine du oui et du non. Écrire, c'est nier la vie telle qu'elle nous est imposée. Ce n'est pas, pour autant, dire oui à la mort, au « néantisme » en tant que solutions, voire d'amants, comme cette sotte de Nancy Huston a semblé le reprocher à plein d'auteurs dans son *Professeurs de désespoir*. Au contraire. La littérature se veut libératrice, qu'elle soit signée Cioran, Kundera et, oui, même ce pauvre type qu'est Houellebecq. Écrire un roman, c'est claquer des portes : pas par là ni par là. Par là, donc. Et je recommence, phrase par phrase, je ne choisis pas tel mot, telle tournure, parce que la forme traduit l'idée, elle aussi, à la limite mieux que lesdits mots. Dire oui à la vie, c'est une connerie : avons-nous le choix? Est-ce un énième référendum qui se répète à chaque minute? En effet, même en se crissant une balle dans la tête, un homme dit oui à la vie : il veut juste la quitter, comme il laisserait derrière lui un amant adoré pour la bonne raison que la relation a atteint sa limite. Il lui dit oui et au revoir.

Ce que je te dis.

Index des auteurs cités

Tous ceux qui ne sont pas dans l'index et qui auraient aimé y être y sont en réalité. Entre les lignes, nous avons caché mille autres noms. Mais seuls les lecteurs qui bénéficieront de la machine de lecture giga-sensorielle numéro 48768 manufacturée en 2096 auront la possibilité de les lire adéquatement. En passant, nous saluons nos lecteurs de 2096. Cette connivence extra-temporelle que nous avons développée avec eux nous les rend vraiment sympathiques.

Table des matières

Bibliographie

Bertrand Laverdure

100% Ergonomique (roman trash coécrit avec Ariane Bart), Bruxelles, Maelström, 2011

Bureau universel des copyrights (roman), Chicoutimi, La Peuplade, 2011

Être un héros (collectif), Montréal, La courte échelle, 2011

J'invente la piscine (roman jeunesse), Montréal, La courte échelle, 2010

Le livre de chevet (collectif), Montréal, coll. La table des matières, Le Quartanier, 2009

Lectodôme (roman), Montréal, Le Quartanier, 2008

La plaquette cubaine (collectif), Québec, Le Lézard amoureux, 2008

Les petits villages (collectif), Québec, Le Lézard amoureux, 2007

Sept et demi (poésie), Montréal, Le Quartanier, 2007

Gomme de xanthane (roman), Montréal, Triptyque, 2006

Cité selon (collectif), Montréal, coll. La table des matières, Le Quartanier, 2006

Rires (poésie), Montréal, Éditions du Noroît, 2004

Audioguide (poésie), Montréal, Éditions du Noroît, 2002

Les forêts (poésie), Montréal, Éditions du Noroît, 2000

La maison suivi de *Les portraits* (poésie), Montréal, Éditions du Noroît, 1998

Fruits (poésie), Montréal, Éditions du Noroît, 1996

L'oraison cassée (poésie), Montréal, Éditions du Noroît, 1994

Pierre Samson

La Maison des pluies (roman à paraître), Montréal, Les Herbes rouges, 2013

Arabesques (roman), Montréal, Les Herbes rouges, 2010

Catastrophes (roman), Montréal, Les Herbes rouges, 2007

Alibi (essai), Montréal, Leméac, 2001

Il était une fois une ville (roman), Montréal, Les Herbes rouges, 1999

Un garçon de compagnie (roman), Montréal, Les Herbes rouges, 1997

Le Messie de Belém (roman), Montréal, Les Herbes rouges, 1996

La Mèche

Bertrand Laverdure

Écrivain polymorphe, blogueur et cinéphile boulimique, Bertrand Laverdure s'intéresse aussi bien à la culture populaire qu'aux écrivains confidentiels. En poésie, il a notamment publié *Sept et demi* et *Rires*. Ses romans, dont *Lectodôme*, *J'invente la piscine* et *Gomme de xanthane*, ont tous reçu un accueil critique chaleureux. À l'automne 2011, il a publié *Bureau universel des copyrights* aux Éditions La Peuplade. Il a obtenu le prix Joseph S.-Stauffer du Conseil des arts du Canada en 1999 et le prix Rina-Lasnier en 2003 pour son recueil *Les forêts*, qui était également finaliste au Prix Émile-Nelligan 2000. Dans le magazine *ZAQ*, il signe les rubriques «S.O.S Détresse» et «Papier-film».

Pierre Samson

Romancier, Pierre Samson a été banquier, chauffeur, barman, puis recherchiste, scripteur et scénariste à la télévision (on lui doit la série télévisée *Cover Girl*). Il s'exile en 1995 à Toronto pour écrire son premier roman, *Le Messie de Belém*. De retour à Montréal, il publie *Un garçon de compagnie*, qui fut en lice pour le Prix du Gouverneur général en 1998. En 2000, il a reçu le Prix de l'Académie pour *Il était une fois une ville*. Le Prix littéraire des collégiens 2008 lui a été décerné pour son roman *Catastrophes*. Il a collaboré à plusieurs reprises au quotidien *Le Devoir*.

Lettres crues est le premier titre publié
en 2012 dans la collection L'Ouvroir, conçue
et animée par Geneviève Thibault.

Conception graphique :
Mathieu Lavoie
Révision linguistique et traduction :
Julie-Jeanne Roy

Crédits photographiques :
En p. 21 : Robert Laliberté
En p. 33 : Johanne Morisseau
Photos du Japon : Pierre Samson
Les autres photos et cartes postales
proviennent des archives des auteurs.

Imprimé au Québec en juillet 2012
par l'imprimerie Gauvin

Dépôt légal, 3ᵉ trimestre 2012
Bibliothèque nationale du Québec